Herbert Schäfer

DER
APOSTEL

Ballade vom feinsinnigen Leben
und rätselhaften Tod
des Polizeibeamten Kuhfahl

Fachschriftenverlag Dr. jur. Herbert Schäfer, Bremen

Gewidmet

den Frauen und Männern,

die ihren Dienst in der Polizei

des Bundes und der Länder

leisten

Copyright © bei Fachschriftenverlag Dr. jur. Herbert Schäfer, 2006
Umschlagsgestaltung: Dr. Schäfer
Gesamtherstellung: Kessler Druck + Medien

ISBN 3-925730-19-2

Einleitung

Die Beschreibung der Lebens- und Berufsgeschichte des Schutzpolizeihauptmanns Kuhfahl hat einen bemerkenswerten Vorlauf, der mit den Untersuchungen des Bremer Fachhochschulprofessors Karl Schneider/Syke begann.

Schneider, vormals Polizeioberrat der Schutzpolizei in Bremen, hatte einen anschaulichen und wichtigen Beitrag[1] anlässlich des Umzugs des Polizeipräsidiums aus dem im Stadtinnern gelegenen „Polizeihaus" in den Stadtteil „Neue Vahr" und dort in die ehemalige Lettow-Vorbeck-Kaserne geliefert. In diesem Beitrag hatte er mehr so am Rande und ohne Arg angemerkt, dass aus dieser Kaserne 1941 beim Russlandfeldzug das Bremer Polizeibataillon 105 zum „Auswärtigen Einsatz" in die Baltischen Länder ausgerückt sei.

Dem Sinn nach hatte er geschrieben, die Bremer Polizeieinheit sei an Kriegsverbrechen beteiligt gewesen. Schneider setzte diese Tatsache als allgemein „polizei-, gerichts- und geschichtsbekannt" voraus, weil vor Jahren ein einschlägiges Verfahren vor dem Schwurgericht in Bremen öffentlich verhandelt worden war.[2]

Als das Buch erschien, fehlte zu Schneiders Überraschung dieser an sich harmlose Hinweis. Irgendjemand hatte den Halbsatz herausgestrichen, hatte – aus welchen Gründen auch immer – Zensur geübt, ohne den Verfasser zu fragen. Irgendein besorgter Verantwortlicher hatte (vielleicht aus geschichtshygienischen Gründen?) künftigen Ärger mit protestierenden Demonstranten von der polizeilichen Liegenschaft abwenden wollen.

Obwohl nur fünf Personen für den Eingriff in die Urheberrechte infrage kamen, war der Urheber der verbotenen Eigenmacht nicht zu ermitteln. Jeder stritt ab, für die Kürzung des Textes verantwortlich zu sein. Der unbekannte Zensor wollte offenbar – sicherlich guten Willens – eine wie auch immer geartete Verbindung zwischen der NS-Kriegsvergangenheit der Liegenschaft (der Name der ehemaligen Lettow-Vorbeck-Kaserne verschwand in diesen Jahren

---

1 Karl Schneider, Bremens Polizei und Polizeihaus 1933–1945, S. 81–110
2 Gegen Helwis wegen Mordes (NSG), StA Bremen, Az. 29 Js 306/64

ebenfalls) und dem Polizeipräsidium der Gegenwart in der öffentlichen Sicht vermeiden.

Die rechtswidrige Verletzung der Autorenrechte durch Zensur, Textverkürzung und Unterdrücken von Tatsachen schien auf tiefer liegende historische und psychologische Zusammenhänge mit der Zeit vor mehr als 60 Jahren hinzuweisen, die so schwerwiegend unangenehm und rufschädigend sein mussten, dass der Zensor das Risiko seiner Entdeckung mit den strafrechtlichen und zivilrechtlichen Folgen als das geringere Übel in Kauf nahm. Er opferte sich gewissermaßen, indem er sich gefährdete – und wurde nie entdeckt.

Schneider suchte nach den Gründen für diesen unerlaubten Eingriff in seine Urheberrechte. Warum wurden bekannte (?) Tatsachen aus der Geschichte des Polizeibataillons verdrängt oder unterdrückt? Wer durfte darüber nichts wissen? Schneider befragte die an der Entwicklung des Buches Beteiligten, suchte nach einer Erklärung für die Furcht vor der eigenen Geschichte, für das verlegene Abstreiten der unerlaubten Textveränderungen im Manuskript. Es schien schwerwiegende und nicht nur prophylaktische, paternalistische und protektive Gründe für die eigenmächtige, selbstherrliche Textverkürzung zu geben.

Bei seiner Nachsuche entdeckte Schneider in den Ermittlungsakten verschiedener polizeigeschichtlich wichtiger Nachkriegsprozesse und – durch die Aussagen der wenigen noch lebenden Zeitzeugen belegt – in einem bisher von ihm nicht geahnten Umfang die Beteiligung des Bremer Polizeibataillons an nationalsozialistischen Gewalttaten.

Es tauchte auch das Drama des Bremer Kaffeekaufmanns Hespe aus dem Aktendunkel auf. Hespe war als Reservepolizist eingezogen worden, wurde dann als uniformierter Zivilist im Baltikum Zeuge von Un- und Übeltaten und Führungsfehlern durch Polizeiführer, begehrte in aller Unbeholfenheit und Naivität gegenüber dem sich abzeichnenden Problemberg auf – und wurde schließlich wegen Wehrkraftzersetzung zu mehreren Jahren Zuchthaus verurteilt. Er wurde in das KZ Dachau eingewiesen und gegen Kriegsende zum Bewährungseinsatz an die Ostfront in der Brigade Dirlewanger abgestellt.[3]

In der Geschichte der Bremer Polizeieinheit stieß Schneider auf das „Drama Kuhfahl". Kuhfahl war ein papiermäßig 1943 von Oldenburg nach Bremen versetzter Hauptmann der Schutzpolizei, der während seiner Abordnung nach Nimwegen am 13.3.1944 auf Veranlassung von Himmler degradiert, der Gestapo übergeben und in das Konzentrationslager Buchenwald bei Weimar eingewiesen worden war. Von dort kam Kuhfahl als „Politischer" zum Bewährungsregiment Dirlewanger. Dort soll er am 5.7.1944 „gefallen" sein, wie vermeldet wurde. Schneider empfahl die Untersuchung dieses Komplexes einer Kommissarsanwärterin der Hochschule für öffentliche Verwaltung in Bremen, die ein Thema für eine polizeibezogene Diplomarbeit suchte. Diese Arbeit wurde zwar geschrieben, brachte aber nicht den erhofften Erfolg.[4]

Um diese Zeit hatte ich gerade die Untersuchung der Vorgänge „Schlosser, Landau" veröffentlicht, nämlich die Geschichte jenes mutigen Polizeihauptkommissars, der am 8.6.1993 einen Asylbewerber aus Angola eigenmächtig aus dem Ortsarrest entlassen hatte, weil der Ortsarrest in Landau/Pfalz für eine mehrtägige menschenwürdige Unterbringung eines Häftlings nicht angelegt ist.[5] Und ich hatte die Geschichte des Schweizer Polizeihauptmanns Grüninger gelesen, der während des Krieges einer ungezählten Anzahl jüdischer Bürger bei ihrer Flucht aus Deutschland in die lebensschützende Schweiz verhalf und der deshalb seine bürgerliche Existenz als Polizeibeamter verlor.[6] Ich hatte den Mut des Kriminalbeamten Paul Kreber (Wuppertal) bewundert,[7] der

---

3 Karl Schneider, Ein Bremer Kaufmann und Rottwachtmeister im Reserve-Polizeibataillon 105, – Das Schicksal des Hans Hespe, in: Arbeiterbewegung und Sozialgeschichte, Zeitschrift für Regionalgeschichte Bremens im 19. und 20. Jahrhundert, Bremen, 2003, S. 70–74
4 Michaela Jacobi, Albert Kuhfahl, Schicksal eines Bremer Polizeibeamten zur NS-Zeit, Diplomarbeit im Fachbereich Staats- und Verfassungsrecht der Hochschule für Öffentliche Verwaltung, Bremen, 2001, br., 54 Bl., (nicht im Handel erhältlich)
5 Herbert Schäfer, Die Bürde mit der Würde, Praktizierte Zivilcourage, Knecht Verlag, Landau, 2003
6 Steffan Keller, Grüningers Fall, Geschichte von Flucht und Hilfe, Zürich, 4. Auflage, 1998
7 In: Schäfer, a.a.O., S. 156–157

das Bundesverdienstkreuz erhielt, weil er ab 1942 als Kriminalbeamter des Erkennungsdienstes mehreren Sinti das Leben gerettet hatte. Ich erfuhr noch von einigen anderen Polizeibeamten, die ungehorsam, aber ehrbewusst von der vorherrschenden NS-Norm, speziell dem menschen-vernichtenden Rassewahn, abgewichen waren. Hervorzuheben ist in diesem Zusammenhang die in der Polizeigeschichte völlig in den Hintergrund getretene Figur der Juristen in der Polizei. Da gab es den Oberstleutnant der Polizei Dr. Klaus Hornig, der sich im Oktober 1941 in Lublin einer Massenerschießung durch das Polizeibataillon 306 verweigerte. Er wurde wegen Zersetzung der Wehrkraft verurteilt und im März 1944 ins Konzentrationslager Buchenwald eingewiesen, wo ihn am 11.4.1945 die amerikanischen Truppen befreiten.[8]

Es existierten in den dunklen Jahren neben den an Massenmorden beteiligten gehorsamen Staatsdienern aufrechte Männer in der Polizei, die in der NS-Zeit unter dem mystischen Hakenkreuzzeichen bei den human und christlich fundierten Normen ihrer Altvordern geblieben waren. Diese Männer hatten das eigene Leben, die Freiheit, das Ansehen oder mindestens die Laufbahn riskiert, um vor dem eigenen Gewissen bestehen zu können. Die heutigen Polizeibeamten sollten sich an sie erinnern können.

Ich war (und bin noch) auf der Suche nach weiteren, zeitlos gültigen humanen Polizeivorbildern. Kuhfahl schien ein solches Vorbild zu sein, sonst hätte er nicht den tödlichen Unwillen des Volksmörders Himmler gegen sich gelenkt. Eine gründliche Untersuchung schien Erfolg versprechend und für die Entwicklung der polizeilichen Berufsethik wichtig zu sein.

Ich übernahm als einführende Anregung für die weiteren Nachforschungen die erwähnte Diplomarbeit, allerdings ohne jede weitere Information. Selbst die Familienadressen der Geschwister Kuhfahl, die ich dadurch erst nach und nach entdeckte, musste ich als Informationsquellen mühsam selbst ermitteln. Dieser

---

8 Hornig hat seine Kriegs- und vor allem Nachkriegserlebnisse veröffentlicht in Klaus Hornig, KZ-Häftling Pol. Nr. 7151 Buchenwald – Politischer Leidensweg eines deutschen Offiziers und Juristen, Selbstverlag, München 1995

künstliche Mangel zwang mich am Anfang meiner Nachforschungen zu einer aufwendigen telefon-detektivischen Suche.

Am Ende der mehr als dreijährigen Such-, Sortier- und Schreibarbeit, der archivalischen Auslandreisen, der Aktenauswertung und Quellensuche in Sachen Kuhfahl zeichnete sich zwar kein Bild eines Polizeihelden, Widerständlers oder politischen Märtyrers ab. Es wurde aber das Alltagsbild eines mittelschichtigen, fleißigen, bürgerlichen Polizeioffiziers von überdurchschnittlicher Begabung sichtbar, der noch während des Krieges versuchte, für seine Familie zu leben, der zuletzt aber den „Tiger reiten" musste, bis der ihn abwarf und fraß.

Es entstand ein Lebensbild mit vielen Facetten, die z.T. erst dadurch sichtbar gemacht werden konnten, dass sie im Bezug zu anderen Ereignissen, personalen Schicksalen und militärischen Katastrophen gesehen wurden.

Der Alltag des zum Offizier aufgestiegenen, anspruchslosen, mittelstädtischen Schutzmanns, eines Musikliebhabers mit künstlerischen Neigungen und Begabungen, muss vor den politischen und militärischen Ereignissen gesehen werden, die deshalb beschrieben werden, soweit sie für das Verstehen seiner Entwicklung notwendig sind.

Der aus bescheidenen, kleinbürgerlichen Verhältnissen stammende Polizeioffizier war ein Mensch, der eine schützende, helfende humane Polizeivorstellung vertrat. Als parteipolitisch nicht gebundener, jugendbewegter protestantischer Jugendbündler erlebte er die ihn bis an sein Lebensende sozial prägende Vorhitlerzeit als familienorientierter Mensch.

Nach 1933 versuchte er die Zeitanforderungen zu bewältigen, ohne sich verbiegen zu müssen. Er war kein himmelstürmender Held, aber auch kein Feigling, wie er 1944 von Himmler apostrophiert wurde. Er war ein geradliniger Mensch jener tradierten bürgerlichen Ordnung, mit der es in den Jahren nach 1933 radikal zu Ende ging. Er sorgte sich um Frau und Kinder und diente dem Bürger, wie er sich verpflichtet hatte. Er war ein Polizist, der das Gesetz zu beachten sich bemühte, der seine Pflicht tat, der an das Gute im Menschen glaubte, der nach seiner Überzeugung handelte und deshalb unterging. Der

„zivilfromme" Mensch wurde von seinen Kollegen in Nimwegen mit dem gut gemeinten Spitznamen „Apostel" belegt. Er lächelte nachsichtig darüber und berichtete seiner Frau, die alles mit ihm teilte.

Die überlieferten Briefe, die er aus Holland oder von der Ostfront an seine Frau geschrieben hatte, lassen durch die nüchternen Alltagsschilderungen hindurch in seine Seele blicken. Die Briefe sind daher ein Kernstück der Lebensbeschreibung. Die Briefe stellte der über 70-jährige Sohn Jürgen zur Verfügung. Dank der Unterstützung durch den ebenfalls familien- und traditionsbewussten und für geschichtliche Zusammenhänge aufgeschlossenen Sohn, Taubstummen-Oberlehrer (Osnabrück), GEW-Mitglied und langjähriger Personalsratsvorsitzender (seit 1980), wurden meine Untersuchungen überhaupt erst möglich. Er stand mir bei der Endfassung des Manuskripts im Hinblick auf familienbezogene Angaben zur Seite.

Aus des Polizeihauptmanns Briefen und den Lebensumständen ergeben sich zahlreiche Hinweise, die erkennen lassen, dass Kuhfahls Gesinnung und seine Haltung im Alltag nicht der NS-Norm entsprachen, geschweige denn den SS-Normen, deren Beachtung Himmler seinen Mannen abverlangte.

Es war also vom Standpunkt Himmlers durchaus folgerichtig, wenn Himmler als der oberste Chef der deutschen Polizei mit bekannt fanatischer Brutalität den Bürgerpolizisten aus Oldenburg diffamierte, als der böse Schein gegen diesen sprach („Sie sind ein Feigling").

Es passt in das Himmler-Bild, dass er Kuhfahl ohne Anhörung und Urteil degradierte, demütigte und ihn über die Gestapo und das Konzentrationslager Buchenwald zur Bewährungseinheit Dirlewanger schickte, wo er zwischen berufskriminellen Polizeigegnern den Tod fand.

Der konservative Kuhfahl, Leichtathlet und Wanderer, Familienvater und Menschenfreund, war nach seiner ganzen Art und auf Grund seiner Erziehung national orientiert und staatstreu. Er diente aus dem Gesetz dem Recht.

Er war kein Hitlerfreund. Gleichwohl tauchen in seinem Lebenslauf opportunistische Momente auf, wie sie in diesen trüben und gefährlichen Jahren – vor allem nach Kriegsbeginn – in der Beamtenschaft aus Selbsterhaltungsgründen sichtbar wurden, so zum Beispiel als er 1937 Mitglied der NSDAP wurde.

Als ausgebildeter Lehrer, der er mit Leib und Seele immer blieb, entsprach ihm die zivile Wissensvermittlung innerhalb der Polizei mehr als die Pflege der militärischen Komponenten. Es lag daher nahe, ihn in der Polizei als Lehrer („Schulungsredner") für die so genannte „Weltanschauliche Schulung" der Polizeibeamten einzusetzen. Aber wie verhielt er sich dort? Hat er Hitlers Weltanschauung umgesetzt? Oder fand er einen Ausweg?

Bei oberflächlich vorschneller Deutung konnte im Jahre 2001 eine zu kurz greifende Untersuchung ohne Gespür für die zeitgeschichtlichen Konstellationen und Untiefen schlussfolgern, Kuhfahl sei „voller Stolz und Hingabe Nationalsozialist" gewesen,[9] wie die Jacobische Arbeit kurzschlüssig konstatierte. Ohne kritisches Einfühlungsvermögen und ohne das Überprüfen der dünnen Materialien konnte die Verfasserin zu der falschen Schlussfolgerung gelangen, Kuhfahls Zuständigkeit für die weltanschauliche Schulung „zeige aber auch erneut (? sic), wie sehr er mit dem Nationalsozialismus verbunden war".[10]

Die Untersuchung des Lebens und Wirkens dieses Mannes ergibt bei genauerer Untersuchung ein anderes Bild, das zusammen mit Kuhfahls tragischem Ende zur Polizeigeschichte der Zeit von 1933 bis 1945 gehört.

Die hier vorgelegte dokumentarische Lebensbeschreibung des „für Führer, Volk und Vaterland" gefallenen Polizeioffiziers endet nicht mit seinem Tode.[11] Sie schließt das Wiederauftauchen eines Soldaten ein, der nach den Kompaniemeldungen als Angehöriger der Bewährungseinheit Dirlewanger gleichzeitig mit Kuhfahl gefallen sein sollte.

---

9   Jacobi, a.a.O., S. 51
10 Jacobi, a.a.O., S. 51
11 Es waren zeitraubende Nachforschungen und Untersuchungen im damaligen Umfeld Kuhfahls erforderlich, zahlreiche oft vergebliche Anfragen bei Behörden und Archiven, um die Ereignisse rekonstruieren zu können, die zu seinem Tod führten. Den eigenen Angehörigen waren die eruierten Fakten weitestgehend unbekannt.

Dieser Nebenmann im Schützenloch war lange Jahre Insasse im KZ Flossenbürg, kämpfte dann in der Brigade Dirlewanger gegen russische Partisanen und erschien 1946 – auferstanden von den Toten – in seinem Heimatdorf. Er, der am 5.7.1944 neben Kuhfahl als Rottenkamerad eingesetzt worden war, erzählte seine dramatische Überläufergeschichte aus dem Bewährungsregiment in die russische Gefangenschaft. Kuhfahl war angeblich gleichzeitig mit ihm gefallen. Tatsächlich war Kuhfahl, so lässt sich mit einiger Sicherheit rückschließen, von diesem Einsatzkameraden ermordet worden.

Inhaltsverzeichnis

Einleitung	3
Inhaltsverzeichnis	11
Vorbemerkungen	13
Anfang und Anlauf in Magdeburg (A)	15

I.	Schule, Sport, Wandern, Singen	15
II.	Der Absprung	22
III.	Eine neue Zeit bricht an	28
IV.	Der verdeckte Existenzkampf des Beamten	33
V.	Das Ende Kuhfahls bündischer Jugend	38
VI.	Die Polizei wächst in einer unruhigen Zeit	42
VII.	Himmler wird Chef der deutschen Polizei	45
VIII.	Herr Hauptmann	50
IX.	Im Vorfeld staatlich organisierter Massenmorde	59
X.	Am deutschen Wesen soll die Welt genesen	63
XI.	Neue Aufgaben für Himmlers harte Polizei	67
XII.	Kuhfahls „Auswärtiger Einsatz"	70
XIII.	Die niederländische militärische SS-Szene	76
XIV.	Kuhfahls Briefe	79
XV.	In Nimwegen	87
XVI.	Kameradschaftsabend	97

Kuhfahl wird plötzlich politischer Häftling (B)	109

XVII.	Himmlers Schlag	109
XVIII.	Kuhfahls hilfsbereite Sympathisanten	121
XIX.	Über das Reichssicherheitshauptamt ins KZ Buchenwald	126
XX.	Die Brigade Dirlewanger fängt ihn ein	131
XXI.	An die Ostfront zur Bewährung	136
XXII.	In Weißrussland	143
XXIII.	Die „Ursache Hitler" im Hintergrund	156

XXIV.	Die „Weltanschauliche Schulung" der Schutzpolizei	164
XXV.	Die Partisanenlage in Belarus	173
XXVI.	Der russische Befreiungsschlag	179
XXVII.	Der Rückmarsch der Verdammten	185

Kuhfahls Ermordung (C) 197

XXVIII.	Gefallen „südostwärts von Lida"	197
XXIX.	Der dubiose Grußbesteller	204
XXX.	Die Andeutungen des „Kopfschusszeugen"	206
XXXI.	Ein kriminalistischer Ansatz	214
XXXII.	Sechzig Jahre später:	
	Die hartnäckige Suche nach Kuhfahls Grab	235
XXXIII.	Vor Ort	240

Literaturverzeichnis 244

Wer bin ich denn, dass ich mir anmaße, heute zu beurteilen, wo es darum geht, Früheres zu begreifen?

Wibke Bruhns, Meines Vaters Land, Geschichte einer deutschen Familie, Econ, München, 2004, S. 21

Vorbemerkungen

Als die Materialien, Akten, Archivalien, Personalakten, Briefe, Armeeberichte, und zahlreiche Quellen der oral history zu dieser Untersuchung in über dreijähriger Suche und Siebung zusammengetragen und durch Gespräche mit Zeitzeugen ergänzt wurden, durch die das Leben und die Karriere des Polizeihauptmanns Kuhfahl sichtbar gemacht werden sollten, als Zahlen, Ereignisse, Hintergründe, Zusammenhänge und Weichenstellungen gesucht und entdeckt wurden, welche den zunächst glücklichen, dann aber tragisch endenden Lebensweg des Albert Kuhfahl beschreiben konnten, da mussten leider Familienzusammenhänge unberücksichtigt bleiben, wenn sie denn existierten. Es fehlten die Informationen aus einer Familiengemeinschaft, aus der heraus sich mangels Akten und Zeugen die Vergangenheit mündlich erschließen ließe. Keine Onkel, Tanten, Vettern und Basen waren bekannt oder zu ermitteln, die hätten befragt werden können. Sie leben nicht mehr. Andere mittelbare dicht aufgerückte Wissensvermittler als Zeitzeugen der zweiten Generation waren 60 Jahre nach Kriegsende nicht mehr zu finden.

Der älteste Sohn Jürgen war zum Zeitpunkt des hier im Mittelpunkt stehenden Dramas (1944) rd. zwölf Jahre alt. Er besuchte damals seit etwa eineinhalb Jahren eine nationalpolitische Erziehungsanstalt. Da er seinen Vater bewusst aus nächster Nähe und mit der Zuneigung des Erstgeborenen erlebt hatte, konnte er dem Autor in vielen Gesprächen einige wegweisende und farbgebende Informationen vermitteln. Der Sohn, nach dem Kriege Taubstummenlehrer, Vorsitzender in der Gewerkschaft Erziehung und Wissenschaft sowie Jahrzehnte hindurch Personalratsvorsitzender seiner Berufskollegen, hatte problem- und geschichtsbewusst die Briefe des Vaters aus den Niederlanden, aus der Gestapo-Haft, aus dem Konzentrationslager Buchenwald und aus der kurzen Zeit seiner Zugehörigkeit zum Sonderregiment Dirlewanger aufbewahrt und dem Verfasser zur Verfügung gestellt. Daraus resultierten wertvolle Arbeitsimpulse, die den Verfasser zu weiteren Nachforschungen motivierten. Der älteste Sohn Kuhfahls besaß die weit zurückreichenden Fotoalben der Familie mit fast 100 Jahre alten Fotografien, die tagebuch- und familienbuchartig berichteten.

Es folgten die schwierige Suche und die Auswertung der deutschen und russischen Archivmaterialien.

Daraus entstand ein Einstieg in die Lebensbeschreibung des Schutzpolizei-Offiziers Kuhfahl mit allen beispielhaften Normalitäten der angeblichen Friedenszeit des Großdeutschen Reichs, die in Wahrheit die Zeit einer Kriegsvorbereitung war, in der schließlich ein rechtswidriger Befehl Himmlers den Schutzmann aus Oldenburg schicksalshaft traf, bis er schließlich durch Mörderhand umgebracht wurde.

Dem kriminologisch bewanderten Leser wird auffallen, dass im Falle Kuhfahl die Entwicklungsgeschichte eines Tatopfers eingehend beschrieben wird. Diese Geschichte bezieht die frühen Lebensjahrzehnte des Tatopfers ein, in denen niemand wissen oder ahnen konnte, dass Kuhfahl als Opfer einer groß- und kleinverbrecherischen Konstellation enden würde. Die Entwicklungsgeschichte der Personen, welche als Täter, Nebentäter, Haupttäter, Mittäter, Tatverdächtige und schweigende Zeugen infrage kommen, bleibt dagegen bis auf die zwei Nächsttäter unterbelichtet.

Anfang und Anlauf in Magdeburg (A)

I. Schule, Sport, Wandern, Singen

Alles, was hier zu erzählen ist, begann vor dem Ersten Weltkrieg, mit dem 28. Mai 1904, als Albert Kuhfahl in der evangelisch-lutherischen Stadt Magdeburg in der Familie des Bierfahrers Ferdinand Kuhfahl geboren wurde.[12] Die Wilhelmstädter Bürgerschule erkannte die Intelligenz und den Fleiß des buchbesessenen Schülers, der sich am liebsten – das wusste die Familie – mit „seinen Büchern beschäftigte". Der gescheite Junge schrieb ausgezeichnete Aufsätze, die als beispielhaft für Stil und Ausdruck durch die Klassen gereicht wurden. Sein Vater wollte aus ihm einen Handwerker machen, die Mutter beurteilte ihn anders. Sie erkannte seine Begabungen und wollte ihn sozial aufsteigen sehen.

Seinen Neigungen und Fähigkeiten folgend, wechselte der 14-Jährige nach Ostern 1918 an die Magdeburger Präparandenanstalt, eine Schule, welche auf den Besuch des nachfolgenden Lehrerseminars vorbereitete. Der begabte junge Mann wurde nach drei Jahren (Ostern 1921) – wegen überzeugender Leistungen von der mündlichen Prüfung befreit – an das Lehrerseminar Neuhaldensleben überwiesen.

Eine solide Berufslaufbahn als Lehrer, auf die er sich freute, lag übersichtlich vor ihm. In seiner Freizeit trieb er Sport als Mitglied des Turnvereins „Jahn" in Aken/Elbe.

Die weitreichenden verhängnisvollen Folgen des Kriegsausgangs 1918 zeigten sich bis in die Familie Kuhfahl hinein. Das ersparte Vermögen wurde durch die fortschreitende Geldentwertung wertlos. Am 20. November 1923 kostete in Deutschland ein US-Golddollar 4,2 Billionen Papiermark. Die geringen Einkünfte des Vaters, der bei der „Sicherheitswehr" (Bahnschutz) der Reichsbahn beschäftigt war, reichten für die Ausbildung des Sohnes nicht aus. Seine Versuche schlugen fehl, die durch die allgemeine wirtschaftliche Regression

---

12 Die meisten biographischen Daten und vor allem die Beamtendaten entstammen den Personalakten der Ordnungspolizei im Zwischenarchiv Dahlwitz-Hoppegarten, Akte Bestand ZB 1128 A. 8.

bedingte Kündigung zu vermeiden. Die Familie war plötzlich ohne Einkünfte. Sie besaß nach kurzer Zeit kein Geld mehr und auch kein sonstiges Vermögen. Der älteste Sohn Albert musste deshalb selbst Geld verdienen, um leben zu können. Er brach seine Ausbildung zum Lehrer ab.

Vom 4.7.1921 an arbeitete er als Banklehrling der Commerz- und Privatbank in Aken/Elbe und in einer Magdeburger Depositenkasse. Als die hoffnungslose Rentenmark zu taumeln begann, verringerten und veränderten sich die Bankaktivitäten schon im Vorfeld der sich abzeichnenden Ereignisse. Die Zahl der Bankangestellten wurde verkleinert. Mit dem Gesetz vom 30.8.1924 wurde die Reichsmark als neue Währungseinheit eingeführt. Der 19-jährige Kuhfahl war schon am 8.11.1923 aus dem Bankendienst ohne Lehrabschluss ausgeschieden. Er konnte als Buchhalter und Kassenführer des Magdeburger Haus- und Grundbesitzerverbandes bei einem einigermaßen ausreichenden Gehalt weiterarbeiten.

Hilfreich war ihm dabei seine gestochen saubere, gleichmäßig korrekte, von der schulischen Sollvorlage kaum abweichende Handschrift in der Schreib-

Kuhfahl mit Familie (Eltern und zwei Schwestern); 1922 in Magdeburg

weise Sütterlin, diszipliniert innerhalb der Norm, leicht rechts geneigt, mehr zierlich und sparsam gezogen, als groß getan, ohne prahlende Abweichungen.

Kuhfahl wurde Mitglied des Jugendbundes „Wartburg" und damit – vermutlich seit 1922 eingetragenes – Mitglied des evangelisch bestimmten Bundes Deutscher Jugendvereine (BdJ, gegründet in Halle, 1909). Im selben Jahr übernahm Dr. Wilhelm Stählin, Pfarrer an St. Lorenz in Nürnberg, die Leitung des Bundes. Stählins zwölf Predigten „Advent" (1922) lagen 1944 in Kuhfahls Nachlass. Kuhfahl fand nicht nur seine geistliche und geistige Heimat im BdJ, er wurde auch als Gruppenführer aktiv. Noch während seiner Polizei-Grundausbildung gründete er 1925 auf Veranlassung durch den Pastor Heinz Kloppenburg (nach 1945 Oberkirchenrat in Oldenburg) eine BdJ-Gruppe und leitete 1928 den „Leher Jugendbund im BdJ".

Der sozial und christlich orientierte BdJ, zu dem auch junge, reformfreudige Lehrer gehörten, wandte sich mehr an die Arbeiterjugend, während die Wandervogel-Bewegung des gleichen Zeitraums mehr die Oberschüler aufnahm. Die Arbeit des BdJ wurde von dem tiefgläubigen Idealismus einer liberalen Theologie bestimmt.[13] Der BdJ gab das Jugendblatt „Treue" und das Helferblatt „Blätter für die Jugendarbeit" heraus und seit 1921 für die Älteren die Zeitschrift „Unser Bund".

Auf der Jahrestagung in Eisenach (1918) fassten die Mitglieder das Wollen dieses Bundes in den programmatischen Begriffen „Fromm, deutsch, weltoffen" zusammen. Die Mitglieder versuchten nach diesen Grundsätzen zu leben, deren Dreiklang ein wenig an den älteren Viererklang der Leitsätze des Turnvaters Friedrich Jahn („Frisch, fromm, fröhlich, frei") erinnerte. Ab Eisenach wurden die bisher nur geförderten Mädchengruppen besonders in der Satzung erwähnt.[14]

---

13 Siehe hierzu Pfarrer Rudolf Wintermann, Der Weg des Bundes christdeutscher Jugend, in: Festschrift zum 50-jährigen Bestehen des Bundes christdeutscher Jugend, Darmstadt, 1969, S. 3 und die Beschreibung der „Jugendbewegung" durch Pastor Walter Uhsadel in: Die Religion in Geschichte und Gegenwart, 3. Auflage, Bd. III, S. 1014, Tübingen, 1959

14 Kuhfahls spätere Frau gründete in diesen Jahren in Lehe eine Jugendgruppe für Mädchen im BdJ.

Kuhfahl war ein begeistertes Mitglied des BdJ, weil er durch diesen Verband „viele sehr zusagende musikalische Anregungen erhielt und literarische Einsichten gewann", die bei ihm lebenslang nachwirkten.[15] Er freundete sich mit einer Familie an, deren drei Kinder zum „Bund" gehörten. Die Tochter spielte Klavier, Kuhfahl sang dazu (z.B. eine der 150 Balladen des romantischen Komponisten Carl Löwe (1796–1869)).[16]

Auf der Magdeburger Tagung des BdJ (1919), bei der sich ca. 2–3.000 Mitglieder versammelten, „trat die Jugend im Bewusstsein eigener Verantwortung" neben die Pfarrer.[17] Damals entstand eine evangelische Jugendbewegung, in der es „eine romantische Naturfrömmigkeit" (Uhsadel) gab. Das Erlebnis der kulturkritisch in der Tradition des alten Wandervogels der Vorkriegszeit singenden und wandernden Jugendgemeinschaft und das Eintauchen in ursprüngliches Naturerleben prägten offensichtlich den „jugendbewegten" Kuhfahl für sein ganzes Leben.

Das bewusste Jugendleben dieser Nachkriegsgeneration war erfüllt von dem Streben nach innerer Wahrhaftigkeit und eigener Verantwortung und einem Suchen nach Antwort auf die starken religiösen Fragen, das sich auch den Kirchen zuwandte. In seinen schwärzesten Stunden und in deprimierenden Augenblicken zehrte Kuhfahl später vom Erleben jener Jahre, in denen er außerhalb jeder Parteipolitik eine neue bürgerlich soziale Gesinnung zwischen den Mitgliedern seines Jugendbundes zu finden begann. Mit den Burschen seines „Wartburg-Bundes" wanderte Kuhfahl (bis 1932/33) in „Kluft" mit Klampfe und Wimpel durch die Wälder der deutschen Mittelgebirge.

Der Wartburg-Bund war als „Evangelischer Jünglingsverein 1814" gegründet worden. Nach 1918 wurden die Wartburger schon wegen ihrer bürgerlich grundierten Disziplin von Gegnern als „paramilitärischer Verband" diffamiert, obwohl sie alles andere im Sinn hatten als das Soldatenspiel. Zu Kuhfahls Grup-

---

15 Siehe hierzu die Beschreibung seines theaterbezogenen und musikalischen Nachlasses mit Einbeziehung seiner Geige.
16 Innerhalb seiner Familie konnte er seine Begabung und Neigung nicht entfalten
17 Werner Laqueur, Die deutsche Jugendbewegung, Köln, 1962; Hans-Christian Brandenburg, Die Geschichte der HJ, Köln, 1968

pe gehörten zehn junge wanderbegeisterte Männer mit offen aufgeschlagenen Hemdkragen. Sie trafen sich in Wasserburgen oder in Jugendherbergen, im Jugendheim am Brahmsee/SH., nahmen an Singtagungen teil, an Weihnachtsfeiern, trafen sich bei Gesang und Tanz auf den Landesverbandstagungen in Eisleben (1923), in Gotha (1924), in Lüneburg oder bei den Sportkämpfen der Bünde in Magdeburg (1925), zum Volkssingtreffen, zu Spiel- und Tanzfahrten in Osterrode und in Göttingen (1926) gemeinsam mit gleichgesinnten Bundesschwestern, die in Westen und fußlangen Röcken oder Kleidern aus derben Stoffen gekleidet waren. Sie dachten romantisch, liebten schwärmerisch die Landschaft, das Land, die Menschen, waren aktiv und idealistisch.

Der Gautag des BdJ fand 1928 in Wesermünde statt, der Bundestag in Eberswalde. Noch 1930 veranstaltete Kuhfahl im Juli ein Bereitschaftswandern für Polizeibeamte im Teutoburger Wald, 1931 einen Übungsmarsch mit Polizeibeamten im Riesengebirge, ein Sommerlager im Solling bei Holzminden. Irgendwann taucht auf den Erinnerungsfotos eine Wanderkameradin, eine Bundesschwester, aus Lehe (Wesermünde) bei Bremerhaven auf.

Kuhfahl war nach seiner unfreiwillig abgebrochenen Lehrerausbildung nach wie vor den Reformlehrern zuzurechnen. Seiner Mentalität nach interessierte er sich daher für alle Jugendbünde, so auch für den nach 1918 (Erstgründung 1909) aus der katholischen Jugendbewegung heraus gegründeten Jugendbund „Quickborn". Die Quickborner galten als naturverbunden, abstinent, selbständig, zeigten eine große Bereitschaft zur Einfachheit und waren offen gegenüber allen Bereichen des menschlichen Lebens. Sie hatten (seit 1919) ihren Sitz auf der Burg Rothenfels im Naturpark Spessart und zählten zu den weltbürgerlichpazifistischen und sozialkritischen Gruppierungen in der Jugendbewegung.

Noch Anfang 1944, also während seiner Verwendung bei der Ordnungspolizei in Nimwegen, ließ sich Kuhfahl von seiner Frau Druckschriften aus Quickborner Quellen schicken. Auf Grund der Verordnung betreffs Verbots der Betätigung der konfessionellen Jugendverbände vom 23.7.1937 waren die Diözesanverbände des Quickborn aufgelöst worden. Am 6.2.1939 hatten 140 Gestapo-Beamte das reichszentrale Jugendhaus in Düsseldorf besetzt. Sämtliche

Bediensteten wurden entlassen. In Gegenwart der verlegenen Gestapobeamten beteten die Freunde gemeinsam das „Vaterunser". Dann gingen die Freunde auseinander. Im Juni 1939 wurde die Auflösung der Jugendbewegungen „Quickborn" und „Neudeutschland" staatlich verfügt und durchgesetzt. Solche staatlichen Eingriffe bedeuteten nicht, dass die ehemaligen Verbandsmitglieder von diesem Eingriff an ihre religiösen Einstellungen oder ihr soziales Verhalten geändert hätten.

Es entsprach Kuhfahls familiengeschichtlicher Sozialprägung, dass er zur Hitler-Jugend oder zu kommunistischen Jugendverbänden keine Verbindung aufnahm. Plakatekleben, Schalmeienklang und Saalschlachten lagen ihm nicht. Die hinter den politischen Jugendverbänden stehenden, vom Christentum mehr oder weniger entfernten Ideologien sprachen ihn nicht an. Sein Menschen- und Lebensbild war anders, nämlich ziviler, mitmenschlicher, humaner geprägt. Er fand keine Verbindung zum Arbeiterjugendbund, zur Jungsozialistischen Gemeinschaft, zur Freien Proletarischen Jugend, zur Sozialistischen Proletarierjugend oder Kommunistischen Jugend, obwohl dort am politischen Rande in ähnlicher Weise gewandert, getanzt, gesungen, Theater gespielt und Gedichte rezitiert wurden. Es war Kuhfahl, der aufsteigen wollte, nicht möglich, eine innere Beziehung zu diesen betont proletarischen und nicht religiös fundierten, aber radikaleren Gruppierungen aufzunehmen. Die Hitler-Jugend fiel für ihn in die gleiche Kategorie.

Uhsadel beschreibt die Geisteshaltung der zahlreichen, zersplitterten und konkurrierenden Jugendgruppen jener Jahre: „Der Begriff V o l k füllte sich für sie mit einem Inhalt, der es ihnen unmöglich machte, ihn in einem abwertenden Sinne zu gebrauchen. Sie lernten einen hohlen Patriotismus zu verabscheuen. Ihr nationales Gefühl trennte sich von parteipolitischen Parolen." Das 1908 entstandene Liederbuch „Zupfgeigenhansl" verbreitete das „echte Volkslied". Es entstand die Singbewegung.

Die gemeinsamen alkohol- und nikotinfreien Veranstaltungen des BdJ waren erfüllt mit einem heute als zu schwärmerisch empfundenen Pathos. Der Leitsatz, den der 1917 im Kriege als Soldat gefallene Dichter Walter Flex seinem literarischen Wandervogelgeist in der Person des Ernst Wurche in den Mund legte („Rein bleiben und reif werden, das ist die schönste und schwerste Lebenskunst") war der Kerngedanke der idealistischen Grundhaltung, die Kuhfahl verinnerlichte und lebte.

Der weitsichtige Jugendführer Pastor Wilhelm Stählin warnte 1924[18] geradezu prophetisch vor den Gefahren der radikal völkischen Strömungen generell und innerhalb der Jugendbewegungen. „Nun marschieren dieselben jungen Menschen in Reih und Glied in völkischen Verbänden, weil die drängende Not unseres Volkes sie zu Tat, Zucht und Ordnung ruft. Sie sind bereit, für Deutschland zu kämpfen und zu sterben, weil sie an einen Weltberuf ihres Volkes im Dienste der göttlichen Gedanken glauben. Aber wenn sie nun merken müssten, dass sie nur für ein eitles, selbstgenügsames Volk, für leere äußere Macht oder gar nur für die Macht einzelner über die anderen zu kämpfen begonnen hätten, wenn sie merken müssten, dass ihre innerste Not nicht empfunden und ihre heiligste Glut belächelt wird, dass es nur Auge um Auge, Zahn um Zahn gegangen ist, ein Kampf des Hasses und der Rache, darin alles höhere und reinere Wollen wie in einem unreinen Feuer verzehrt worden ist; wenn sie merken müssten, dass gar keine neue Ehrfurcht und keine Weihe, keine Güte und keine Brüderlichkeit um sie her sind und dass in ihrem Volk gar kein Raum ist für einen neuen Adel: dann müßte diese Jugend aus ihrem Kampf heimkehren, betrogen und enttäuscht, 100-mal mehr als die deutschen Burschen vor 100 Jahren und trauernd um Deutschland."[19]

Im BdJ versuchte 1932 Stählin, der 1945–1952 Bischof der ev.-luth. Kirche in Oldenburg wurde, in einem Vortrag den sich abzeichnenden Irrlauf einzufangen, als er unter dem Motto „Wollen predigen und sprechen vom heiligen deutschen Reich" referierte.[20] Der Satz stammt aus dem (später als „Treuelied der

---

18 Wilhelm Stählin, Die völkische Bewegung und ihre Verantwortung, 1924
19 In diesen Beobachtungen zeigten sich die psychologischen Elemente, die dann von der NS-Bewegung vereinnahmt wurden und deshalb später zu Verwirrungen in der Beurteilung z.B. der Geisteshaltung der HJ führten.
20 Zitiert nach Brandenburg a.a.O., S. 279; entnommen aus „Unser Bund", Älterenzeitschrift 1933, S.111–114

SS" verwendeten) 1814 von Max von Schenkendorf geschriebenen Gedicht „Wenn alle untreu werden". Der von Stählin befürchtete Irrlauf war zu dieser Zeit jedoch nicht mehr aufzuhalten. Er war schon längst im Gange.

Kuhfahl blieb unbeschadet der konträren politischen Ereignisse dem BdJ verbunden, wie die in seinem Nachlass gefundene, intensiv durchgearbeitete Schrift „An die Eltern unserer Jugend (BdJ)" und die „Neujahrsmitteilungen des Martin-Luther-Ring" vom Januar 1934 zeigen.

Der junge Kuhfahl entwickelte in diesem Jahrzehnt offenbar eine zeitweilig schwärmerische, christlich-protestantisch verwurzelte und mit der respektierten Amtskirche nach wie vor verbundene Naturfrömmigkeit. Diese schloss die alten, bürgerlichen Tugenden mit ein und bezog sich stillschweigend innerlich und in den realen Handlungen darauf, wie wenn dies die Regeln einer neu gewonnenen humanen Ordnung seien. Diese allmähliche Wendung lässt sich aus seiner Lebensweise erkennen. Er lebte – ohne sich ausdrücklich auf diese Grundlagen zu beziehen – unbewusst christlich-protestantisch grundiert und war bis zu seinem Tode – wie ich seine Haltung bezeichnen möchte – „zivilfromm".

Der BdJ ließ sich nach der Machtübernahme durch Hitler geistig nicht vereinnahmen. Die Mitgliedschaft in kirchlichen Bünden wurde Jugendlichen unter 18 Jahren untersagt. Pfingsten 1933 schloss sich der BdJ mit dem „Christdeutschen Bund" zum „Bund christdeutscher Jugend" zusammen und führte seine Arbeit für die über 18-jährigen Mitglieder fort. Nach zahlreichen Verfolgungen, Schikanen und Benachteiligungen stellte der organisatorische Rest des Jugendbundes 1939 seine Arbeit ein.

II. Der Absprung

Der überdurchschnittlich begabte Kuhfahl war ein Kind der aufstrebenden bürgerlichen unteren Mittelschicht, auch wenn er sich dessen wahrscheinlich nicht bewusst war. Er verhielt sich schichttypisch: Er zeigte den Ehrgeiz der Besten aus dieser Sozialschicht, wollte lernen, aufsteigen und geachtet sein, wollte ausreichend verdienen, wollte eine Familie gründen und Kinder haben.

Er wollte etwas leisten und durch Leistung glänzen, wollte unter normalen Bedingungen anerkannt werden, wollte den ihm gebührenden Rang in der Gesellschaft finden. Finanzielle Mittel für eine aufwendigere Ausbildung besaßen weder er noch seine Eltern. Ein universitäres Studium schied daher aus. Er hielt daher die Augen offen. Er wollte sich weiter entwickeln, war aber mit seinen Berufswünschen noch nicht grundsätzlich festgelegt. Gute und solide Berufschancen erkannte Kuhfahl im Polizeidienst.

Die Polizei steckte nach dem Ersten Weltkrieg wegen der politischen Unruhen in den schwierigen Jahren ihres Neuaufbaus und der Erweiterung. Sie brauchte Leute, die bei kleiner Bezahlung für den Staat zu arbeiten bereit waren. Durch ein Zeitungsinserat aufmerksam geworden, bewarb sich Kuhfahl bei der Preußischen Polizei. Er wurde ausgewählt und angenommen. Am 1.10.1925 meldete er sich in Fahrtenkluft mit Rucksack als Polizeianwärter an der Polizeischule in Hildesheim. „Mancher ist sicherlich komisch berührt gewesen vom Anblick des Wandervogels", notierte seine Frau 20 Jahre später für ihre Kinder.[21] Sein nachträglich verständigter Vater widersprach auch dieser Berufswahl, drang aber beim selbständig gewordenen hartnäckigen Sohn mit seinem Widerspruch nicht durch.

Am 3.10.1925 unterschrieb Albert Kuhfahl nach seiner Vereidigung eine „Bestätigung", die ihn in die Staatsordnung einbinden sollte. Er versprach darin: „Ich gelobe durch Handschlag, dass ich stets als tapferer Angehöriger der Schutzpolizei für Aufrechterhaltung der Ruhe und Ordnung an jedem Ort und zu jeder Zeit meine ganze Kraft einsetzen, treu hinter der vom Reichspräsidenten ernannten Regierung stehen und dieselbe schützen und von keiner anderen Befehle annehmen will." Er nahm ernst, was er versprochen hatte. Ein Eid war ein höchstrangiges Versprechen vor Gott. Kuhfahl hielt das Gelobte bis zum bitteren Ende.

In der Hildesheimer Zeit schloss er sich sofort den Sing- und Volkstanzgruppen der dortigen musisch orientierten Arbeiterjugend an und fand neue Freunde.

---

21 Erhalten geblieben in den Akten der Familie Kuhfahl; die übrigen Angaben stammen aus seinen Personalakten.

Nach Beendigung des 8. Anwärterlehrgangs begann er als Polizeiwachtmeister seinen Dienst am 1.4.1927 in der Polizeidirektion Wesermünde bei Bremerhaven.

Er wollte etwas für die Bürger tun, nämlich für Ruhe, Sicherheit und Ordnung sorgen und ein geregeltes Leben führen, wie er es in seiner frühesten Jugend erlebt hatte. Er war jetzt 23 Jahre alt und ein erfolgreicher Leichtathlet, ein Meister des 400-Meter-Laufs. Ihm gefiel die Kameradschaft in dem Männerverband „Polizei".

Im März 1929 schloss er mit der Schlussprüfung die Oberstufe der Polizeilichen Berufsschule ab. Bei diesem „Polizeiabitur" wurde er wegen herausragender Leistungen von der mündlichen Prüfung befreit.

Am 14.5.1930 testierte der Kommandeur der örtlichen Schutzpolizei dem Oberwachtmeister Kuhfahl zusammenfassend: „Er ist ein Beamter, der weit über den Durchschnitt hinausragt. Sein ganzes Streben gilt dem Ziel, unbeirrt und unaufhaltsam vorwärts zu kommen, zu lernen und sich weiterzubilden. Sowohl in der Berufsschule als auch in den polizeilich-wissenschaftlichen Prüfungen war er einer der Besten. Im Wesen still und ruhig, zurückhaltend und bescheiden, einwandfreier Lebenswandel, bei Vorgesetzten und Gleichgestellten beliebt und geachtet. Ein Mensch, der weitgehende Förderung verdient." So kann nur jemand beurteilt werden, der als Spätberufener in der Polizeiarbeit seine Berufung gefunden hatte.

In Wesermünde-Lehe arbeitete (von 1926–1930) die junge Stenotypistin Anni Vagts aus Lehe in einer renommierten Rechtsanwaltskanzlei. Kuhfahl lernte sie bei einem Treffen der „Wartburger" kennen, verliebte sich in sie und umwarb sie. Das Mädchen mit dem frischen, fröhlichen Gesicht leitete die Leher Mädelgruppe des BdJ und wanderte mit. Er ließ die Freundliche im vorn geschnürten Wanderkleid, die ihn herzlich anlächelte, weil sie den blonden großen Jungen so sympathisch fand, nie mehr los. Sie wurde sein Mädchen, seine Deern, sein lebenslanger Orientierungspunkt, für den er lebte.

Am 20.8.1932 heiratete er die 22-jährige in Wesermünde. Diese junge Frau, die auch nach der Geburt ihres fünften Kindes in seiner Nähe noch so wun-

Hochzeit Kuhfahl am 20.8.1932 in der Paulskirche zu Wesermünde

Familienangehörige, Freunde und Gäste bei der Hochzeit am 20.8.1932

derbar erröten konnte, liebte er Zeit seines Lebens mit einer jungenhaft verhaltenen Verehrung. Diese Verbindung beeinflusste in einem kaum abzuschätzenden Ausmaß seine Persönlichkeit und seine Berufs- und Lebensplanung. Am 9.7.1933 wurde dem Ehepaar das erste Kind, der Sohn Jürgen, geboren. Der 29-jährige Vater war glücklich.

Nach dem „Polizeiabitur" (20.3.1929) folgte eine polizeitypische Laufbahn für begabte „Spätberufene", die Intelligenz und Führungsqualitäten erkennen ließen und sich in vielen Sparten der Schutzpolizei auskennen sollten. Vom 19.7. bis zum 4.8.1929 machte er Geschäftszimmerdienst und besuchte gleichzeitig die Oberstufe der Polizeiberufsschule. Am 1.12.1929 wurde er zum Oberwachtmeister ernannt. Nun war er einer der rd. 55.000 Beamten der preußischen Schutzpolizei, die sich aus ehemaligen Soldaten, Handwerkern, Büroangestellten und Landarbeitern rekrutierte.

Dem Revierdienst in Wesermünde (bei Bremerhaven) folgten der Dienst im Bereitschaftszug (5.8.1929-9.4.1934) und der 16. Polizeioffiziers-Anwärterlehrgang auf der Höheren Polizeischule in Berlin-Spandau-Eiche (21.12.1930-29.10.1931). Der seine Ausbildung vor Ort überwachende Berliner Revierleiter testierte ihm am 27.8.1931, er sei stets dienstbereit, zeige großen Fleiß und Pflichttreue; er habe seine Aufgaben mit viel Verständnis und großer Umsicht gelöst; er verfüge über gute Kenntnisse und trage beim Unterricht gut vor. „Er schreitet sehr gewandt ein", bestätigte ihm der Oberleutnant. „Er hatte wiederholt Gelegenheit auf dem Bülowplatz und in der Umgebung unter schwierigen Verhältnissen selbständig Entscheidungen zu treffen. Er hat diese Aufgaben geschickt gelöst und war mir eine gute Stütze." Den Lehrgang bestand er am 29.10.1931. Hervorgehoben wurden seine Begabungen als Lehrer. Am 1.12.1932 wurde er zum Offiziersanwärter ernannt.

Es folgten Lehrgänge für Schießdienst, im Kraftfahrwesen, im Fernmeldewesen, wie sie für den Offiziersanwärter wichtig waren. Vielfältig ausgebildet, kehrte er nach Wesermünde zurück. Ab 5.2.1932 war er als Zugführer und Offizierdiensttuer eingesetzt. Bei der Polizeibereitschaft verwendet, wurde seine Leistung wieder mit „Sehr gut" beurteilt.

Seine Leute hielten ihn für einen „Schöngeist", der sehr der Literatur und dem Theater zugetan war, ein „feiner Mensch, der keine groben Witze mochte", der „keinem etwas zu Leide tat". „Er lief so nebenher", aber „er war beliebt und angesehen". „Sein Charakter war eben so", berichtete mir am 23.10.2004 als Zeitzeuge der ehemalige Bezirkskommissar in Bremen, Garrelt Eilers (Jahrgang 1911), der 1931 seinen Dienst im Bereitschaftszug Bremerhaven aufgenommen hatte. Er erinnert sich noch heute an Kuhfahls „große Distanz zu groben Kommissköpfen".

Der Lehrgang (als Offiziersanwärter, als Maschinengewehr-Zugführer, Schießlehrer und am Sonderwagen), der am 5.2.32 endete, brachte ihm eine herbe Enttäuschung. In der abschließenden Beurteilung hieß es, er sei „als Schießlehrer und Ausbilder mit Vorteil zu verwenden", aber „er muss sich noch mehr zutrauen und energischer werden". Als er am 20.12.32 durch seinen Hauptmann in Wesermünde beurteilt wurde, testierte dieser ihm: „In der Waffen- und Kampfausbildung ist er noch ein wenig weichlich, aber er wird diesen Fehler bei geeigneter Erziehung zweifellos ablegen." Schon da wurde durch die – im

Gruppenbild preußischer Offiziersanwärter (1932; Kuhfahl 2. v. links)

Übrigen herausragend positive – Beurteilung eine Weiche gestellt, welche seine weitere Laufbahn charakterisieren sollte.

III. Eine neue Zeit bricht an

Unversehens kam am 30. Januar 1933 in Berlin Hitler an die Macht. Ob dieses politische Ereignis Kuhfahl in seinem ländlichen Lebenskreis berührte, ist nicht bekannt. Am Morgen nach der „Machtübernahme" sagte er lächelnd den Männern seines Zuges: „Jetzt ist eine neue Zeit angebrochen. Bisher wurden Sie gesiezt, ab jetzt wird geduzt, rührt Euch." Die Männer lachten, verstanden den etwas unbeholfenen Witz als „oppositionell". Der Zeitzeuge Eilers meinte nach 67 Jahren, wobei er Kausalzusammenhänge möglicherweise falsch verknüpft und datiert: „Eine Woche später wurde er versetzt!" Aber immerhin scheint die Anekdote das Fluidum um Kuhfahl zu charakterisieren.

Für Kuhfahl war der Himmel hoch und Berlin war weit. Er war ein Ordnungspolizist in Wesermünde mit ziviler, bürgerlicher Gesinnung. Er kannte die warnende Volksweisheit „Politik verdirbt den Charakter" und hatte die Auseinandersetzungen zwischen rechten und linken Kräften selbst in der Polizei distanziert beobachtet. Als jugendbewegter Christ dachte er national. Er brauchte dazu aber keine parteipolitischen Stützen, Lehren und Anleitungen. In einer Partei wollte er sich nicht engagieren. Er war ein monogamer Familienmensch, der seine Frau und seine Kinder liebte. Seine Familie war seine Partei.

Am 28.2.1933 brannte das Gebäude des Reichstages in Berlin. Der Holländer van der Lubbe, ein Einzeltäter (?) ohne besondere Geistesgaben, wurde als Brandstifter gefasst. Das Land schien vor einem kommunistischen Umsturz zu stehen, wie die NS-Propaganda den Bürgern erfolgreich klar zu machen versuchte. Der Reichspräsident, der alte Feldmarschall von Hindenburg, erließ die „Notverordnung zum Schutz von Volk und Staat", welche wesentliche Grundrechte der Weimarer Verfassung außer Kraft setzte.

Kuhfahl „legte die Ohren an". Er kümmerte sich nicht um die politischen oder verfassungsrechtlichen Auswirkungen des Reichstagsbrandes. Er wollte seiner Neigung folgend unbedingt Polizeioffizier werden, weil dieser Beruf die

Hermann Göring, Preußischer Innenminister 1933, auf dem Reichsparteitag 1937 in Nürnberg[22]; er forderte rücksichtslose Polizeioffiziere

---

22   Hermann Göring, geb. 12.1.1893, wurde von Hitler nach Übernahme der Regierungsmacht am 30.1.1933 zum Reichsminister ohne Geschäftsbereich ernannt und mit dem Reichskommissariat für das Preußische Innenministerium beauftragt. Er erhielt die Kontrolle über die preußische Polizei und entließ 22 von 32 Polizeipräsidenten. Er besetzte diese Positionen durch Nationalsozialisten und erweiterte die Polizei durch 50.000 neue Polizeibeamte (Mitglieder der SS, SA und des Stahlhelms). Er stand hinter der Gründung der ersten Konzentrationslager. Der Internationale Gerichtshof in Nürnberg verurteilte ihn wegen zahlloser Verbrechen zum Tode durch Erhängen. Er beging am 15.10.1946 Selbstmord mittels Zyankali.

Chance zum ständigen Lernen, zum Lehren, zum Schützen und Helfen in relativer Unabhängigkeit bot. Vor dem Einstieg in die Offizierslaufbahn wurde er erneut beurteilt. Er erlebte eine Enttäuschung, die ihn derart kränkte, dass er den Inhalt des Vorgesetztengesprächs, das der Beurteilung folgte, in einem persönlichen Aktenvermerk festhielt.

Am 13.4.1933 eröffnete ihm der Kommandeur der Schutzpolizei, Major Beling, sein Vorgesetzter:

„Ich muss Ihnen eine betrübliche Eröffnung machen. Ich habe über Sie zu berichten auf Grund der ‚Besonderen Richtlinien (des neuen Innenministers Göring in der Kommandeurbesprechung in Berlin) über Offiziere und Offiziersnachwuchs'. Ich schätze Sie als Mensch und zolle volle Anerkennung Ihrem Fleiß, Ihrer Pünktlichkeit, Ihrem Diensteifer, aber – wie soll ich sagen – das Spezifische des Offiziers, das fehlt Ihnen, das Soldatische!"

Der Major bezog sich auf eine Beurteilung vom 7.4.33, in der es u.a. hieß: „... Die Ausbildungsvorschriften im Waffendienst beherrscht er theoretisch ebenfalls gut. Im praktischen Waffendienst fehlt es ihm aber als Ausbilder und Zugführer an der notwendigen Frische und Beweglichkeit. Er hat nicht die Gabe, durch sein Auftreten vor der Front den Beamten eine gewisse Energie aufzuzwingen, die notwendig ist, um aus den Beamten herauszuholen, was herausgeholt werden muss. Sein Auftreten vor der Front muss als zu weich bezeichnet werden. Auch glaube ich, dass bei heftigen Kampfhandlungen Kuhfahl es nicht versteht, seine Beamten in dem gegebenen Augenblick durch energisches und zielbewusstes Auftreten mitzureißen. Damit soll nicht gesagt werden, dass es ihm an persönlichem Mut fehlt. Kuhfahl wird nie in der Lage sein, die von einem Polizeioffizier gegebenenfalls auch anzuwendende Rücksichtslosigkeit aufzubringen; desgleichen wird er meines Erachtens nie lernen, als Führer seine Untergebenen zu den so genannten soldatischen Tugenden zu erziehen. So wertvoll Kuhfahl sonst als Mensch ist und so fest bin ich davon überzeugt, dass Kuhfahl in der Verwaltung oder bei der Kriminalpolizei oder in jedem anderen Beamtenberuf infolge seines Fleißes, seiner Pflichttreue und seiner guten Gaben Ausgezeichnetes leisten würde, so bin ich doch besonders im Hinblick auf die uns Kommandeure vom Herrn Minister des Innern am 2.3.1933 gemachten Ausführungen nicht in der Lage, Kuhfahl als geeignet zum Polizeioffizier zu bezeichnen, da ihm gerade die für einen Offizier erforderlichen Qualitäten fehlen."

Kuhfahl war von dieser Beurteilung erschüttert. Er wollte Offizier in einer nicht militärischen, humanen, bürgerlichen Polizei werden und nun wurden Eigenschaften und Verhaltensweisen von ihm gefordert, an denen er sich bisher nicht orientiert hatte. Er hatte sich kurz vor seinem Ziel geglaubt, hatte gehofft, bald Leutnant der Schutzpolizei werden zu können. Ein Leutnant der Polizei: das war nach seinen familiären Vorstellungen und nach seinen Erinnerungen eine Persönlichkeit, die höchsten Respekt in der Bevölkerung genoß und die ein Vorbild bei der Mannschaft sein musste. Ein Leutnant, so wussten es die Leute noch aus der erst 15 Jahre zurückliegenden Kaiserzeit, war angesehen, er diente der Regierung und half den Leuten. Er stach durch Rang und Uniform und durch die anerzogene Körpersprache, insbesondere durch eine straffe, aufrechte Haltung hervor. Er war dem lieben Gott um nicht nennbare Maßeinheiten näher als der Durchschnittsmensch. Von Härte gegenüber anderen Menschen als Hauptfach war in Kuhfahls Berufsvorstellungen nie die Rede gewesen. Und nun sollte diese nachträglich eingeforderte Eigenschaft ihm zur Beförderung fehlen?

Nach Kuhfahls Wortprotokoll[23] hatte der Major die Worte des Preußischen Innenministers Hermann Göring erläutert. Göring hatte im Vollgefühl seiner politischen Macht verlangt, im Offiziersnachwuchs der Polizei müsse der Wehrwille besonders entwickelt werden und die Gabe der Führung bei gleichzeitig straffer Zucht und Härte.

Der Major meinte zu Kuhfahl: „Ich glaube nicht, dass Sie jemanden anschnauzen können." Kuhfahl, der in der Tat nach seiner ganzen Art kein Kasernenhofbrüller, sondern ein ruhig überzeugender Pädagoge war, versuchte aufzubegehren: Er widersprach, „Doch! Ich kann!" und hatte dabei mit den Tränen zu kämpfen, möglicherweise weil er sich in einer liebenswürdigen und positiv

---

23 Im Original aus den Akten der Familie Kuhfahl

verwalteten „Schwäche" erkannt und an die Wand gedrückt fühlte. Sein Selbstwertgefühl wurde durch die Beurteilung verletzt. Er war zornig und fühlte sich gedemütigt. Er konnte sich im Beamtenrecht, das wusste er, gegen abträgliche Beurteilungen nicht ausreichend wehren.

Polizeioffiziersanwärter Kuhfahl (1932)

„Strenger Maßstab ist zur Pflicht gemacht", hatte Göring gesagt, und der laufbahnbewusste, gehorsame Major, der irgendwann einmal Oberst werden wollte, hatte als angepasster Übersetzer des Ministerwillens gehorcht. Er meinte, die „Offiziere sind wieder der alten Auffassung", die sie während des Krieges in der kaiserlichen Armee vertreten hatten. Der Major schien der Ministermeinung – selbstverständlich – zuzustimmen. (Sollte er sich wegen eines Nochnichtleutnants Läuse in den Pelz setzen?) Der Major merkte offensichtlich nicht, dass er ein altes, politisch wiederbelebtes, obrigkeitsstaatliches und vordemokratisches Polizeibild vertrat, das Kuhfahl längst hinter sich gelassen hatte, in dem er sich nicht zu Hause fühlte.

Er versuchte den sichtlich geknickten Kuhfahl zu trösten: „Ihre Gaben weisen Sie in die Verwaltungs- oder Kripo-Laufbahn. Dort könnten sie Gutes leisten. Ich werde sehen, was ich für Sie tun kann." Auch der Hauptmann, der erkannte, wie deprimiert Kuhfahl war, versuchte, ihn am Nachmittag wohlwollend aufzubauen. Der Weg zur Verwaltung sei zur Zeit gesperrt. Und wie wäre es mit einer Versetzung zur Kriminalpolizei? Zur Kriminalpolizei wollte Kuhfahl nicht. Ihm sagte die Arbeit an blutigen Tatorten, das Umgehen mit dramatischen Leichen und das hartnäckige Stochern in den Seelenabgründen beschuldigter Menschen nicht zu. Er werde jedes Versetzungsgesuch von Kuhfahl unterstützen, sagte der Hauptmann. („Nehmen Sie es nicht tragisch, feiern Sie Ostern und Gruß an Ihre Frau.")

IV. Der verdeckte Existenzkampf des Beamten

Der durch das Beamtengesetz in Beurteilungsfragen weitgehend gefesselte Kuhfahl wehrte sich durch eine beamtenrechtlich erlaubte Gegenvorstellung, bescheiden, aber selbstbewusst. Er agierte auf den Grundlagen seines Weltbildes, in dem es durch Gesetz und tradierte Anschauungen feste Vorgaben und bewährte Leitlinien über den humanen Umgang der Bürger miteinander gab. Er merkte nicht, dass sich die moralische Mitte in Deutschland bereits verschoben hatte, dass die alte Ordnung taumelte und das bisherige Recht schwankte, dass alles, selbst der Alltag des kleinen Mannes, auf kaltem Wege revolutionär neu formuliert und umdefiniert wurde. Recht war jetzt, „was dem Volke nützt"

– und die Definitionsmacht der Nützlichkeit lag bei den neuen Machthabern, denen er sich nicht rechtzeitig angeschlossen hatte. Er stand als parteipolitisch nicht organisierter Schutzmann zu dicht beim dicken Alltagsstamm, der dem gerade versprochenen Jahrtausend eines Großdeutschen Reiches entsprechen sollte. Er sah den Stamm der Tagesaufgaben, nicht aber den ganzen mächtigen, braun rauschenden Staatswald, in dem zukünftig die germanisch harten Männer und die kinderreich fruchtbaren Frauen das Leben bestimmen sollten, hart wie schneidender Kruppstahl, die Herrscher über Europa und alle minderwertigen Völker. Er konnte dieses Bild nicht sehen, denn er dachte anders. Aber wer erkannte die Größe, die Ungeheuerlichkeit, die Bedrohlichkeit der Zeitenwende in ihrer tragischen Endbedeutung damals schon? Die meisten Menschen schwammen auf den Wogen der staatlich vermittelten guten, wenn auch trügerischen Hoffnungen und der neuen kleinen Alltagsvorteile. Und er schwamm insoweit mit dem Strom, ließ sich in der Pflicht treiben, soweit dies von ihm als Polizeibeamter erwartet wurde.

Zusammenfassend konstatierte die Beurteilung des Offiziersanwärters Kuhfahl am 13.5.1933, er sei ein stiller und bescheidener Mensch, der wenig in Erscheinung trete. Sein Auftreten als Zugführer sei zu zaghaft. Es fehle ihm an Frische. In der Kampfausbildung fehle es ihm an Erfahrung.

Kuhfahl reagierte handwerklich korrekt nach den Methoden der Beamtenwelt, weil ihm auf Grund seiner Sozialisation und seiner familiären Vorformungen auch nichts anderes übrig blieb. Er schrieb eine Eingabe an den Minister des Innern, in der er bat, seine „Eignung als Polizeioffizier an einer Stelle außerhalb des früheren Kameradenkreises beweisen zu dürfen". Er hatte wohl bemerkt, dass seine gesamte charakterliche Einstellung ihn vom Typ des in der Polizei häufigen engstirnigen Truppenführers und Traditionalisten unterschied. Durch sein Gesuch wollte er sich deren Maßstäben entziehen, weil er sie nicht teilen konnte. Fünf Wochen später wurde sein Gesuch abgelehnt.

Daraufhin bewarb er sich mit einer für ihn offenbar typischen Hartnäckigkeit am 14.6.1933 als Kriminalkommissar-Anwärter. Das Gesuch wurde sorgfältig unter allen Aspekten geprüft. Sein Polizeidirektor versuchte eine teilweise

Ehrenrettung für Kuhfahl, indem er dem Ministerium gegenüber erklärte, die frühere Ablehnung der Beförderung zum Offizier sei nur deshalb erfolgt, weil „Kuhfahl das typisch Militärische beim Auftreten vor der Front fehlt".

Sein früherer Oberleutnant im Polizeibereitschaftszug Wesermünde meinte es gut mit ihm und wollte ihm helfen. Er testierte dem „im Innersten bewusst national denkenden Polizeibeamten", er sei „begeistert für die deutsche Art, für deutsches Wandern, deutsches Lied". Er habe jahrelang dem Bund (christlicher) deutscher Jugend angehört, dessen Ziele sich durch die Begriffe „fromm und deutsch" umreißen ließen. Auch die Tätigkeit dieses Bundes (Pflege der deutschen Art, des deutschen Wanderns, des deutschen Volksliedes und -tanzes sowie der Leitgedanke der letzten Bundestagung „Vom Heiligen Deutschen Reich") könnte zur Beurteilung herangezogen werden. „An Zeitungen las Kuhfahl nach eigenen Angaben bis April 1933 die ‚Die Deutsche Allgemeine Zeitung', später die örtliche, national eingestellte ‚Nordwestdeutsche Zeitung'. Bezeichnend ist, dass er sich zu seinem Geburtstag vom Offizierskorps das Buch ‚Horst Wessel' wünschte, an Hand dessen in Verbindung mit Hitlers ‚Mein Kampf' und Sommerfelds ‚Hermann Göring' Kuhfahl sich mit der nationalsozialistischen Ideenwelt näher vertraut machte. Seine Zuverlässigkeit in nationalsozialistischer Hinsicht wird erneut bestätigt." Er habe schon „als Offiziersanwärter der Vereinigung Preußischer Polizei-Offiziere angehört, die im Gegensatz zur bestehenden marxistischen Regierung stand"… „Seit der Kanzlerschaft Adolf Hitlers machte sich Kuhfahl mit der Gedankenwelt des Nationalsozialismus näher vertraut durch das Lesen von Hitlers ‚Mein Kampf', Feders ‚Programm der NSDAP', Sommerfelds ‚Hermann Göring' und Ewers ‚Horst Wessel'."

Mit dieser Beurteilung hatte der wohlwollende Polizeidirektor ihm teils Gutes erwiesen, teils Nachteiliges angetan. Er hatte einerseits aufgezeigt, dass Kuhfahl den Nationalsozialismus lernen wolle. Das war die gut gemeinte Nachricht gegenüber Dritten. Richtig verstanden ergab sich daraus aber, dass sich Kuhfahl bisher um die „Bewegung" nicht gekümmert und eigentlich wenig Ahnung vom „Wesen des nationalen Aufbruchs" hatte. Als Idealist der „Blauen

Blume" gehörte er nicht zu den „Alten Kämpfern" der NSDAP. Dieser durch eine apolitische Lebensführung unmerklich entstandene Nachteil konnte ihm im beamtenrechtlichen Planstellen-Wettbewerb schaden.

Nachteilig konnte sich auch auswirken, dass er innerhalb der polizeilichen Teilkultur als lesender Buchfreund und als Streber bekannt wurde. Freiwillig lesende Polizeibeamte zeigen nach subkulturellen Standards kein gruppenkonformes, sondern ein abweichendes Sozialverhalten. Sie machen sich durch geistige Interessen jenseits des Dienstbetriebes innerhalb der Dienstumgebung auffällig, wenn sie vom internen Bildungsstandard ihrer Umgebung abweichen, wenn sie „auch noch in ihrer Freizeit lernen wollen". Das konnte den so Beurteilten im Kreise der Kameraden isolieren. Kuhfahls Unbeirrbarkeit im Lesen und Lernen und seine persönliche Freundlichkeit halfen ihm offenbar jedoch über manches Misstrauen und nachteilige Distanzierungen hinweg.

Dass er der (1920 gegründeten) Vereinigung Preußischer Polizeioffiziere schon als Offiziersbewerber bis zur Auflösung nach 1933 angehört haben soll, einer Art Führungsbeamten-Gewerkschaft mit nachgesagten paramilitärischen Neigungen und NS-Sympathien, ist höchst fraglich. Aus den Personalunterlagen und aus seinen eigenen Bekundungen (wie Lebensläufe etc.) ist eine solche für ihn untypische Mitgliedschaft nicht zu erkennen. Er hat sich auf die Zugehörigkeit zu diesem Verband nie berufen, obwohl dies für ihn nützlich gewesen wäre. Er hätte der Vereinigung zudem nur von seiner Ernennung zum Offiziersanwärter (1.12.32) an bis zur Auflösung der Vereinigung nach der „Machtübernahme" angehören können.

Kuhfahl gelang der von ihm ohne Nachdruck versuchte Sprung zur Kriminalpolizei nicht. Das war letztlich vermutlich besser für seine menschliche Entwicklung. Bei der Kriminalpolizei trifft sich ein lebhafter, kreativer und überwiegend extrovertierter Menschentyp, bei dem sich der stille Vegetarier Kuhfahl auf Dauer wahrscheinlich nicht wohlgefühlt haben würde.

Kuhfahl beantragte am 18.4.1933, man solle seine Eignung nochmals überprüfen, und zwar wolle er seine „Führergabe an einer Stelle außerhalb des früheren Kameradenkreises" vervollkommnen und beweisen. Sein zurückhaltendes Auftreten sei gegenüber ehemaligen Bereitschaftskameraden erfolgt, denen gegenüber er sich in Wort und Ton zurückgenommen habe. Der Polizeidirektor in Wesermünde befürwortete das Gesuch, da Kuhfahl „ein ganz außergewöhnlich wertvoller Charakter ist und außerordentliche Fähigkeiten besitzt". Der Regierungspräsident in Stade schloss sich dem Antrag am 29.4.1933 an. Schon am 15.5.1933 lehnte der Preußische Minister des Innern den Antrag angesichts der „besonders ungünstigen Beurteilung" ab: Von einem künftigen Offizier könne verlangt werden, dass er sich auch ehemals gleichgestellten Beamten gegenüber durchzusetzen vermag. Mit anderen Worten: Kuhfahl fehlte eben die zeitgemäße NS-Schneidigkeit, die brüllen und marschieren konnte und sollte, „bis alles in Scherben fällt".

Kuhfahl beantragte daraufhin seine Versetzung in den Verwaltungsdienst. Er wurde deshalb am 24.12.1933 durch den Polizeihauptmann in Wesermünde nochmals gründlich beurteilt. Neben sehr guten Beurteilungsmomenten hieß es immer noch: „Das straffe und energische Auftreten vor der Front und die dienstliche Notwendigkeit, auch im Dienst mal streng und hart zu sein, liegt ihm seiner ganzen Veranlagung nach nicht. Dies hat Kuhfahl selbst erkannt."

Am 16.1.1934 wurde Kuhfahl zum Kommandeur der Polizei versetzt. Er arbeitete als Hilfsoffizier beim Adjutanten. Das Dienstleistungszeugnis, das er 1931 als Oberwachtmeister auf dem 7. Revier in Berlin erhalten hatte, erwies sich als richtig: Kuhfahl besaß eine gute und schnelle Auffassungsgabe, war redegewandt, war selbständig und firm in der Abfassung schriftlicher Arbeiten, verfügte über sehr gute polizeiliche Kenntnisse, die er im Unterricht gut vortragen konnte. Sein gewandtes Auftreten beim Einschreiten wurde gelobt. Der groß gewachsene sportliche Mann gab klare Anordnungen, hielt auf gute Ordnung und Disziplin und konnte sich durchsetzen. In der Beurteilung vom 23.4.1934 konstatierte ein neuer Schutzpolizeimajor in Wesermünde, Kuhfahl sei zur Beförderung voll geeignet.

Ähnlich lauteten die Beurteilungen vom 5.4.1934 und 29.8.1934 vor seiner am 14.4.1934 beantragten Übernahme in den Gemeindevollzugsdienst. Lobend erwähnt wurde: „Er ist Antialkoholiker, führt einen soliden Lebenswandel und lebt in geordneten wirtschaftlichen Verhältnissen." Geistig überrage Kuhfahl den Durchschnitt der Polizeioffiziersanwärter ganz erheblich. Er sei vielseitig interessiert und verfüge über eine sehr gute Allgemeinbildung, besitze eine rasche Auffassungsgabe und eine vorzügliche mündliche wie schriftliche Ausdrucksgewandtheit und habe einen sicheren Blick für das Wesentliche. „Er hat eine reife, ethische hochstehende Weltanschauung auf positiv-christlicher Grundlage." Hervorzuheben sei sein Fleiß und seine unverdrossene Ausdauer. Dabei sei er stets gleichbleibend freundlich und hilfsbereit und erfreue sich allgemeiner Beliebtheit. Kuhfahl war auch seiner Körpersprache nach freundlich und verbindlich.

V. Das Ende Kuhfahls bündischer Jugend

Erstmals wurde ihm im Stil der großen neuen Zeit floskelhaft bestätigt, er stehe „voll und ganz auf dem Boden der nationalsozialistischen Weltanschauung". Ohne diese salvatorische Klausel in der Beurteilung konnte nach 1933 kein Beamter mehr befördert werden. Das politische Testat – von Beamten zum Beamten erteilt – über die besondere Treue zur neuen NS-Regierung und über die politische Festigkeit des Untergebenen wurde zur wichtigsten Aussage in der Beurteilung der Polizeibeamten.

Der „solide, sparsame Charakter", der „sehr gute Sportsmann" (er hatte am 30.7.1926 das Sportabzeichen in Bronze erworben und seither ständig weiter trainiert) wurden in der Beurteilung nicht vergessen, nachdem er in den Gemeindedienst versetzt worden war. Am 30.1.1934 ging die Polizeihoheit der Länder auf das Reich über. Die Polizei wurde „verreichlicht".

Am 1.2.1934 wurde Kuhfahl Mitglied der Nationalsozialistischen Volkswohlfahrt (NSV) (Mitgliednr. 587 692). Das war ein kleiner, bescheidener Schritt auf die neuen Herren im Lande zu. Die NSV war die vergleichsweise harmlose Wohlfahrtsorganisation der NSDAP im kriegsvorbereitenden Machtgeflecht der politischen Gewalthaber, von der theoretischen Zielsetzung her und taktisch beurteilt zu vergleichen mit der Arbeiterwohlfahrt oder der Caritas. Gefühlsmäßig lag ihm die NSV. Er konnte durch sie und in ihr den Menschen

Gutes tun. Und außerdem ging der Trend in der Beamtenschaft zur Mitgliedschaft in NS-Organisationen jedweder Art, um die Verbundenheit mit der neuen, herrlichen Zeit zu demonstrieren. Der Polizeibeamte sollte wenigstens einer NS-Organisation angehören, wenn er befördert werden wollte. Kuhfahl wurde Blockleiter der NSV, d.h. er musste im Umkreis von 40 bis 60 Haushaltungen Spenden einsammeln, zu Versammlungen einladen, Unterstützungsanträge beraten bzw. annehmen usw.

Die scheinbar nur harmlose, humanitäre NSV war Teil eines weiten Systems aus den unterschiedlichsten „harmlosen" Organisationen, wie z.B. den Reichsluftschutzbund, den Verein der Deutschen im Ausland, den Reichskolonialbund usw. Was die Menschen nicht wussten, war die zentrale Ausrichtung aller Organisationen und Maßnahmen auf das verdeckte Ziel eines künftigen deutschen Eroberungskrieges hin, der den Zustand des „Volks ohne Raum" beenden sollte.

Kuhfahl wurde am 1.8.1934 auch Mitglied (Nr. 3.821) des Reichsluftschutzbundes, des im Falle eines Luftkrieges unentbehrlichen und Menschenleben schützenden Präventionsverbandes. Er dachte nicht an einen Luftkrieg, denn der offenbar tatkräftige Reichskanzler Hitler hatte in vielen öffentlichen Reden seinem Volk, seinen Wählern und der ganzen Welt einen langen Frieden in einem „Tausendjährigen Reich" versprochen. Politisch wendige und laufbahnbewusst-opportunistische Beamte hatten die Zeichen der Zeit nach dem Januar 1933 rascher erkannt, als Kuhfahl dies vermochte. Sie hatten in den ersten Monaten nach der „Machtübernahme" rasch noch die Aufnahme in „die Partei" beantragt, waren Mitglieder der Nationalsozialistischen Deutschen Arbeiter Partei geworden. Mitglieder mit einer Mitgliedszahl unter 100.000 und mit einem Beitrittsdatum vor dem 1.1.33 erhielten das „Goldene Parteiabzeichen", was eine Fülle von Vorteilen und Ehren brachte. Soweit sie heimlich in der SS Mitglied geworden waren, durften sie als „Alte Kämpfer" der SS einen silbernen Winkel auf dem rechten Oberarm der Uniform zeigen. Solche Insignien brachten Laufbahnvorteile. Vom 1.5.1933 an wurden zunächst keine Parteibewerber mehr in die NSDAP aufgenommen.

Kuhfahl verkaufte weder Seele noch Haut. Er wollte ursprünglich auf keinen Fall der NSDAP beitreten. Er zögerte, denn er war parteipolitisch neutral, als Bürger jedoch nicht weltanschaulich farblos. Seine eigenen Farben, die grüne Farbe des Wandervogels mit der Blauen Blume der Romantik an dem evangelischen Lilabarett genügten ihm. Er zögerte, weil er zu wenig über Hitler, dessen Anhänger und Ideen wusste. Vorsichtig und behutsam, wie er nun einmal war, wollte er nicht vorschnell handeln. Er brauchte Zeit zum Nachdenken und Prüfen. Als er sich dann zum Eintritt in die NSDAP entschloss, hatte er zu lange gewartet. Nun stand er vor der Tür der braunen Parteigenossen, der SA- und SS-Männer, der Männer im Nationalsozialistischen Kraftfahrkorps und wie die schier unzähligen Gruppierungen in Uniform und neuer Allmacht alle hießen. Er fühlte sich den neuen Herren gegenüber zwar nicht fremd, weil er meinte, zu seiner konservativen, nationalen Grundhaltung gebe es etliche bemerkenswerte Verbindungslinien, doch zögerte er angesichts des brutalen politischen Vorgehens der neuen Machthaber vor einer innerlichen Annäherung und einer äußeren Eingliederung.

Manche romantischen Gedankengänge der Jugendbewegung fand er hier und da in der neuen NS-„Bewegung" wieder. „In der freien Jugendbewegung war die Verbindung zur Hitler-Jugend durch die weitgehende Übereinstimmung der Gedankenwelt der jungen Generation der Nachkriegszeit mit der Ideologie des Nationalsozialismus vorbereitet. Das deutsch-völkische Gedankengut, die Stellung zur Rassenfrage, die großdeutsche Einstellung, die Reichsideologie, der Begriff der Volksgemeinschaft, das Unverständnis gegenüber dem Klassenkampf, die Ablehnung des „Versailler Schandvertrages" und der „Verzichtpolitiker", die Betonung von Führertum und Gefolgschaft, die Bereitschaft zu Einsatz und Dienst, der Wunsch nach einem geschlossenen Wirken der jungen Mannschaft des deutschen Volkes, das Drängen, am Geschick des Volkes verantwortlich mitarbeiten zu können – das alles war mit geringen Abänderungen Allgemeingut der Bünde, ja es ergab geradezu das eigentliche Wesen des Bündischen".[24] Diese Sinnelemente tauchten in unterschiedlicher Stärke

---

24 Hans-Christian Brandenburg, Die Geschichte der HJ, Köln, 1968

in der Ideologie der Hitler-Jugend auf und wurden dort zu mehr oder minder beweglichen Teilen einer starren Ideologie.

Seine bündische Jugend, den in vielen Organisationen zersplitterten Wandervogel, die Pfadfindervereinigungen, der christlich-evangelische BdJ und die ganze bunte Szene der nationalpolitisch zentrierten Jugendverbände gab es „nach Hitler" (d.h. nach der Machtübernahme durch Hitler; d. Verf.) nicht mehr. Romantische, heimatliebende Wandergruppen mit neutralistischer Haltung konnten sich zwischen einer ungeliebten Republik und der aufkommenden totalitären nationalen Gewalt nicht halten.[25]

Am 5.4.1933 besetzte eine Abteilung der Hitler-Jugend unter Führung der Reichsjugendführung der NSDAP die Räume des Reichsausschusses der Deutschen Jugendverbände in Berlin und enthob den Geschäftsführer sowie den amtierenden Vorstand ihrer Ämter. Den Vorsitz übernahm der Reichsjugendführer der Hitler-Jugend Baldur von Schirach. Im Juni 1933 wurde die bündische Jugend verboten.

Am 19.12.1933 schlossen der Reichsjugendführer Baldur von Schirach und der evangelische Reichsbischof Möller als scheinbar gleichberechtigte Vertragspartner das „Abkommen über die Eingliederung der evangelischen Jugend in die Hitler-Jugend". Das Abkommen bedeutete das Ende der evangelischen Jugendverbände. Alle nicht NS-konformen Organisationen wurden ersatzlos aufgelöst oder aufgesogen. Die „völkischen Gefühlsaufschwünge" wurden von der Hitlerjugend und dort insbesondere vom Deutschen Jungvolk (Organisation der 10- bis 14-jährigen) vereinnahmt und originär wiederholt. Die Führer der aufgelösten mehr oder minder kleinen Jugendverbände lebten im Allgemeinen weiterhin in ihren Idealen. Einige wurden HJ-Führer oder Lehrer an den neuen nationalpolitischen Erziehungsanstalten (Napola). Andere gingen in die politische Opposition, als sie sahen, wie ihre Vorstellungen missbraucht und pervertiert wurden. Sie protestierten, wurden strafverfolgt und eingesperrt.

---

25   Werner Klose, Generation im Gleichschritt, Stalling, 1964

Für Kuhfahl scheint in diesen Jahren die christlich grundierte Wandergemeinschaftszeit und die Phase des bündischen Zusammenlebens in einer evangelisch bestimmten Jugendwelt zwangsläufig zu Ende gegangen zu sein: Es lassen sich in seiner Vita keine Nachweise mehr für den vertrauten Umgang in den vormaligen Gruppen finden, deren Mitglieder auch älter geworden und der Jugendzeit entwachsen waren. Kuhfahl konzentrierte sich noch mehr auf sein berufliches Vorankommen, ohne die Grundprägung aufgeben zu müssen, die er in seinem evangelischen Jugendverband zwischen dem 16. und 28. Lebensjahr erhalten hatte.

Dieser Grundeinstellung widersprach es nicht, dass er nach langsamen Anlauf schließlich am 24.2.1935 als Blockwart der NSV seinen ersten Eid auf den neuen Führer („Ich schwöre Adolf Hitler unverbrüchliche Treue, ihm und den mir von ihm bestimmten Führern unbedingten Gehorsam") mit kleintheatralischem Aufwand leistete. Er sammelte ab jetzt Spenden und Beiträge und fühlte sich bei dieser Straßen- und Blockarbeit vermutlich nicht sonderlich wohl. Dazu war er zu sehr verschlossen. Aber nun gehörte er sichtbar „zur Bewegung", nahm nachträglich langsam und bedächtig und nicht unüberlegt an der „nationalen Erhebung" teil, gleichgültig ob ihm die selbst gewählte niedrige Dienstleisterrolle in der NSV zusagte oder nicht. Opfer musste in dieser großen Zeit jeder Volksgenosse bringen. Er hatte ja auch nichts dagegen einzuwenden, zumal er Polizeibeamter war. Auch er war jetzt ein Träger der neuen Zeit geworden.

Dann wurde er – für ihn fast überraschend – am 12.5.1934 (mit Wirkung vom 1.4.1934) zum Polizeileutnant befördert. Es entsprach seiner generellen Zurückhaltung, dass er in seinen Laufbahnnotizen mit keinem Jubelwort auf dieses lang erwartete Ereignis einging. Er zeigte seine Freude nicht nach außen.

VI. Die Polizei wächst in einer unruhigen Zeit

Am 10. Oktober 1934 wurde er zum „Polizeikommissar" in der Stadt Wesermünde ernannt. Dieser Rang entsprach dem eines Oberleutnants der Schutzpolizei. Die Familie zog in der Stadt Wesermünde um. Er gab seine Tätigkeit als Blockwart der NSV auf. Im Mai 1935 wurde sein zweites Kind, ein Mädchen, geboren. Am 28.5.1936 wurde er „Beamter auf Lebenszeit". Das war ein ihn sehr beruhigender Fortschritt. Damit hatte er nämlich für seine Familie auf Dauer eine tragfähige wirtschaftliche Grundlage und Sicherheit auch im Falle seines Todes gewonnen. Die wirtschaftliche Absicherung seiner Frau und der Kinder war ihm ganz wichtig.

Am 9.9.35 war die termingemäße Beurteilung fällig, die sich im Rahmen der bisherigen sehr guten Beurteilungen hielt. Die in diesen hochpolitischen Umbruchzeiten notwendige Schutzklausel durch wohlwollende Vorgesetzte, denen es nicht anders ging, als ihm selbst, lautete nunmehr: „Die nationalsozialistische Weltanschauung hat er sich aus eigener Überzeugung zu eigen gemacht und ist ernsthaft bemüht, das Gedankengut der Bewegung zur Grundlage seiner Dienstauffassung und seines Lebenswandels zu machen." Man beachte: Er hatte den geforderten Gesinnungswandel noch nicht ganz geschafft, aber immerhin ist er „ernsthaft bemüht".

Ende 1934 waren (von den nach Januar 1933 ursprünglich als Hilfspolizisten reichsweit eingesetzten mindestens 50.000 SA- und SS-Männern) etwa 10.000 SS- und SA-Angehörige in die preußische Polizei übernommen worden. Kuhfahl wurde („Einmal Lehrer, immer Lehrer") zur polizeilichen Fachausbildung jener SA-Männer eingesetzt, die als kampfprobte Parteigänger der NSDAP ohne Rücksicht auf fachliche Vorkenntnisse oder charakterliche Qualifikationen innerhalb seines Zuständigkeitsbereichs in den Polizeidienst übernommen werden mussten. Von Kuhfahl wurden offenbar die für diese Aufgabe notwendige Geduld, Ausdauer und Qualifikation erwartet.

Am 29.7.1935 (ein Jahr nach der von Hitler gebilligten Ermordung des SA-Führers Röhm und anderer SA-Größen und Politiker) schrieb Kuhfahl einen auf den ersten Blick für ihn als Polizeioffizier seltsamen und für seine Mentalität scheinbar ungewöhnlichen Antrag aus der ländlich-preußischen Behördenruhe heraus an das Wehrbereichskommando: Er wollte Wehrmachtsoffizier des Beurlaubtenstandes werden. Er sei bereit, seine Wehrtüchtigkeit durch

Übungen zu beweisen. Sein Antrag wurde abgelehnt, da ihm die Qualifikation durch eine militärische Ausbildung fehle.

Kuhfahl war hartnäckig. Er gab wohl auch deshalb nicht auf, weil er die Lage verkannte und so schrieb am 30.10.1935 erneut ein gleichlautendes Gesuch, das am 6.1.1936 ebenfalls abgelehnt wurde. Er riskierte durch diese Anträge eine gegen sich gerichtete Missstimmung polizeiintern und vor allem bei seinen Vorgesetzten. Die Polizei als geschlossene Organisation ist Abgangsbestrebungen einzelner Beamten gegenüber sehr empfindlich. Wer aus der Polizei ausscheiden will, hatte offenbar die aus dem Gruppengeist entstehende Bleibeverpflichtung nicht verstanden. Solche Abgänger verletzen die Regeln des subkulturellen Zusammenhaltens. Es konnten aus Kuhfahls Absichten reale Nachteile für seine Laufbahn entstehen. Die Polizei als eine mentale Gemeinschaft sieht es nicht gern, wenn sich jemand aus ihren Reihen entfernen will – und sei dies auch nur „zur Reserve".

Aus seiner ganzen Lebenseinstellung heraus ist anzunehmen, dass er Nachteile und vorstellbare weitere Missverständnisse aus einer solchen Wehrmachtszugehörigkeit in Kauf genommen hätte, wenn sie denn eingetreten wären. Er wollte hilfsweise zur Reichswehr, obwohl er doch seiner Natur nach kein Soldat war. Er suchte möglicherweise in der Reichswehr (zunächst als Reserveoffizier, später vielleicht als aktiver Offizier) ein parteipolitisch ruhigeres, neutraleres Fahrwasser. Soldaten der Reichswehr durften nicht Mitglieder einer Partei oder ihrer Organisationen sein. Die (scheinbar unpolitische) Reichswehr war an den SA-Ermordungen nicht beteiligt und unterhielt auch keine Konzentrationslager. Er erkannte nicht, dass es zu diesem Zeitpunkt aus der politischen Allmacht der NS-Organisationen in Deutschland – zumindest für einen Polizeibeamten – bereits kein Entrinnen mehr gab. Kuhfahls war kein begabter Prognostiker. Er erkannte jedoch instinktiv, dass die politische Brutalisierung weitergehen könnte. Sie würde sich noch verschärfen. Er wollte ihr vermutlich ausweichen.

Er hatte gesehen, dass die Polizei seit 1933 zu vielen politischen Schmutzarbeiten herangezogen worden war, an denen er offenbar nicht beteiligt sein wollte, weil sie seinem Wesen zutiefst widersprachen. Die Entwicklung verschärfte sich potenziell mit jedem Monat. 1936 wurde der Reichsführer der SS, Heinrich Himmler, Chef der deutschen Polizei. Himmler hatte mit „seiner" Polizei noch ganz andere Pläne.

Am 18.3.1941 stellte Kuhfahl auf dem Dienstweg an den Reichsführer SS und Chef der Deutschen Polizei Himmler erneut einen Antrag auf Übernahme in das Offizierskorps des Beurlaubtenstandes der Wehrmacht, also weg von dem immer mächtiger werdenden Himmler. Das war ein Affront gegen die offizielle politische Linie. Schon die erste Dienststelle des Himmlerschen Machtimperiums in Hamburg lehnte es daher ab, seinen Antrag weiterzugeben. Dem Antrag könne aus dienstlichen Gründen nicht entsprochen werden.

VII. Himmler wird Chef der deutschen Polizei

Durch Einsetzungserlass vom 17. Juni 1936 wurde Himmler Chef der deutschen Polizei. Zuvor schon waren Reichsstatthalter eingesetzt, war die Entwicklung einer im Reichsinnenministerium zusammengefassten Reichspolizei betrieben worden. Im Jahre 1937 trat an die Stelle von 17 Polizei-Länderhaushalten ein einziger Reichshaushalt für die Polizei, der alle für die Polizei bestimmten Haushaltmittel zusammenfasste: Die „Verreichlichung" der Polizei war damit organisatorisch und haushaltsrechtlich abgeschlossen, und Himmler hatte die Polizei fest in der Hand. Er näherte sich damit seinem Ziel, die politische Macht der SS mit der Exekutivmacht der Polizei zusammenwachsen zu lassen.[26]

Kuhfahl saß als rangniedriger Polizeioffizier weitab von solchen politischen Kulissenschiebereien, die keinen anderen Zweck verfolgten, als den Krieg vorzubereiten. Durch die immer dichtere Folge schriftlich fixierter Erlasse erfuhr er das, was er für seinen Alltag wissen musste. Als er routinemäßig am 21.9.1936 („jung, frisch, strebsam, zuverlässig, vorzügliche Dienstauffassung") beurteilt wurde, hieß es zum Kern seiner Persönlichkeit, wegen seines

---

26 Neufeldt/Huck/Tessin, Zur Geschichte des Ordnungspolizei 1936–1945, Schriften d. Bundesarchivs, ZS II120, 1957

stets freundlichen und hilfsbereiten Wesens werde er von Kameraden und Untergebenen geachtet und geschätzt.

Die im Beurteilungsformular abgefragte und unentbehrliche politische Heilsklausel lautete: „Seiner Gesamtpersönlichkeit nach bietet Kuhfahl die Gewähr, dass er sich rückhaltlos für den nationalsozialistischen Staat einsetzt und seine Untergebenen zum nationalsozialistischen Denken und Handeln erzieht." Das waren starke Worte, Beschwörungsformeln nach oben, absichernde Floskeln nach unten. Die vorgesetzten Polizeikameraden ließen beim Lauf durch die Geschichte niemanden liegen, den sie gut leiden mochten. Ein politisches Alibi hatte außerdem immer eine Schutzwirkung nach zwei Seiten, nämlich für die Beurteilten wie den Beurteiler.

Die Inhalte der vorrangigen Fort- und Weiterbildungslehrgänge für Polizeiführer änderten sich indessen und hätten düstere Langzeitprognosen zugelassen. Kuhfahl nahm im Oktober 1935 an einem Luftschutzlehrgang an der Reichsanstalt für Luftschutz in Berlin teil, im April 1936 an einem Gasschutzlehrgang.

Die Wehrertüchtigung und speziell der Wehrsport standen hoch im Ansehen. Das Reichssportabzeichen in Silber erwarb er am 17.7.1936, und – aus Freude an der Bewährung und Leistung – das SA-Sportabzeichen in Bronze vier Wochen später (obwohl er nie SA-Mitglied war). Er war fit, fühlte sich mit seinen 32 Jahren wohl und allen polizeilichen Aufgaben gewachsen.

Am 5.8.1937 übernahm er als Reviervorsteher das 2. Polizeirevier in Wesermünde. Nun war er ein kleiner, bescheidener, verantwortungsbewusster König in einem kleinstädtischen Reich vor den Toren des geschäftigen Bremerhaven.

Am 1.5.1937 wurde er auf Grund eines erneut gestellten Aufnahmeantrages in die NSDAP (Mitgliedsnr. 4 183 182) aufgenommen. Das gehörte sich wohl so für einen anpassungsfähigen Polizeibeamten, der nach vorne sah und die politische Lage im „Tausendjährigen Reich deutscher Nation" so beurteilte, wie die meisten Mitbürger. Da wollte er sich nicht ausschließen, trotz Röhms Ermordung, trotz der verschiedenen, aus diktiertem Rassenhass anlaufenden Verfolgungsmaßnahmen gegen jüdische Bürger. Kuhfahl verschloss wie alle anderen Volksgenossen – so wurden jetzt alle Bürger angesprochen – auch seine Augen vor dem, was um ihn herum jeden Tag geschah: die Boykottaufrufe und -maßnahmen gegen „die Juden", die er zuvor als Deutsche wie andere Bürger auch angesehen hatte.

Er hatte über die Entmachtung des Reichstages und das Ermächtigungsgesetz gelesen, durch das Hitler die totale Herrschaft erlangt hatte, aber die weiterreichende Bedeutung dieser Abläufe hatte er wohl nicht erkannt. Er hatte in den Tageszeitungen über die Bücherverbrennungen gelesen, die ihn als Bücherfreund abstießen, hatte die Festnahmen der „politischen Gegner" von links durch die Geheime Staatspolizei erlebt. Er hatte verwundert, aber ohne äußeren Protest, die Einrichtung der wilden Konzentrationslager durch die SA hingenommen, gegen die die Polizei nichts unternehmen durfte. Er hatte wahrgenommen, dass alle Bürger zur politischen Entwicklung schwiegen, dass sie sich duckten. Die Sammellager der SA für politische Häftlinge, die willkürlich ihrer Freiheit beraubt worden waren, wurden kurze Zeit später aufgelöst bzw. an die SS abgegeben, entwickelten sich zur ständigen Einrichtung, wurden zu „Konzentrationslagern".

Die alten Sprüche des Volksmunds kursierten, aber halfen nicht weiter, wenn dort gesagt wurde „Wo gehobelt wird, da fallen Späne" und „Aller Anfang ist schwer". Ihn mag auch die Vorstellung beruhigt haben, dass alle ihm unangenehm aufstoßenden Ereignisse zu den Phänomenen einer nationalen, vom Volk gewollten sozialen politischen Revolution zählten, zu den Anzeichen einer neuen, besseren Zeit, in der er dem Staat dienen wollte, auch wenn er die drohenden Konsequenzen nicht erkannte.

Und so hatte er als Diener des Ordnungs- und Strafrechts, wie die studierten Juristen auch, wie die Richter, Staatsanwälte, Rechtsanwälte und Verwaltungsbeamten im ganzen Lande die Festsetzung und Ermordung des obersten SA-Führers Ernst Röhm und anderer SA-Spitzen am 30.6.1934 in Bad Wiessee und die gleichzeitige Ermordung zahlreicher politischer Gegner im Reichsgebiet schweigend hingenommen. Was hätte er anders tun oder sagen sollen, da alle schwiegen? Sollte er unter Protest den Dienst quittieren? Sollte er von einer KZ-Einweisung bedroht mit seiner Familie in Armut verfallen?

Da verließ er sich lieber auf den übermächtigen Zeitgeist und die nationalen Tatsachen, wie er sie erkennen konnte: Der Führer hatte erklärt, er sei in Stunden der Not des Deutschen Reiches Oberster Richter. Der Führer weiß schon, was er tut, sagte das Volk. Das Handeln des Führers setzte neues, revolutionäres Recht, glaubte er wohl, und mit ihm die Millionen anderer Bürger auch. Er merkte nicht, dass alle Deutschen bereits in einer historischen Falle ungeahnten Ausmaßes saßen. Aber selbst wenn er dies erkannt haben würde, hätte er bedacht, dass er als beamteter Schutzmann richtig und vor allem befehlsgemäß funktionieren musste. Und er hätte an seine Familie gedacht, die von seinem Einkommen abhängig war. Er sah zwar, aber erkannte nicht, dass die Revolution zunächst die Kinder des eigenen Landes fraß, dass sie aber in einem Krieg weiter fressen würde, was anfangs kaum einer ahnte. Nur einige tausend Kommunisten und Sozialdemokraten, ein paar Liberale, eine Hand voll Bürgerliche, etliche Geistliche, die inzwischen eingesperrt worden waren, hatten gewarnt: „Hitler bedeutet Krieg." Den Weg dorthin hatte der psychopathologische Tyrann in seinem Buch „Mein Kampf" offen beschrieben. Aber wer hatte dieses Buch gelesen, richtig ernst genommen und verstanden?

Auf einem Überprüfungslehrgang für Majoranwärter hatte Kuhfahl zu referieren über die Themen „Was versteht man unter totalem Krieg?" Darüber ließ sich denkmethodisch sauber und abstrakt leicht dahin reden. Und das zweite Referat behandelte das Thema „Aufgaben der Schutzpolizei im Kriege". Didaktische Sandkastenspiele, Männergespräche, bewegliche Albphantasien?

Ein Kurzlehrgang vom 3. bis 8.5.1937 in der Kaserne der SS-Leibstandarte Adolf Hitler in Berlin-Lichterfelde zum Thema „Weltanschauliche Schulung für Polizeioffiziere", zu dem 450 Polizeioffiziere beordert wurden, beeindruckte ihn nicht sonderlich. Himmler gab bei dieser Gelegenheit bekannt, dass das künftige Offizierskorps der Polizei ausschließlich von den SS-Führerschulen kommen werde. Der Lehrgang endete[27] mit dem ersten großen

---

27 Niedersächsisches Staatsarchiv Oldenburg, Archivsignatur Best. 136 Nr. 18.856 N

Kameradschaftsabend zwischen SS- und Polizeioffizieren, dem andere Kameradschaftsabende folgen sollten. Er machte sich nichts aus diesen Zusammenkünften, die er möglichst vermied.

Am 10.8.1937 gebar seine Frau das dritte Kind, die Tochter Almut.

In seiner jährlichen Beurteilung am 8.9.1937 hieß es unter der Rubrik 17 e) „Nationalsozialistische Weltanschauung" für ihn günstig formuliert: „Steht fest auf dem Boden der nationalsozialistischen Weltanschauung; beschäftigt sich mit der nationalsozialistischen Literatur und dem Gedankengut der Bewegung und versteht es, dies seinen Untergebenen zu übermitteln. Er lebt selbst streng nach nationalsozialistischen Grundsätzen." Eine derart eindrucksvoll plakative Klausel in der Beurteilung konnte und sollte der Laufbahn des beliebten Hauptmanns nur nutzen. Dass er ein „harmonisches Familienleben führt" und dass er ein „tüchtiger, in allen Stellungen verwendbarer Polizeioffizier ist, der zu den besten Hoffnungen berechtigt", wurde eigentlich mehr am Rande notiert. Erstmals wurden seine musischen Neigungen kurz erwähnt („Neigung zu musikalischer Betätigung (Gesang) ist vorhanden.")

Vom 4.9. bis 20.9.1941 nahm er nochmals an einem „1. Weltanschaulichen Schulungslehrgang" in Schönberg bei Kiel teil. Die Oldenburger Beurteilung vom 15.10.1940 erwähnt, er sei vier Monate als Schulungsredner eingesetzt worden.

In der Jahresbeurteilung vom 5.9.1941 testierte ihm der Kommandeur der Schutzpolizei nach der Rubrik „Auffassungsvermögen: sehr gut" seine „nationalsozialistische Weltanschauung" ganz im Kreis der zu verwendenden Begriffe: „Zuverlässigkeit im nationalsozialistischen Sinne steht außer Zweifel. K. versteht es, die nationalsozialistische Weltanschauung seinen Untergebenen zweckmäßig und überzeugend zu übermitteln."[28]

Am 1.6.1937 wurde ihm eine silberne Ehrennadel „Für verdienstvolle Arbeit am Deutschtum" durch den Verein der Deutschen im Ausland verliehen. Ihm

---

28 Der Kommandeur hätte sich selbst mittelbar eine ungenügende Leistung testiert, hätte er einem Untergebenen eine nicht politkonforme, parteientsprechende Einstellung bescheinigt.

war nicht erkennbar, was er für den VDA geleistet hatte, warum er geehrt werden sollte. Er war nicht Mitglied im VDA. Er war Schutzpolizist. Das war alles. Er nahm die Nadel dankbar an.

VIII. Herr Hauptmann

Am 1.9.1938 war er zum Hauptmann der Schutzpolizei befördert und zur Schutzpolizei Oldenburg versetzt worden. Die Verleihungsurkunde versicherte ihm: „Zugleich darf er des besonderen Schutzes des Führers und Reichskanzlers sicher sein." Durch die Versetzung nach Oldenburg geriet er dort in ein politisches Klima, das er zuvor in dieser Dichte und Zusammensetzung so nicht gekannt und daher nicht beachtet hatte. In Stadt und Land Oldenburg hatten nämlich die Nationalsozialisten früher als in anderen Städten die Kommunalpolitik bestimmt. Durch die Wahl am 9.11.1930 waren 17 statt zuvor zwei Mitglieder der NSDAP in den Stadtrat gewählt worden. Die NSDAP hatte den Wahlkampf mit der Parole „Kampf dem System Goerlitzer" geführt. Goerlitzer war jüdischer Abstammung. Bei der Landtagswahl am 29. Mai 1932 hatte die NSDAP die absolute Mehrheit der Sitze (24 von 46) gewonnen. Damit konnten die Nationalsozialisten zum ersten Mal in einem der 17 deutschen Länder allein regieren. Der liberale Oberbürgermeister Goerlitzer wurde am 2.11.1932 seines Amts enthoben. Der am 13.1.1933 eingesetzte Bürgermeister Dr. Rabling amtierte bis zur Besetzung Oldenburgs durch die Engländer am 5.5.1945.

Familie Kuhfahl bezog in Oldenburg das angemietete Haus eines vormaligen Regierungsrates beim Arbeitsamt. Zur Doppelhaushälfte gehörte ein kleiner Garten, in dem ein großer Sandkasten für die Kinder angelegt war. Dort tollte Vater Kuhfahl unbeschwert und glücklich mit seinen Kindern herum. Die Familie lebte in diesem von ihr mit Bauhausmöbeln ausgestatteten Haus eher zurückgezogen. Kuhfahl aß – zumindest seit den Mahlzeiten in der ersten Gemeinschaftsverpflegung der Polizeikaserne von Hildesheim – nur vegetarisch (wie auch seine Frau und die Kinder). Der Truppenarzt hatte mit Schreiben vom 19.4.1927 der Polizeiführung und der Polizeiküche empfohlen, an Kuhfahl immer statt Fleisch nur fleischlose Speisen (wie Eier, Butter, Milch u.Ä.) auszugeben, da er als Vegetarier nach Fleischgenuss unter Magenbeschwerden

SchutzpolHauptmann Kuhfahl in Oldenburg (Herbst 1938)

leide. Kuhfahl rauchte nicht und trank keine alkoholischen Getränke. Es gab daher keinen Wein, kein Bier, erst recht keine „scharfen Sachen" im Haushalt Kuhfahl, nur Obstsäfte.

Zum 26.9.1938 wurde ihm die Polizeidienstauszeichnung der dritten Stufe „für acht Jahre treue Dienste in der Polizei" verliehen. Weltbewegende Dienste wurden ihm dafür nicht abverlangt. Er hatte nur seine Pflicht getan. Er war als pünktlich, fleißig und vorbildlich angesehen. Seinem ganzen Verhalten nach gehörte er zu den Zuverlässigen. Auf die stillen Zuverlässigen stützte sich der Staat, auch der Unrechtsstaat.

Möglicherweise war Kuhfahl auch Mitglied oder Förderer der NS-Gemeinschaft „Kraft durch Freude", der populärsten Organisation des NS-Systems. Wohl deshalb durfte er einmal 1939 mit seiner Frau an einer Kreuz- und Besuchsfahrt nach Norwegen teilnehmen. Auf den großen Schiffen der KdF sollte der deutsche Arbeiter Spaß haben, sich erholen, neue Kraft gewinnen – und dem Führer dankbar sein, der ihm dies alles ermöglicht hatte. Die NSG KdF wurde am 27.11.1933 gegründet und ließ am 2.5.34 ihr erstes Urlauberschiff fahren. Schließlich fuhren (1939) 52 Urlauberschiffe. Das Flaggschiff war die „Wilhelm Gustlof", die mit zahlreichen Flüchtlingen an Bord am 30.1.1945 durch russische Torpedos in der Ostsee versenkt wurde.

Ein Teil des Polizeiamtes in Oldenburg war damals im Haus Markt 6, Obergeschoss, mit der Dienststelle des Luftschutzes untergebracht, wie der in der Polizeigeschichte Oldenburgs forschende hochbetagte Zeitzeuge Jürgen Ulpts im Jahre 2000 dem Staatsarchiv Oldenburg berichtete. Die Vorbereitung und Durchführung aller Luftschutzmaßnahmen war Polizeiangelegenheit. Im „Luftschutzort" Oldenburg war der örtliche Polizeiverwalter gleichzeitig auch der örtliche Luftschutzleiter.

Deutschland war bekanntlich durch den Versailler Friedensvertrag jede aktive militärische Luftabwehr untersagt. Eine umso größere Bedeutung kam dem passiven Schutz der Bevölkerung gegen Luftangriffe zu, zumal Hitler zwar stets seinen Friedenswillen beteuerte, insgeheim aber mit dem Generalstab und der politischen Führung zu einem Eroberungskrieg entschlossen war. Europa sollte nach den Machtvorstellungen der Nationalsozialisten neu geordnet werden.

Die Befehlsstelle der örtlichen Luftschutzleitung in Oldenburg wurde 1937 in die sichereren Kellerräume des Polizeiamtes in der Heiligen Geist Straße verlegt. Von dort aus organisierte Kuhfahl als stellvertretender Leiter der Schutzpolizei, letztlich bis zur letzten Feuerpatsche zuständig für die Sicherheits- und Hilfsdienste, die Technische Nothilfe, den Selbstschutz und den Erweiterten Selbstschutz, den Werkluftschutz, Gasschutz, den Fernmelde- und Luftschutzwarndienst. Er war verantwortlich für die Ausrüstung und alle Luftschutzmaßnahmen bis hin zur Anlage von Löschteichen durch die Kommune und die Überwachung der Verdunkelung. Ihm unterstand auch die Fahrbereitschaft der Polizei. Damit war er stark ausgelastet.

Der von seiner Veranlagung und seiner Erziehung her gewissenhafte Mann nahm seine scheinbar am Rande der großen politischen und militärischen Ereignisse stehenden Aufgaben ernst. Er wusste, dass vom Gelingen seiner Maßnahmen im Kriegsfalle und bei Bombardierungen das Überleben vieler Menschen in der Stadt Oldenburg abhängen würde. Diese Schutzaufgabe entsprach wesensmäßig seinem Charakter. Wenn der polizeifreundliche Werbespruch „Die Polizei – Dein Freund und Helfer!" richtig sein sollte, dann in der Organisation des Gefahren abwehrenden Luftschutzes für die Bürger.

Am 8.7.1939 schrieb er einen persönlichen Brief an Oberst Hitzegrad, seinen ehemaligen Vorgesetzten an der Berliner Polizeischule. Er beklagte sich über die Polizeiverhältnisse in Oldenburg, die Unterbesetzung der Schutzpolizei (ein Drittel der Sollstärke fehlt), ihre zweckwidrige Überlastung mit Verwaltungsaufgaben. Er wolle in den Reichsdienst zurück, denn „die hier vorliegenden allgemeinen dienstlichen Verhältnisse erfüllen mich je länger desto mehr mit Widerwillen. Die für einen strebsamen Offizier unangenehmen Seiten der Gemeindepolizei sind mir hier verschärft deutlich geworden. Die Ursachen sehe ich darin: Die Verwaltungspolizei dominiert unter dem Einfluss des der Stadt verantwortlichen Pol.Verwalters, die Schutzpolizei ist Aschenbrödel." Außerdem sei wegen des hartnäckigen Halsleidens seiner Frau ein Wohnungswechsel aus dem rauen Küstenklima nach Mitteldeutschland angeraten worden.

Dieser Brief landete mit einem handschriftlichen Vermerk (u.a. „ich halte es nicht für angebracht, wenn auf derartige Jammerbriefe eingegangen wird …") in den Personalakten Kuhfahls mit dem Entscheid, dem Versetzungswunsch könne nicht entsprochen werden.

Am 1.9.1939 begann der bereits mehrfach wortbrüchig gewordene Reichskanzler und Parteiführer Hitler den Zweiten Weltkrieg mit dem militärischen Angriff auf Polen. Damit befand sich Deutschland alsbald im Krieg mit England und Frankreich, und die Gefahr eines Luftkrieges war absehbar. Die Wichtigkeit und Dringlichkeit des Luftschutzes wurde plötzlich auch kritischen Spöttern verständlich. Der Menschenfreund Kuhfahl konnte mit seinem theoretischen Luftschutzwissen helfen und raten und anordnen.

Privat hatte er sich ganz in einem bürgerlichen Familienleben eingerichtet, wie er es bei seinen Eltern kennen gelernt hatte. Er war glücklich und liebte seine Frau. Am 4.3.1940 hatte sie ihm ein viertes Kind („den Knaben Peter") geboren. Die Familie galt jetzt als „kinderreich". Weil seine Frau eine „rassereine" Mutter war und die Kinder „erbgesund", wurde ihr am 18.5.1940 im Namen des Führers das durch Verordnung vom 16.12.1938 eingesetzte „Ehrenkreuz der deutschen Mutter" (Mutterkreuz) der Stufe 3 in Bronze (4–5 Kinder) und das „Ehrenbuch der deutschen Familie" verliehen.

Durch die Verleihung des Luftschutzehrenzeichens (2. Stufe) am 30.3.1940 wurde Kuhfahls unermüdliche Arbeit für die Organisation des Lebensschutzes anerkannt.

Er war mit seiner beruflichen Entwicklung grundsätzlich einverstanden. Er hatte keine Sorgen und begann an die Beförderung zum Major zu denken. Das Kriegsverdienstkreuz (ohne Schwerter) in Bronze erhielt er 1942. Das war auch ein Verdienstorden, der bei einigem Wohlverhalten kaum ausbleiben konnte.

Seine Veranlagungen und Neigungen nach war und blieb Kuhfahl Lehrer. Der Wunsch, als Lehrer arbeiten zu können, nagte in ihm. Er wollte auch deshalb zur Schutzpolizei des Reiches zurückversetzt werden, weil er seiner Ansicht nach dort gewiss als Unterrichtender eingesetzt werden würde. Die Stadt Oldenburg widersprach: Kuhfahl sei als hervorragender Luftschutzfachmann in der Stadt unentbehrlich. Kuhfahl schrieb an den „Herrn Reichsstatthalter als Reichsverteidigungskommissar in Oldenburg (Gauleitung)" und beklagte sich, dass er weder zur Schutzpolizei des Reiches versetzt noch als Schulungsleiter abgegeben würde. Sein Antrag wurde abgelehnt.

In dem nichtförmlichen Widerspruch vom 29.1.1942 gegen diese Ablehnung machte seine Argumentation gegen Ende des Schreibens einen unlogischen Sprung. Es hieß dort unvermittelt: „Als ein seit Beginn des Krieges hier beschäftigter Polizeioffizier fühle ich das Bedürfnis, meine Einsatzbereitschaft in einer auswärtigen Verwendung zu beweisen." Verstand er den Begriff der „Auswärtigen Verwendung" etwa falsch, weil er ihn nur formell begriff, von den tatsächlichen Inhalten dieses Begriffes aber nichts wusste? Was sollte dieser Satz? Wurde hier eine nicht von Klugheit, sondern von kriegerischem Männermut diktierte Wunschvorstellung sichtbar? Wollte er damit drohen „Ich kann mich auch noch viel weiter weg bewerben"?

Die in den besetzten Ländern oder im Kriegsgebiet vollzogene „Auswärtige Verwendung" von deutschen Polizeibeamten war ein in Kuhfahls Lebensplanung bis dahin noch nicht berührtes Thema. Von einer „Auswärtigen Verwendung" war auch dienstlich keine Rede gewesen. Kuhfahl hatte – für seine Familie glücklicherweise – mit diesem Vorstoß keinen Erfolg. Er musste in Oldenburg bleiben. Polizei und Bürger brauchten ihn in dem „besonders luftgefährdeten Oldenburg" (wie es im Ablehnungsbescheid hieß) und nicht hinter irgendeiner Front im besetzten Ausland.

Mit einem erneuten Gesuch vom 29.1.1942 blieb er ebenfalls erfolglos. Mit Ablehnungsschreiben vom 11.2.1943 aus Hamburg wurde er außerdem gerügt, er habe den vorgeschriebenen Dienstweg nicht eingehalten, er habe Kritik an der Stellungnahme seiner vorgesetzten Dienststelle geübt und er habe mit Annahmen gearbeitet, die jeder Grundlage entbehrten. Die Beweise seiner Kritikbereitschaft und einer Fortbewerbungsunruhe lagen nun – vermutlich zusammen mit den seinerzeitigen Bewerbungen um die Position als Reserveoffizier in der Wehrmacht – in seinen Hamburger Akten.

Schon am 20.3.1942 hatte er außerhalb des Dienstweges an den „Kameraden Stelzer" in Berlin geschrieben, der als SS-Sturmbannführer im Innenministerium im Ausbildungswesen tätig war. Es ist heute nicht mehr festzustellen, auf welche Weise die Verbindung zu Stelzer ursprünglich entstanden war. Möglicherweise hatten sich beide auf einem Lehrgang in Berlin kennen gelernt, oder Stelzer war ehemaliges BdJ-Mitglied.

Kuhfahl schrieb: „Mich drückt nicht nur die Enge der Gemeindepolizei, sondern es lockt mich auch der jetzt erreichbar scheinende Wirkungskreis des Lehrers. Es wäre hart, die Enge und die Abseitigkeit der Gemeindepolizei als vollwertig ausgebildeter Offizier noch für die Kriegsdauer bis zu einem ungewissen ‚Später' tragen zu müssen. ... Dass ich als Vater von vier gesunden Kindern nach 16 ½ Dienstjahren die Möglichkeit einer bestimmt reicheren

Lebensaufgabe gern erfüllt sähe, ist wohl ebenso gutes Recht wie Familienpflicht ... Es werden also (von der Polizeiführung in Oldenburg, d. Verf.) alle Vorbehalte gemacht, die mich hier in Oldenburg festhalten und mein Fortkommen auf Jahre hinaus bremsen können."

Einem anderen Polizeibeamten in Berlin schrieb er am 28.6.1942, er möchte gern an einen mitteldeutschen Standort übersiedeln „um der Gesundheit meiner Frau zu dienen und selbst gern den Einsatz im Osten persönlich mitmachen".

Ein Begründungszusammenhang ist nicht zu erkennen. Es ist heute, über 60 Jahre später, nicht einsichtig und wohl nur aus dem viele Männer erfassenden „kämpferischen Zeitgeist" heraus zu erklären, welche vaterländische Unruhe in dem friedlichen, ruhigen und zivil gestimmten Hauptmann möglicherweise brodelte, von welchen patriotischen Vorstellungen er getrieben wurde, als er diese Briefe schrieb.

Am 21.9.1942 wurde er ärztlich im Hinblick auf einen polizeilichen Fronteinsatz untersucht. Der 1,79 m große, 69 kg schwere Mann war, wie das bei ihm nicht anders zu erwarten war, „k.v.", d.h. kriegsverwendungfähig.

Am 3.10.1942 beklagte er sich in einem privaten Brief bei Stelzer in Berlin, dem er vertraute, er habe sich trotz seiner Hoffnung auf die Einberufung als Schulungsleiter zum Osteinsatz gemeldet, aber der Kommandeur habe seine Meldung nicht weitergegeben. Und am 23.12.1942 fragte er Stelzer in Berlin, ob in Dresden bei der Ordnungspolizei noch eine Stelle frei sei. Er suchte Hilfe bei Polizeioberst Semmler in Hamburg, dem er am 2.2.1943 seinen Lehrerwunsch mit Rückversetzung zur Polizei des Reichs vortrug: „Sollte die veränderte Gesamtlage meine Übernahme zur Schulungsarbeit nicht mehr rechtfertigen, wäre mir selbstverständlich auch der Osteinsatz eine willkommene dienstliche Verwendung als k.v. Jahrgang 1904."

Selbst nach der Katastrophe von Stalingrad tauchte sein Wunsch nach Fronteinsatz – auch im polizeilichen Verband im Osten – ungemindert wieder auf. Er fürchtete sich nicht vor einem kriegerisch-polizeilichen Einsatz in irgendeinem Frontgebiet, obwohl er doch anhand der täglich steigenden Zahl von Todesanzeigen für gefallene Männer in der Tageszeitung erkennen musste, wie groß die deutschen Verluste waren. Er litt unter der zeitgemäß deutschen Blindheit der mutigen Männer, die sich freiwillig an die Front meldeten.

Aber auch Kuhfahls „Mann in Berlin" konnte ihm am 22.4.1943 nur informell mitteilen, dass er im Augenblick als Schulungsleiter nicht verwendet werden dürfe, aber „nach einem erfolgreichen Einsatz" für die erstrebte Tätigkeit zur Verfügung stehen werde.

Am 20.4.1942 war er – wohl mit Rücksicht auf seine künftige Karriere – aus der evangelischen Kirche ausgetreten. Er meldete auch seine (damals) vier Kinder aus der Kirche ab. Die Trennung von einer innerlich vertrauten Glaubensgemeinschaft war keine Ruhmestat. Sie geschah nicht aus Glaubensgründen, sondern, für jedermann in seinem Lebenskreis erkennbar, aus opportunistischer Anpassung und mit Rücksicht auf die erhoffte weitere Karriere. Der Majorsrang lockte. Kuhfahl selbst lebte anspruchslos und bescheiden; das höhere Gehalt nach der Beförderung zum Major würde seiner Familie zugute kommen. Das alles machte den Vorgang aber nicht ehrenvoller.

Die politische Führung und die Vorgesetzten der neuen politischen Art sahen es nicht gern, wenn polizeiliche Führungskräfte kirchlich verwurzelt waren. Polizeiführer sollten vielmehr mit allen ihren Kräften ausschließlich Deutschland und dem Führer dienen. Und an den Führer glauben! Das Dritte Reich sollte eine zum Kämpfen und Sterben bereite Glaubensgemeinschaft werden.

Am 26. November 1936 hatte der Reichsinnenminister bestimmt, dass Personen, die keiner Glaubens- oder Weltanschauungsgemeinschaft angehörten, sich als „gottgläubig" bezeichnen konnten. Himmler bezeichnete sich schon seit 1924 als gottgläubig.

Hitler trat nie aus der katholischen Kirche aus und soll bis zu seinem Tode Kirchensteuer gezahlt haben. Er respektierte auch die Kirchenzugehörigkeit seiner Eltern und ließ seinen Vater (gestorben 1936) und seine Mutter (gestorben 1942) kirchlich beerdigen.

Hermann Göring, Protestant, wurde am 11.4.1935 mit der Schauspielerin Emmy Sonnemann im Deutschen Dom zu Berlin durch den Reichsbischof

Ludwig Müller getraut. Ein ausgesprochener Gegner des christlichen Glaubens war der ursprünglich evangelische Martin Bormann, der im Sommer 1936 die Kirche verließ. Er wachte darüber, dass Pfarrer keine Parteiämter ausüben durften. In seinem Rundschreiben vom 6.6.1941 hieß es, Nationalsozialismus und Christentum seien unvereinbar. Die christlichen Dogmen seien lebensfremd geworden, die Kirchen bauten auf der Unwissenheit der Bevölkerung auf, der Nationalsozialismus jedoch beruhe auf wissenschaftlichen Fundamenten. (Sieben der acht lebenden – von ursprünglich zehn – Bormann-Kindern, die wie der Vater keiner Glaubensgemeinschaft angehörten, traten 1946 in die katholische Kirche ein.)[29]

Kuhfahls Frau Anni, die aus einer evangelischen Familie stammte, blieb Mitglied der evangelischen Kirche. Es kam in dieser Frage zum Streit zwischen den Eheleuten, wie der Sohn Jürgen zu berichten weiß, zu erregten Disputen. Sie hat ihm den Kirchenaustritt nie verziehen, aber auch nicht wieder vorgeworfen, weil sie seine an der Familie orientierten Motive kannte.

Kuhfahl bezeichnete sich und seine Kinder ab sofort in Fragebogen u.Ä. nach der Terminologie der Zeit als „gottgläubig". Es wurde nicht bekannt, dass irgendjemand deshalb „den ersten Stein" auf ihn geworfen hätte. In seinem nachgelassenen Testament hat er seiner Frau gegenüber diesen Schritt, wenn auch sehr verschämt und versteckt, bereut.

Nach dem Krieg schrieb die kirchentreue Anni Kuhfahl in einem Brief vom 20.11.1947 – Gott und die Welt umarmend – an ihre Kinder: „… Möge mir der Himmel schenken, dass Ihr im Gehorsam vor Gott unserm Vater Euren Lebensweg tapfer beschreitet, Euch sauber haltet und Euch da Euren Vater als Vorbild fürs Leben mitnehmt." Der Vater blieb für die Kinder ein Vorbild. Er hatte versucht, vorausschauend für seine Familie alles zu tun – und ist dabei umgekommen.

---

29 So Frank-Rutger Hausmann in seinem instruktiven Beitrag „Der Führer zahlte Kirchensteuer", Und dann und wann eine Vorsehung: Die religiöse Einstellung führender Nationalsozialisten; Frankfurter Allgemeine Zeitung vom 12.7. 2005

IX. Im Vorfeld staatlich organisierter Massenmorde

Kuhfahls Dienstzeit in Oldenburg verlief ohne Höhen und Tiefen. Er diente verlässlich, unauffällig. Er war ruhig, arbeitsam, pflichtbewusst und beständig, ohne tiefe Spuren zu hinterlassen. Außerhalb seiner unmittelbaren dienstlichen Aufgaben existierte für ihn nur noch der Polizeisportverein, bei dem er wieder und wieder jährlich die Bedingungen des Reichssportabzeichens erfüllte, bis er nach der 7. Wiederholung am 15.10.1943 – frisch, fromm, fröhlich, frei – in den Niederlanden mit 39 Jahren das Goldene Reichssportabzeichen erhielt.

Kuhfahl konnte bei der Beurteilung seiner politischen Umwelt nicht ahnungslos gewesen sein. Dazu war er zu gescheit. Er hatte mit Gewissheit irgendwann einmal die im Parteiprogramm der NSDAP enthaltenen antisemitischen Tendenzen gelesen und wie Millionen andere Leser auch darüber hinweg gedacht. Er hatte vom Hörensagen erlebt, wie auf Grund des Gesetzes zur Wiederherstellung des Berufsbeamtentums am 7.4.1933 nichtarische Beamte aus dem Dienst entfernt wurden. Die so genannten „Nürnberger Gesetze" (nämlich das Reichsbürgergesetz und das „Gesetz zum Schutz des deutschen Blutes und der deutschen Ehre") hatte er zwangsläufig in den laufend gelieferten Gesetz- und Verordnungsblättern und im dienstlich zugängigen Reichsgesetzblatt gelesen und die zahllosen Beschränkungen im Leben der jüdischen Bevölkerungsgruppe verständnislos, aber auch widerstandslos hingenommen.

Wir wissen nicht, was er als Polizeibeamter, der andere Menschen zu schützen sich vorgenommen hatte, angesichts dieser Gesetze dachte. Es steht fest: Wie bei der überwiegenden Zahl der Deutschen fehlte ihm der analysierende Durchblick, die prognostische Fähigkeit, die künftige Entwicklung annähernd einschätzen zu können. Soweit die Ereignisse nach und nach in kleinen schikanösen Schritten die jüdischen Bürger (die keine Volksgenossen sein durften) betrafen, fand er wie alle anderen auch nicht den Mut, den jüdischen Bürgern zu helfen, fand nicht den Mut zum offenen Widerspruch, geschweige denn zum Widerhandeln. Er verstand sich als ein Teil des Staatsapparates, der zu funktionieren hatte. Zu funktionieren hatte er gelobt.

Als am 7.11.1938 der 17-jährige Grynspan in Paris auf den deutschen Legationssekretär vom Rath schoss und ihn tödlich verwundete, bot sich für den Reichspropagandaminister Dr. Josef Goebbels endlich die Chance für ein Pogrom gegen alle jüdischen Bürger. Trotz ihrer ungeheueren Brutalität im bürgerlichen Nahraum, trotz der politisch geschützten Schandtaten vor aller Augen im Alltag: die Reichspogromnacht am 9.11.1938 ging – soweit erkennbar – scheinbar seelisch narbenlos an Kuhfahl vorbei. Er erwähnte sie nie. Er veränderte sein Verhalten nicht. Er blieb unbeteiligt.

Die Hilfstruppen des politisch aufhetzenden Reichspropagandaministers Goebbels waren in Oldenburg wie in anderen Städten, in denen Synagogen angezündet wurden, etliche bis dahin als honorig und politisch anständig geltende Bürger, die Mitglieder der SA waren. Wie an jedem 9. November hatten sich zur Erinnerung an den im Jahre 1923 in München gescheiterten Putsch Hitlers die NS-Größen in München und reichsweit in den Ortsgruppen (unter dem Motto „Und IHR habt doch gesiegt") zu Feiern versammelt. Auf die Signale von Goebbels hin wurde (auch in Oldenburg) aus diesen Versammlungen heraus Benzin besorgt, nachdem der Pogrombefehl aus München über Draht eingegangen war. Um 01.00 Uhr brannte die Oldenburger Synagoge. Goebbels hatte den „spontanen Volkszorn" ausgelöst.

Die Feuerwehr in Oldenburg war von der SA-Führung vor der Brandstiftung verständigt worden mit dem Zusatz, sie habe sich mit der brennenden Synagoge abzufinden und nicht zu löschen. In dieser Nacht brannten die Synagogen in Wilhelmshaven, Delmenhorst, Varel, Jever, Cloppenburg und Bremen und in zahlreichen anderen Städten des Reichsgebietes.

Die SA (Sturmabteilung der NSDAP) begann ab 04.00 Uhr morgens in Oldenburg mit der Freiheitsberaubung sämtlicher jüdischer Mitbürger, die – Frauen und Kinder einschließlich – auf dem Pferdemarkt und dem Marktplatz zusammengetrieben wurden, nur weil sie Juden waren. Ihre Geschäfte und Wohnungen wurden demoliert. Frauen und Kinder und einige Alte wurden nach und nach frei gelassen. 40 Männer aber wurden zunächst in den früheren Toiletten eingesperrt. Im Laufe des Tages führten SA-Leute sie durch die Stadt zum Gerichtsgefängnis. Der öffentliche Zug der übernächtigten, unrasierten, unvollständig bekleideten Männer sollte die ihrer Freiheit Beraubten – der Älteste war 80, der Jüngste 15 Jahre alt – demütigen. Im Gerichtsgefängnis trafen weitere jüdische Mitbürger aus Norddeutschland ein. Sie wurden in das Konzentrationslager Sachsenhausen weitertransportiert. Von dort wurden nur jene entlassen, die im Besitz eines Reisevisums waren.

Im ganzen Reichsgebiet wurden in diesen Tagen etwa 90 Juden ermordet, über 7.000 jüdische Geschäfte zerstört. Danach wurde „den Juden" eine Geldbuße von 1,25 Milliarden Reichsmark auferlegt, höhnisch deklariert „zur Wiedergutmachung aller angerichteten Schäden". Die Versicherungssummen, welche die Versicherungsgesellschaften pro Schadensfall auszahlen mussten, wurden beschlagnahmt. Gleichzeitig wurden ca. 3.000 jüdische Bürger in die Konzentrationslager verbracht.

Es war 1949 in einem Oldenburger Strafprozess nicht zu ermitteln, wer den Brand in der Synagoge gelegt hatte. Die Mauern des konspirativen Schweigens innerhalb der kriminellen SA-Kameraderie und die subkulturelle Einbindung in der Stadt verhinderten noch zehn Jahre später die Verwirklichung des staatlichen Straf- und Sühneanspruchs gegenüber den Brandstiftern. Der SA-Brigadeführer, der den Freiheitsentzug aller Juden leitete, wurde zu zwei Jahren Haft verurteilt; etliche Mittäter erhielten geringere Freiheitsstrafen. Die öffentliche Scham über den gewaltsamen Eingriff in das Bet- und Gotteshaus der jüdischen Gemeinde blieb sehr bescheiden.

Die Schutz- und Kriminalpolizei war in Oldenburg und in allen anderen Städten, in denen Synagogen brannten, während dieser Stunden des offenen Terrors ohne Einsatzbefehl. Niemand wagte es, aus eigenem Antrieb gegen die Gewalt des politischen Staatsarmes vorzugehen. Auch die Staatsanwaltschaft blieb in diesen Stunden unsichtbar und später nach entsprechender Anweisung untätig. Jedermann konnte erkennen, dass durch die Brandstiftung, die Freiheitsberaubungen und Körperverletzungen in aller Öffentlichkeit größte Verbrechen an einer rechtlich und tatsächlich ausgegrenzten Minderheit von Bürgern begangen wurden.

Wie alle Bürger, wie die anderen Polizeiangehörigen auch, duckte sich der in Oldenburg neue, noch ortsfremde Kuhfahl, der stellvertretende Leiter der Schutzpolizei. Er diente und schwieg und sah weg. Niemand weiß heute, ob das Ehepaar Kuhfahl diese Gewalt- und Mordwelle erschrocken diskutierte, ob die beiden Menschen überlegten, was zu tun oder zu lassen sei, ob sie sich schämten, ob sie haderten, ob sie sich mit Gleichgesinnten zu besprechen wagten. Auch die evangelische Kirche schwieg. Proteste aus der Bevölkerung wurden nicht bekannt. Die Leute schienen die Wiederholung der offenen Gewalt, jeder gegen sich selbst, zu fürchten, einer Gewalt, die sich hier uniformiert und staatlich gefördert gezeigt hatte.

Niemand in der überschaubaren Alltagsumgebung protestierte hartnäckig, wirksam und öffentlich mit dem Risiko für das eigene Leben gegen die Benachteiligungen, Beschränkungen und Demütigungen der Bürger im Nachbarhaus durch den neuen Jahrtausendstaat der germanischen Gewalt, gegen die Entrechtung der Bürger, die zufällig Juden waren.

Wortlos nahmen die Bürger hin, dass andere Mitbürgern, ihre Nachbarn, die sie kannten, stetig mehr in ihren alltäglichen Lebensrechten eingeschränkt wurden. Entwürdigende Massenschikanen bereiteten psychologisch und schrittweise die Bürger auf die späteren Massenmorde an den jüdischen Mitbürgern (aber auch an Geisteskranken, an Sintis und Roma) vor.

Am 23.9.1942 wurden versuchsweise und heimlich die ersten Juden im KZ Auschwitz in Gaskammern organisiert ermordet. Deren Transporte in das Vernichtungslager Auschwitz oder in andere Massenvernichtungslager wurden in der Folgezeit durch dienstverschwiegene, zum Transport abgestellte deutsche Schutzpolizeibeamte (u.a. auch aus Bremen) begleitet.

Nach dem Kriege erfuhr die deutsche Öffentlichkeit, dass für mehr als 20 Männer des 20. Juli 1944 diese Judenverfolgung – vor allem die ihnen bekannt gewordenen oder miterlebten Morde an Juden in Polen – die Motivation für ihre Teilnahme am deutschen Widerstand lieferten.

X. Am deutschen Wesen soll die Welt genesen

Am 10. Mai 1940 begann der Westfeldzug, der Kriegszug gegen die westlichen Nachbarn, gegen die fränkischen Vettern, die friesischen Freunde und die englischen Verwandten. Frühmorgens fiel die deutsche Armee in den Niederlanden ein. Die Kampfhandlungen wurden dort am 14.5.1940 allgemein eingestellt. Die holländische Dynastie und Regierung waren nach London geflüchtet. Am 18.5.1940 wurde der aus Österreich stammende Dr. Seyss-Inquart, der 1938 in Österreich „seinem Führer die Ostmark übergeben hatte", zum Reichskommissar für die besetzten niederländischen Gebiete ernannt. Generalkommissar für das gesamte Sicherheitswesen wurde der „Alte Kämpfer" SS-Brigadeführer Hanns Rauter, der ebenfalls aus Österreich stammte.

Diesem Machtmenschen unterstanden 400 niederländische Sicherheitspolizeibeamte und 3.000 deutsche Ordnungspolizisten. 1944 waren es rd. 20.000 niederländische Polizeibeamte, welche die deutsche Polizeiarbeit flankierten. Mit dem Beginn der deutschen Besetzung wurde das inzwischen im Reichsgebiet entwickelte System einer zentral geleiteten Polizei eingeführt mit je einem Befehlshaber der Ordnungspolizei, der Sicherheitspolizei und des Sicherheitsdienstes. Rauter vertrat als oberster Ressortchef der Deutschen Polizei den Chef der deutschen Polizei Reichsführer SS Heinrich Himmler.

Die Sicherheitspolizei war aufgebaut wie das Reichssicherheitshauptamt. Der Befehlshaber der Sicherheitspolizei hatte seinen Sitz in Den Haag. Das Durchdringen der früheren Politischen Landespolizeien mit Angehörigen der SS, die Zusammenführung auf Reichsebene in der Sicherheitspolizei und Gestapo unter Himmler sowie die innere Entwicklung der Sicherheitspolizei hatten im Reich bewirkt, dass die nach den NS-Vorgaben vorrangige „Judenfrage" als mehr und mehr „polizeiliche Aufgabe" angesehen wurde. Diese Sicht galt nunmehr auch für die Niederlande. Dazu gehörte ebenso die sich allmählich anbahnende europaweite „Endlösung der Judenfrage". Richtungweisend war die im Reichsgebiet weit fortgeschrittene Benachteiligung, Verfolgung und Entrechtung der Juden.

Mit dem aufgezwungenen Antisemitismus überzog eine Ideologie die liberal humanitären Niederlande, die den Bürgern dort völlig fremd war. Es lebten 140.000 zum Teil alteingesessene Juden (davon allein in Amsterdam 80.000 jüdische Menschen) in den Niederlanden. Nicht nur „kirchliche und reaktionäre Kreise" stellten sich mit judenfreundlichen Äußerungen gegen die von der deutschen Macht getragenen judenfeindlichen schikanösen Maßnahmen, welche die Endlösung – das heißt die Ermordung aller jüdischen Bürger – psychologisch vorbereiten sollten.

Alle Verordnungen gegen die Juden wurden in weiten Kreisen der Bevölkerung lebhaft diskutiert und durchweg scharf abgelehnt. Zugleich aber wurde den jüdischen Bürgern jeder polizeiliche Schutz gegenüber öffentlichen Provokationen und Übergriffen „durch das Volk" genommen. Die Juden wurden aus ihren beruflichen Stellungen verdrängt. Sie wurden – wie zuvor in Deutschland – ihrer wirtschaftlichen Positionen beraubt, und ihre Bewegungsfreiheit in der Öffentlichkeit wurde beschränkt.

Am 25.2.1941, also acht Monate nach dem deutschen Überfall auf die Niederlande, kam es erstmals zu einem landesweiten Streik, nachdem am 22. und 23.2. in Amsterdam 400 Juden (Männer im Alter zwischen 20 und 35 Jahren) durch deutsche Polizisten verhaftet und abtransportiert worden waren. Sie wurden nach Buchenwald (Konzentrationslager) transportiert und von dort in das Vernichtungslager Mauthausen. Die Administration in Buchenwald schickte ab Juli 1941 in rascher Folge Todesmeldungen an die Angehörigen der Entführten, denen auch die angebliche Asche des Toten in einer Pappschachtel mit einer Todesurkunde zugestellt wurde.

Im Juni 1941 wurden im Zusammenhang mit dem Überfall der deutschen Armee auf die Sowjetunion aus Abschreckungsgründen weitere 500 Juden („kommunistische Funktionäre") festgenommen und zum Teil ins KL Mauthausen transportiert. Die Verhaftungen hielten in kleinen Schüben an und führten zu einer Protestanfrage des Schwedischen Gesandten als Schutzmachtvertretung für niederländische Staatsangehörige beim Auswärtigen Amt in Berlin. Die Anfrage löste ein Geheimschreiben des Auswärtigen Amtes an das Reichssicherheitshauptamt vom 5.11.1941 aus, in dem der Abtransport von 660 Juden zugegeben wurde, von denen bisher 400 verstorben seien. „Aus den Listen an den Jüdischen Rat in Amsterdam ergibt sich, dass sich die Todesfälle jeweils an bestimmten Tagen ereignet haben. Bei den Häftlingen handelte es sich fast durchweg um jüngere Männer." Und es wurde empfohlen, man solle dafür Sorge tragen, dass bei Mitteilung der Todesfälle nicht der Eindruck entstehe, die Todesfälle ereigneten sich jeweils an bestimmten Tagen. Hitlers Massenmordmaschine war damit in den Niederlanden wie in den anderen besetzten Ländern angelaufen. Allein schon die Drohung mit Mauthausen verbreitete unter der jüdischen Bevölkerung Angst und Schrecken.

Deutsche Schutzpolizeieinheiten wurden in den Niederlanden am Einfangen, Einsperren, Bewachen und Abtransport von holländischen Juden beteiligt. Das 1939 in Bremen aufgestellte Polizeibataillon 105 (d.h. das 5. Bat. im Wehrbereich 10) wurde nach einem Norwegen-Einsatz von Juli 1941 bis Juli 1942 in der Sowjetunion eingesetzt und danach im Juli 1942 als Bestandteil des Polizeiregiments 3 (Heimatstandort Düsseldorf) nach Holland verlegt. Dort verblieb es bis Herbst 1944.

Das Bataillon war an den Transporten holländischer Juden von Westerbork nach Auschwitz mit je 30 Polizeibeamten als Transportbegleiter beteiligt. Polizeibeamte konnten sich freiwillig als Transportbegleiter melden. Für die Teilnahme gab es Sonderurlaub. In Westerbork wurde das Konzentrationslager von Polizeibeamten des Bremer Bataillons bewacht.[30]

Die Polizeibeamten erklärten in ihren Nachkriegsvernehmungen, sie hätten nicht gewusst, welchen Zwecken die Transporte der vielen Juden nach Auschwitz dienten. Alle Ermittlungsverfahren gegen die Transportbegleiter wurden eingestellt.

Die deutsche Polizei diente befehlsgemäß und willig/unwillig, aber im Beamteneid und Gehorsam gebunden, der Radikalisierung des deutschen Unterdrückungs- und Ausbeutungsapparates in den Niederlanden. Sie wurde zu

---

30 Christoph Spieker, Enttäuschte Liebe, Funktionswandel der Ordnungspolizei in den Niederlanden, in: Houwink ten Cate/Kenkmann, a.a.O., S. 67 ff.

einem „Instrument nervöser Kontroll- und Repressionspolitik". Am 15.7.1943 ordnete Rauter an, jedes Polizeibataillon habe „allwöchentlich einmal eine Razzia mit dem gesamten Bataillon durchzuführen".

Soweit sie dies wünschten, wurden die dort verwendeten Polizeibeamten einige Zeit nach dem Kriegsende wieder in den Polizeidienst (z.b. des Landes „Freie Hansestadt Bremen") aufgenommen. Dort trafen sie auf ihre alten Kameraden, auf vertraute Gesinnungs- und Leidensgenossen und Schicksalsverbündete, wie z.b. den Polizeipräsidenten Erich von Bock und Polach. Der frühere Landespolizist und spätere Wehrmachtsoffizier Erich von Bock und Polach war von Sommer 1944 an bis zum Kriegsende als Generalstabsoffizier abgestellt zur SS-Division „Nordland", die über keine ausgebildeten Generalstäbler verfügte.

Die wiedereingestellten Polizeibeamten trafen auf den Leitenden Kriminaldirektor Karl Schulz, ehemals die rechte Hand von Arthur Nebe, Leiter des Reichskriminalpolizeiamtes im RSHA, als dieser von Juli bis November 1941 der Anführer jener mörderischen Einsatzgruppe war, welche hauptsächlich Weißrussland hinter der Front verheerte und in Minsk mordete. Schulz war sein Begleiter. Ihm war nach Kriegsende nach den Regeln der Strafprozessordnung durch den mit den Untersuchungen beauftragten Bremer Staatsanwalt Schneider und andere Untersuchungen eine Mitwirkung bei den Massenerschießungen in Weißrussland nicht nachzuweisen.

Es gibt keine Hinweise darauf, dass Kuhfahl in den Niederlanden zu diesen Polizeieinheiten Verbindung aufgenommen hätte. Ihm lagen diese Verbände offenbar nicht. Es gab zu solchen Kontakten auch keine dienstlichen Anlässe. Kuhfahl war mit seiner spröden Rekruteneinheit im „Landstorm Nederland", mit der er insoweit in den Kasernen unbeteiligt wie auf einer Hallig saß, voll ausgelastet.

Jeder Polizeibeamte – vor allem Führungsdienstgrade, die wünschten befördert zu werden – musste während des Krieges mit Abordnungen in den „Auswärtigen Einsatz" rechnen. Dieser Begriff gewann nach und nach eine doppelte, eine blutige Bedeutung, denn gerade Polizeibeamte wurden im Osten hinter der kämpfenden Truppe für gewaltsame, kriegsähnliche Sondermaßnahmen gegen die Bevölkerung eingesetzt, wie z.b. für das Einfangen und Abtransportieren jüdischer Landeseinwohner in die Vernichtungslager, das Auflösen von Ghettos, für „Bandenbekämpfung", zu Massenerschießungen. Deutsche Polizeibeamte wurden über ihre befohlene, kollektive Beteiligung an der staalichen Makrokriminalität hinaus nicht selten durch eigene aktiv-überschießende Beteiligungen an den Verbrechen in persönliche Schuld verstrickt.

XI. Neue Aufgaben für Himmlers harte Polizei

In den Niederlanden begannen die eigentlichen systematischen Maßnahmen zur Abtrennung des jüdischen Bevölkerungsteils am 24.3.1942. Ab Ende April 1942 musste (sieben Monate nach einer entsprechenden Verordnung im Reichsgebiet) jeder Jude einen gelben Judenstern tragen. Der Stern war drei Tage nach der Veröffentlichung anzunähen. Die beiden Vorsitzenden des Jüdischen Rates erklärten bei mündlicher Bekanntgabe dieser Anordnung am 29.4., sie seien stolz darauf, den Stern tragen zu dürfen. Sie würden damit zu Ehrenbürgern der Niederlande.

Zahlreiche Juden versuchten, dem Arbeitseinsatz und damit dem „Tod durch Arbeit" zu entkommen. Die Mischehen nahmen zu – und wurden aber durch deutsche Gegenmaßnahmen vereitelt. Seit Beginn der „Transporte zum Arbeitseinsatz" setzte eine ausgedehnte Fluchtbewegung in die Illegalität ein. Die Menschen „tauchten ab". In einem glühenden patriotischen Aufruf, den die deutsche Seite als „Hetzschrift" bezeichnete, erfuhren die Niederländer im Juli 1942 von der angelaufenen Abschiebung aller Juden im Alter von 16 bis 42 Jahren.[31]

Ab 15.7. mussten sich täglich 1.200 Juden am Zentralbahnhof in Amsterdam melden. Sie wurden in der Anfangszeit der Deportationen (bis November 1942) zu einer Eisenbahnstation bei dem kleinen Dorf Hooghalen gefahren, von wo aus sie bewacht fünf Kilometer weit zum Lager Westerbork laufen

---

31 Aus den Akten des Verfahrens gegen Rauter wissen wir, dass der „Landstorm Nederland" an den Aktionen gegen jüdische Mitbürger nicht beteiligt war.

mussten. Das Lager selbst lag 15 km vom Dorf Westerbork entfernt. Es war 1939 durch die niederländische Regierung zur Aufnahme der aus dem Reichsgebiet geflüchteten deutschen Juden eingerichtet worden. (Bei der Besetzung der Niederlande lebten 750 jüdische Flüchtlinge in diesem Camp.) Das Lager ging am 1.7.1942 in deutsche Verwaltung über.

Von Westerbork aus gingen die vom Reichssicherheitshauptamt (Referat „Räumungen" unter SS-Obersturmbannführer Eichmann) organisierten Transporte mit jeweils 4.000 Männern, „von Prager Spezialisten" (die Bedeutung dieses Begriffes ist unbekannt; d. Verf.) begleitet, „nach Osten". 120.000 jüdische Niederländer sollten auf diese Weise „entfernt" werden. In Westerbork wurden die Insassen über ihr künftiges Schicksal hinweggetäuscht, indem die Lagerverwaltung ihnen ein nahezu normales Leben erlaubte: Die medizinische Versorgung war organisiert, Eheschließungen waren möglich, Unterhaltungen und Arbeit lenkten ab, das Beten in der Synagoge wurde erlaubt, es gab Unterricht für Kinder, ein Orchester, ein Restaurant. Und die Züge „in den Osten" fuhren an jedem Dienstag (– in den Tod). Die lokalen Selektionen nahm der „Jüdische Sicherheitsdienst" vor. Die niederländische Polizei kontrollierte gelegentlich den „Transfer". Auch 250 Zigeuner wurden auf diese Weise abtransportiert.

Der holländische Protestaufruf aus dem Untergrund erwartete von allen Bürgern, die Vorbereitungen und Ausführung dieser Abschiebungen zu sabotieren. Jeder sollte einen Protestbrief (Muster lag bei) an den Oberbefehlshaber der deutschen Wehrmacht in den Niederlanden schreiben. Nach kurzer Zeit wuchs der passive Widerstand gegen die Deutschen. Die Abwanderungen über die belgische Grenze nahmen zu.

Am 1.9.1942 hatte der verantwortliche SS- und Polizeiführer Rauter an Himmler berichtet,[32] er habe in Westerbork und bei 's-Hertogenbosch zwei Judenlager mit einer Kapazität von 40.000 Juden einrichten lassen. Daneben gab es noch ein großes Geisellager und das polizeiliche Durchgangslager in Amersfoort. Am 24.9.42 berichtete er: „Bis jetzt haben wir mit den strafweise nach Mauthausen abgeschobenen Juden zusammen 20.000 Juden nach Auschwitz

---

32 Ausführlich referiert in der Urteilssammlung von Gombert u.a. a.a.O.

in Marsch gesetzt." Er trug die Pläne vor, die eine Zunahme der Transporte vorsahen. Am 15.10.1942 begann eine große Polizeiaktion. Aus diesem Anlass „wird das Judentum in Holland für vogelfrei erklärt". Ende 1942 hieß es in seinem Bericht, „von den ursprünglich 140.000 Volljuden hätten durch Abschub und Abwanderung bis Ende 1942 etwa 50.000 das Land verlassen". Und: „Die Provinzen der Niederlande, ausgenommen Nord- und Südholland, sind bereits jetzt weitestgehend frei von Juden."[33, 34]

Im Juni/Juli 1943 rollten planmäßig vier Züge mit je 2.250 Juden nach Auschwitz. Weitere 20.000 Juden wurden in den Lagern Westerbork, Vught ('s-Hertogenbosch) und Barneveld festgehalten. Am 10.7.1943 landeten die alliierten Truppen auf Sizilien, nachdem sie die deutschen und italienischen Einheiten aus Nordafrika vertrieben hatten. Das störte die Rassenfanatiker nicht, die Transporte liefen weiter, weil sie glaubten, die Juden als „Feinde des Reichs" wie in einer Schlacht divisionsweise vernichten zu können.

Um die Jahreswende 1943/44 stockten die Transporte. Es gab eine Waggonsperre. Über Westerbork wurde außerdem wegen Kinderlähmung eine Quarantäne verhängt. Danach lief am 11.1.44 wieder der erste Transport nach Osten wie üblich in unbeheizten Güter- und Viehtransportwagen: 1.037 Juden wurden in das „Aufenthaltslager" Bergen-Belsen verbracht, der zweite Transport (25.1.44) ging mit 870 Personen nach Theresienstadt. Es folgte ein dritter Transport am 25.1. mit 948 Personen nach Auschwitz. Am 4.2.44 gab es noch 6.500 Juden im Lager Westerbork. Am 15.6.44 verfasste Rauter einen „Bericht über die Entjudung der Niederlande", in dem eiskalt geschäftsmäßig über die Ermordung der Hunderttausend geschrieben wurde. Auch der Vertreter des Auswärtigen Amtes beim Reichskommissar für die besetzten niederländischen Gebiete berichtete am 20.7.44, dem Tag des Attentats auf Hitler, ungerührt: „Die Judenfrage kann für die Niederlande als gelöst bezeichnet werden." Zum Berichtszeitpunkt lebten von 92.919 Abtransportierten noch 1.072. Alle an-

---

33 Rauter wurde nach 1945 ergriffen, verurteilt und am 25.3.1949 exekutiert.
34 Die Untergebenen von Rauter Dr. Harster wurden zu 15 Jahren, Wilhelm Zoepf zu acht Jahren und Gertrud Slottke zu fünf Jahren Zuchthaus verurteilt.

deren waren ermordet. (Weitere 33.208 Juden wurden im Vernichtungslager Sobibor/Polen ermordet.)

Wer den deprimierenden „Erfolgs"-Bericht liest, muss sich für die gefühllosen Täter aller Dienstgrade und Order und für die deutschen Sicherungskräfte schämen, die 100.000 Menschen eiskalt geschäftsmäßig und brutal nach Auschwitz, Sobibor schickten bzw. begleiteten und dort durch Arbeit, im Gas oder in Schießgruben umbringen ließen.

Die niederschmetternde Gesamtschau aller antijüdischen, staatlich organisierten Mordaktionen in den Niederlanden findet sich in einem 257-seitigen Urteil[35], in welchem die drei Hauptverantwortlichen Dr. Harster Wilhelm, Zoepf Wilhelm und Slottke Gertrud (nur!) als Mordgehilfen für die Verbrechen an den Juden in den Niederlanden verurteilt wurden.

Kuhfahl war an diesen Abläufen nicht beteiligt. Aber wie kam er als empfindsamer Mensch mit dem Wissen um solche Massenmorde und mit der zumindest mittelbaren Beteiligung der deutschen Polizeibeamten als stützende Machtfaktoren zurecht? Liegen hier seine Gründe, warum er gern Reserveoffizier der Wehrmacht geworden (und dann wahrscheinlich alsbald aktiviert worden) wäre? Es existieren von Kuhfahl keine schriftlichen Andeutungen über seine Absichten und Motive.

XII. Kuhfahls „Auswärtiger Einsatz"

Kuhfahl, der noch am 20.2.43 aus Oldenburg an eine Freundin der Familie geschrieben hatte: „Hoffentlich bringt mir der ‚Osteinsatz' die Übernahme zur Schutzpolizei des Reichs", wurde durch eine Abordnungsverfügung des Reichsführers SS Himmler vom 14.4.1943 überrascht, die seine Verwendung als Kompanieführer beim Kommandanten der „Landwacht Niederlande" und seine Abordnung zum Befehlshaber der Ordnungspolizei in Den Haag anordnete. Er sei „unverzüglich in Marsch zu setzen".

---

35 LG München Az 2 Ks 1/66 vom 24.2.

Ausgerechnet der Nichtsoldat Kuhfahl wurde jetzt Kompanieführer in einer nach deutschen Schemata noch aufzubauenden, fremdländischen Militäreinheit, in einem Land, dessen Sprache er nicht sprach und nicht verstand. Am 29.4.1943 fuhr der Polizeihauptmann von Oldenburg, der Klampfenspieler, Wander- und Theaterfreund friedlicher Zeiten nach Den Haag, nachdem er seine Geschäfte im Amt ordentlich übergeben und die Angelegenheiten der Familie geregelt hatte.

Von seinem ältesten Sohn Jürgen konnte er sich nur brieflich verabschieden. Jürgen war im Frühjahr 1943 nach Bestehen einer Ausleseprüfung als zehnjähriger Jungmann in die Nationalpolitische Erziehungsanstalt in Ballenstedt (Harz) aufgenommen worden, in der er bis kurz vor Kriegsende knapp eineinhalb Jahre lang ausgebildet wurde [36, 37].

Von den Schulen dieser Art gab es 1944 22 Institute im Altreichsgebiet. Am Anfang der staatlichen Schulen standen drei ehemalige Kadettenanstalten. Die Konzeption der „Napola" kam aus den geistigen Einflüssen der bündischen Jugend. Ihre idealisierenden Gründerväter und die vielen Erzieher der ersten Stunde, die von der Hitler-Jugend einverleibt wurden, kamen aus der Jugendbewegung. Vorbild war die Arbeit der Bündischen Jugend in Landwirtschaft und Industriebetrieben. Die Seelenverwandtschaft der „Napola" mit der bündischen Jugend, der auch Vater und Mutter Kuhfahl angehört hatten, war wahrscheinlich der Grund, dass sie ihren Sohn Jürgen dort gern sahen. Außerdem war die hervorragende und vielseitige Ausbildung der Jungen (und Mädchen) als Mitglieder der künftigen Führungsschicht kostenlos. Kuhfahl, der Vater mit dem schmalen Hauptmannsgehalt, hatte für die Ausbildung von (damals) vier Kindern zu sorgen. Er musste daher nach den wirtschaftlich günstigsten Ausbildungsbedingungen suchen, denn jedes seiner Kinder sollte die gleichen, zu der damaligen Zeit sehr guten Bildungschancen haben.

---

36 Nicht zu verwechseln mit den Adolf Hitler Schulen der NSDAP; siehe H. Ueberhorst, Eliten für die Diktatur; Die nationalpolitischen Erziehungsanstalten 1933–1945
37 Zur Napola siehe den Beitrag von Elke Fröhlich, Drei Typen der nationalsozialistischen Eliteschulen, in: Johannes Leeb, Wir waren Hitlers Eliteschüler, Rasch und Röhring, 1998. S. 192 ff.

Als Kuhfahl seinen „Auswärtigen Einsatz" in den Niederlanden begann, waren die niederländischen antijüdischen Menschenjagden und Sklaventreibereien im Reichsgebiet nicht allgemein bekannt. Möglicherweise sprachen die in die Niederlande abgeordneten deutschen Polizeibeamten über „Gerüchte" und erzählten sich „wilde Geschichten aus Holland". Die deutschen Zeitungen schwiegen begreiflicherweise zu diesem Thema.

Kuhfahl, der zuvor die Niederlande noch nie besucht hatte, musste daher anfänglich nicht unbedingt wissen, wohin er geraten würde, welche Aufgaben auf ihn warteten, in welche kriminellen Verstrickungen er geraten könnte. Es ist andererseits jedoch unwahrscheinlich, dass er von den Razzien auf Juden und von den Massentransporten „nach Osten", die während seines Aufenthalts in den Niederlanden durchgeführt wurden, nach und nach nichts erfahren haben sollte.

Die Massenverbrechen wurden in den überschaubaren Niederlanden gewissermaßen neben ihm, unter seinen Augen organisiert und durchgeführt, ohne dass er mit seinen Rekruten in der Kaserne beteiligt gewesen wäre. Was geschah, konnte aber im räumlichen und dienstlichen Zusammenhang jeder deutsche Polizeibeamte in den Niederlanden wissen. Die Polizei ist seit jeher eine „Schwatzbude", eine nach innen geschwätzige Organisation. Was an einem Ende vorgefallen ist oder besprochen wurde, weiß alsbald jedermann am anderen Ende der Organisation, ein zeitloses Phänomen.

Rund vier bzw. acht Wochen nach seiner Abordnung, am 26.5. und dann am 20.6.1943, führte die deutsche Polizei im Judenviertel von Amsterdam mit einem großen, niederländisch gestützten Personalaufwand große Razzien und Durchsuchungen durch. Über 5.500 jüdische Männer im Alter von 25–55 Jahren mussten eine halbe Stunde nach jeweiligem Aufruf mit Gepäck auf einer Sammelstelle erscheinen. Sie wurden „nach Osten" abgefahren. Rund 3.000 Juden wurden „aufgegriffen, marschfertig gemacht und nach Westerbork transportiert, von wo sie teilweise bereits nach dem Osten weiterbefördert wurden", hieß es wenige Tage später in einem Einsatzbericht. Solche Aktionen mussten in der nicht eingesetzten militärischen Einheit „Landstorm Nederland" bekannt geworden sein.

Kuhfahl hat weder diese Judenverfolgungen noch die Gesamtlage der Juden in den Niederlanden in den Briefen an seine Frau erwähnt. Auch in seinen teilweise noch erhaltenen Briefen an andere, vertraute Personen, geht er nie auf die Judenverfolgungen ein, als ob ihn das Geschehen anekele, als ob ihn die Ungeheuerlichkeit der Menschenverfolgung entsetze und ins Schweigen zwinge. Die Judenverfolgungen entsprachen nicht seiner Burschenherrlichkeit, seinen jugendbewegten Idealen und seiner christlichen Grundeinstellung, die ihn offenbar immer noch trug.

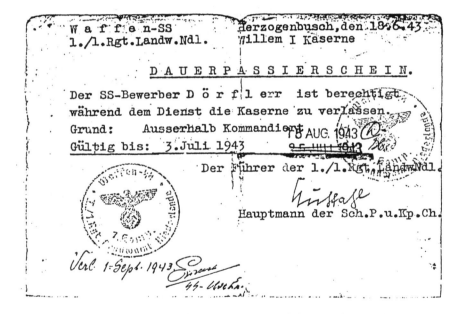

Passierschein aus Kaserne in Herzogenbusch (1943) und niederländischer Ärmelstreifen

Neben den beiden großen Sammellagern in 's-Hertogenbosch und Westerbork gab es noch das Lager Barneveld für Vorzugsjuden. Während die Katastrophe von Stalingrad im Januar 1943 mit der Vernichtung der deutschen 6. Armee endete, wurde von den Niederlanden aus der Massenmord an Juden weiter betrieben. Die meisten Transporte, die von Westerbork abgingen, bestanden im Sommer wie im Winter aus ungeheizten Waggons und Viehwagen, die drei bis vier Tage unterwegs waren. Am 31.8.1943 verließ der letzte Zug dieses Lager.

Es ist davon auszugehen, dass Kuhfahl von diesen Transporten in seiner unmittelbar dienstlichen Nachbarschaft zumindest dem on dit zufolge erfahren hat. Es steht aber fest, dass er selbst oder „sein Landstorm" bei Aktionen gegen Juden in den Niederlanden nie beteiligt war. Es ist jedoch anzunehmen, dass die Polizeioffiziere, mit denen er zusammentraf, über das Schicksal der Juden in Holland sprachen. Wie aber hat der sonst so sensible Mann auf die schrecklichen Informationen reagiert? Es ist nicht zu erkennen, dass ihn die Nachrichten und Gerüchte über die Massentransporte in Viehwagen nach Auschwitz aufgewühlt und erschüttert hätten. Die Deportationen fanden in seinen Briefen keinen Niederschlag.

Der nach innen gekehrte liebenswürdige Mann berührte in den Briefen an seine Frau nie den Komplex der antijüdischen Machtmaßnahmen. Ihr gegenüber scheint das Thema tabu zu sein. Aber er erkannte wohl von Tag zu Tag mehr, wie sehr er ohne sein Zutun von den Idealvorstellungen einer dem Bürger und dem Staat dienenden Polizei entfernt wurde, ohne dass er die Kraft und die Möglichkeit zum Auflehnen besessen hätte. Er war weder Held noch Empörer noch Revolutionär. Er war Schutzmann.

Was dem kleinbürgerlich sozialisierten Familienvater in dieser Lage blieb, war nur der Plan einer ausweichenden, aus der Dynamik der Verbrechen hinausführenden beamtenrechtlich zulässigen Seitenbewegung, die ihn möglichst weit von den Eichmannschen Auschwitz-Transporten und den deutschen Gewaltaktionen in den Niederlanden absetzen würde. An einem Ausweichort seiner

Laufbahn könnte er als Schutzmann, so wie er sich das vorgestellt hatte, weiter existieren. Er wollte daher so früh wie möglich zur Ordnungspolizei zurück.[38]

Am 14.9.1943 wurden vom Lager bei Westerbork in den üblichen Viehwaggons 305 Juden zum neu errichteten und noch im Aufbau begriffenen Zwischenlager Bergen-Belsen verbracht. Dort vegetierten bereits 3.000 Juden und 500 nichtjüdische KZ-Häftlinge. Sanitäre Anlagen waren nicht vorhanden. Angeblich sollte im Lager eine Schuhzerreißindustrie aufgebaut werden. Im September 1944 wurden alle Transporte aus Westerbork eingestellt. Als die Alliierten das Lager befreiten, lebten dort noch 900 ihrer Freiheit beraubten Personen.[39]

Am 6.6.44 landeten die Alliierten an der französischen Atlantikküste. Die unmittelbare Befreiung Europas hatte begonnen. Kuhfahl war in diesen Tagen mit 39 anderen Bewährungssoldaten in einem Viehwaggon auf dem Wege zur Ostfront.

Am 4.8.1944 wurde Anne Frank, das durch ein heimliches Tagebuch nach seinem Tode berühmt gewordene jüdische Mädchen, das sich bis dahin in einem alten Haus in Amsterdam mit seiner Familie versteckt halten konnte, verraten und mit den Eltern und vier anderen Juden festgenommen und nach Westerbork transportiert, von wo aus es nach Bergen-Belsen in den Tod verschleppt wurde.

Zu diesem Zeitpunkt war Kuhfahl schon seit vier Wochen tot, „auf dem Felde der Ehre für Führer, Volk und Vaterland" gefallen.

---

38 Diesen Plan behielt er zunächst für sich, bis er in dem unglückseligen „Kinderreicher-Vater-Antrag" einen von ihm für geschickt gehaltenen Ausweg sah.
39 Die Abläufe in Holland können hier nur sehr stark verkürzt wiedergegeben werden, soweit sie für das Verständnis von Kuhfahls Schicksal notwendig sind.

XIII. Die niederländische militärische SS-Szene[40]

Der laufbahnbedachte Polizeihauptmann war vom Oldenburger Regen in eine holländische SS-Traufe geraten. Als Nichtsoldat wurde er zu einer Einheit abgeordnet, welche in seiner Mitverantwortung erst noch eine militärische Einheit werden sollte. Ein Polizeiführer muss eben alles können. Am 28.4.1943 hatte er daher mit dem Dienstgrad eines SS-Hauptsturmführers in den Niederlanden anzutreten, ob ihm der neue Dienst, der Dienstrang, die Einheit oder die Leute dort nun zusagen würden oder nicht.

Er traf im Lande auf multiple SS-Organisationen mit unterschiedlichen, wenn auch abgestuften und verflochtenen pro-deutschen Aufgaben. Er selbst wurde in seiner Polizeiuniform mit geänderten Kragenspiegeln Kompaniechef einer im weitesten Sinne schließlich zur Waffen-SS zählenden, noch im Aufbau befindlichen Militärkompanie des „Landstorm Nederland".

Im März 1943 hatte die deutsche Besatzungsmacht aus Gründen der Territorialverteidigung die Einheit „Landwacht Nederland" in der Sollstärke eines Regiments eingerichtet, die nach einem halben Jahr in „Landstorm Nederland" umbenannt wurde. Die Einheit sollte auf der Nahtstelle zwischen Militär und Polizei „äußere und innere Feinde" abwehren. Rauter sah in dem Regiment eine Möglichkeit, möglichst viele niederländische Kollaborateure für die SS zu gewinnen und sie zum freiwilligen Einsatz in der Waffen-SS an der Ostfront zu überreden. Außerdem sollte die „Landwacht" als eine hervorragende militärische Heimatverteidigung im Falle einer alliierten Invasion in den Kampf gehen. Im Sommer 1944 zählte die „Landwacht" etwa 3.400 Männer. Viele Führer und Unterführer waren zunächst Deutsche. Später wurde versucht, die Zahl der einheimischen Führungskräfte generell dadurch zu erhöhen, dass bewährte niederländische Ostfrontkämpfer mit Einsatzerfahrung übernommen wurden. Nach Plan sollten die Rekruten nach viermonatiger Ausbildung als Reservisten nach Hause gehen können, aber tatsächlich wurden ab Mai 1944 alle Kräfte zum aktiven Dienst mobilisiert, eingezogen und behalten.

---

40 Siehe die wichtige Dokumentensammlung „De SS en Nederland", Teil II, 1943–45, Verlag s'Gravenhage, 1976, S. 1521 ff.

Ursprünglich sollte der „Landstorm" Polizeifunktionen „im Kampf gegen die inneren Feinde" übernehmen. Die Angehörigen trugen Dienstränge der deutschen Waffen-SS. Viele deutschen Einheitsführer und Unterführer kamen aus der deutschen Polizei. Der Kriegsverlauf zwang dann zu einem Umdenken. Das Regiment wurde nach kurzer Zeit behandelt wie eine ganz normale deutsche Waffen-SS-Einheit. Im November 1944 wurde es umbenannt in SS-Freiwilligen-Grenadier-Brigade „Landstorm Nederland". Drei Monate später nahm die Brigade die Männer des Wachbataillons auf und wurde umorganisiert in die 34. SS-Freiwilligen-Grenadier-Division gleichen Namens. Ab sofort hatten alle Mitglieder der „Germanischen SS" in dieser Division zu dienen. Die Division war als Kampfeinheit gedacht und nicht als SS-Polizei-Division.

Die Werbung für diese „Division" genannte Brigade von zuletzt 8.000 Männern war enorm. Es meldeten sich aus den Niederlanden zahlreiche „Hunger-Freiwillige", da während der letzten sechs Monate vor Ende der deutschen Herrschaft die Lebensmittelversorgung schlecht war. Hinzu kamen die „Freiwilligen" aus den „Germanischen Sturmbannen" in Deutschland, in die sich die nach Deutschland verbrachten niederländischen Arbeiter eingliedern mussten. Sie scheuten den Einsatz an der Ostfront und erhofften sich eine leichtere Verwendung im Westen, nahe der niederländischen Heimat. Die schlecht ausgebildeten, unerfahrenen Männer der Brigade wurden im September 1944 während der Kämpfe in der Nähe von Hasselt am Albert-Kanal (Nordbelgien) eingesetzt. Während des Einsatzes „Market Garden" kämpfte ein Reservebataillon in Arnheim gegen die luftgelandeten britischen Truppen. Im Februar 1945 hielten die Niederländer dieser Division kampflos die Stellungen am Niederrhein.

Die „Division" war die einzige Einheit mit niederländischen Freiwilligen, die an der Westfront eingesetzt wurde. Zeitweilig lagen ihnen auf alliierter Seite die holländischen Landsleute der Prinzessin-Irene-Brigade gegenüber. Im Mai 1945 ergab sich die niederländische SS-Einheit zusammen mit deutschen Kräften der Britischen 49. Infanteriedivision, den „Polar Bears". Nach dem

Waffenstillstand gab es nochmals eine Schießerei zwischen einem Zug der SS-Division und Streitkräften des Innenministeriums in der Stadt Veenendaal.

Im Januar 1942 war ein „SS-Wachbataillon Nord-West" mit sechs Kompanien eingerichtet worden. Diese Einheit sollte hauptsächlich die Wachen für das Polizeilager Amersfort, im Konzentrationslager Vught in der Nähe von 's-Hertogenbosch und in zwei weiteren Lagern stellen. Aus dem Wachbataillon wurden laufend Männer zu den Waffen-SS-Einheiten an der Front abgestellt. Die schlimmsten Typen sammelten sich unter den zurückbleibenden verrohten Wachmannschaften, die sich offenbar eine Freude daraus machten, Häftlinge wegen „Fluchtversuchs" zu erschießen, wenn sie z.B. dem Stacheldrahtzaun der Lager „zu nahe" gekommen waren. Das Wachbataillon wurde in der Schlacht von Arnheim eingesetzt.

Außerdem gab es ab September 1943 eine der SS und der deutschen Polizei unterstehende Selbstverteidigungsorganisation mit Polizeifunktionen, genannt „Nederlandsche Landwacht", welche die niederländischen Deutschenfreunde vor den zunehmenden Angriffen aus der Bevölkerung schützen sollte. Die „Landwacht" übernahm Zeichen und Dienstränge der Waffen-SS. Sie bestand aus einem professionellen Zweig und den hilfsweise einberufenen Helfer-Einheiten.

Im März 1944 begann die „Landwacht" mit angeblich aus präventiven Gründen durchgeführten Kontrollen eine Schreckensherrschaft gegen niederländische Landsleute. Die Kontrolleure stahlen bei den Straßenkontrollen vor allem Lebensmittel. Die Einheiten verkamen nach deutscher Einschätzung rasch zu einer „Bande von Räubern und Terroristen". Im September 1944 desertierten ca. 50 % der in der „Landwacht" organisierten Männer. Die „Landwacht" wurde umorganisiert in einen „Berufsservice", der den Kompanien und Bataillonen beigegeben wurde. Die Hilfswilligen unterstanden dem Kommando der Ordnungspolizei und waren auch als militärische Verstärkung für Front und Hinterland gedacht. Dass diese vereinzelten Scheinsoldaten im Frühjahr 1945 eine grundsätzlich andere Meinung hatten als ihre militärische Führung, war nur konsequent. Das Zwangsbündnis brach bei erster Gelegenheit.

XIV. Kuhfahls Briefe

Unzweifelhaft erkannte der sensible Menschenfreund Kuhfahl (trotz der bei ihm zu vermutenden Engsicht, die sich möglicherweise zu einem politischen „Tunnelblick" entwickelte) sehr bald, in welche Lage er infolge der Abordnung geraten war. Hinzu kam das deprimierende Erlebnis der Trennung von der Familie. Es tröstete ihn nicht, dass Millionen eingezogener Männer das gleiche Schicksal erleben und erleiden mussten. Der warmherzige Familienvater, der bisher nie länger als für die Dauer eines Lehrgangs von seiner hübschen jungen Frau und seinen vier Kindern getrennt war, litt unter Heimweh.

Der Seelenschmerz ist aus seinen Briefen zu erschließen, die er in dichter Folge schrieb. Er schrieb seiner Frau, so oft er konnte, verbarg aber vor ihr sein Heimweh. Er verschwieg ihr die Sehnsucht nach der Familie. Heimweh galt im tausendjährigen Männerreich als unmännlich. Memmen leiden unter Heimweh. Ein richtiger deutscher Mann hat kein Heimweh. Der Soldat weint nicht. Der Kämpfer ist auch kein Hasenfuß. Jeder Mann ist ein Siegfried. Schaut euch den Führer an, der sich für sein Volk opfert: Er hat keine freie Stunde, ist immer im Dienst, schläft nie, isst nur Eintopf und hat kein Geschlechtsleben. So redeten die uniformierten Männermillionen mit erschreckter, spöttisch zweifelnder Hochachtung vom obersten Kriegsherrn, der vorsichtig auch „Gröfaz" (d.h. „größter Feldherr aller Zeiten") genannt wurde.

Als im Frühjahr 1943 seine Abordnung fort von Oldenburg bevorstand, hatten sich die Eheleute noch einmal heftig in den Arm genommen. In den Niederlanden erfuhr Kuhfahl, seine Frau sei schwanger, sie erwarte im Dezember ihr fünftes Kind. Ihn beschlich der Gedanke, er habe die von ihm über alles geliebte und schutzbedürftige Frau, den Mittelpunkt seines Lebens, absichtlich allein gelassen. Er streckte vorsichtig im September 1943 seine Fühler nach Oldenburg aus: Er wollte zurück, wollte insbesondere weg von den „saufenden, krakeelenden Holländern, die bei jeder Gelegenheit desertieren". Aber eine Rückbeorderung, wie er sich das vorgestellt hatte, war nicht möglich.

Die freiwilligen Rekruten, mit denen er zu arbeiten hatte, waren letzte Wahl, „fünftes Aufgebot, mit und ohne Strafe", klagte er („Wir nennen uns im Scherz

„Landstromer"). Er wusste nicht, ob er sich irgendwie bei irgendwem mit solcher Kritik in die Nesseln setzen würde. Es wurden strenge unsichtbare Briefkontrollen durchgeführt und Briefzensur praktiziert. Er kannte die Kontrolldichte nicht, aber immer wieder fragte er nach der Laufzeit seiner Briefe und wunderte sich, wenn ein Brief auf dem Weg nach Oldenburg sehr lange unterwegs war, gelegentlich verschwand, dann aber wieder auftauchte.

Die Zensurbehörden hatten am 12.3.1940 ihre Tätigkeit aufgenommen. In den „Mitteilungen für die Truppe", welche die Wehrmacht herausgab, wurde versucht, den Inhalt der Soldatenbriefe zu beeinflussen. Der Verrat von militärischen Geheimnissen sollte verhindert, Nachrichten zersetzenden Inhalts nicht verbreitet werden. Vermutlich auch deshalb war er daher gegenüber seiner Frau mit Informationen sehr zurückhaltend. (21.6.43: „Wir sind im Jahreslauf a u f dem Berg, im Kriegsablauf sicherlich ü b e r den Berg. Schön, dass ich eine den vollen Einsatz fordernde Aufgabe habe und in die Truppenführung im Kompanie- und Bataillonverband hineinwachsen kann. Diese Führung germanischer Freiwilligen ist doch ein heikel Ding, besonders im niederländischen Raum, für die nicht ohne näheren Einblick Verständnis vorhanden sein kann."). Die Zensoren waren nicht so sprachsensibel, als dass sie in die Bedeutung mancher Begriffe und in die Satzmelodie und den Satzbau hätten hinein lauschen können.

Der Freundin seiner Frau gegenüber murrte er: „Mein Einsatz hier macht immer mehr Mühe, da nur Minderwertige sich verpflichten und des Strafen und der Dienstverstöße kein Ende ist. Auch dieses Schweben zwischen Polizei und Waffen-SS ist keine Freude. Äußerlich den Abzeichen nach sind wir Führer der Waffen-SS, also wendet man die SS-Bestimmungen auch an" (Brief vom 8.10.1943). Bei seiner Ehefrau klagte er offen über die zahlreichen Desertionen der holländischen Rekruten: „Gegen unerziehbare Elemente in unserem ‚Landstorm' soll nun doch der Ausschluss verhängt werden. ... Der Fehlbestand (der Deserteure in meiner Kompanie) ist nicht der einzige im Regiment, ein schwacher Trost!" (Brief vom 19.10.1943).

Er schrieb wohl mit einem Auge auf den Zensor dann ausführlicher, wenn es um nationale Probleme und die Kriegslage ging. Dann ging er etwas breitbeinig und ungewohnt vollmundig in die Themen, als ob er den unbekannten Mitlesern eine positive Erkenntnis über sich auf den Weg mitgeben möchte.

Aus einer Dienstbesprechung aller Kommandeure, die kurz gewesen sei, berichtete er, gerade jetzt sei „angesichts der italienischen Vorgänge das höchste Vertrauen zum Führer gerechtfertigt in dieser Zeit unserer vielleicht schwersten Prüfung auf dem Weg zum arteigenen Leben" (Brief vom 2.8.1943). Nach Berichten über heftige Fliegerangriffe („gegen Luftterror") bestätigte er sich selbst: „Mein Glaube bleibt fest beim Führerwort: Der Sieg wird unser sein." (Brief vom 8.8.43). Er schloss seinen bis dahin persönlichen Brief mit der wohl für den „dritten Mitleser" bestimmte Außenfloskel „im festen Glauben an unseren Sieg trotz des gegenwärtigen Stillstands, ja leichten Rückgangs der Fronten ..." (Brief vom 8.8.1943).

„Durch die Pechsträhnen müssen wir hindurch und diese Belastungen (Abgabe des häuslichen Telefons in Oldenburg; d. Verf.) als Kriegsopfer tragen (Brief vom 1.10.1943). Dass Du aber meine regelmäßige Post nicht erhieltest, wundert mich sehr, ist vielleicht durch Zensur erklärlich."

Möglicherweise anbiedernd und wohl wieder mit den Gedanken beim Zensor, schrieb er seiner geliebten Frau nach dem Abfall Italiens und dem Waffenstillstand durch Badoglio über das Vertrauen der Landser in die Führung. „Ein Unsicherheitsfaktor ist beseitigt und Klarheit geschaffen, diesen Vorteil muss man sehen bei allem Abscheu vor so bodenlos gemeinem Verrat. Solche Leutchen gehören auf die andere Seite als Emigranten und Scheinherrscher und Verachtete. Die Führerrede gab befreiten Herzen Luft; Kern: Der Ausfall Italiens bedeutet militärisch nur wenig, der Kampf ist nun frei von belastenden Hemmungen. Nach bestandenen harten Prüfungen: Sieg und damit Leben unter allen Umständen für Deutschland. Dieser Glaube soll unerschütterlich fest stehen, auch bei uns, ohne jedes Schwanken, gelt?" (Brief vom 12.9.1943).

Das war fast schon offizielle Polit-Spreche. War der letzte Satz aber vielleicht zwischen den Eheleuten anders zu lesen? Deutete er durch seinen kräftigen Federstrich nicht doch an, dass der Schreiber des Briefes anders dachte, als er ausdrückte, und der Staatsführung wie der Zensur nicht traute? Dieses „gelt?", das er ab und zu rhetorisch wie landfremd verwendete, erinnerte hier an den zeitgenössischen, doppelbödigen Tünnes-un-Schääl-Witz aus dem Jahre 1943: Tünnes musste als Soldat an die Ostfront. Er verspricht dem in Köln bleibenden Schääl, seinem Freund, hoch und heilig, ihm wahrheitsgemäß von der Lage an der Front zu berichten. Sie vereinbaren, dass Tünnes dann den Brief mit grüner Tinte schreiben wird, wenn er das Gegenteil von dem meint, was er im Brief ausführt. Im ersten Brief von der Ostfront, mit schwarzer Tinte geschrieben, liest Schääl mit Erleichterung: „Uns geht es gut. Das Essen ist prima und reichlich mit viel Fleisch. Neulich gab es sogar Schokolade. Die Russen schlagen wir leicht zurück, und sie haben große Verluste. Sie kommen bei uns nicht durch. Wir haben überhaupt keine Ausfälle, weil auf unserer Seite viele Panzer und Sturmgeschütze stehen. Wir gewinnen den Krieg, und ich komme bald wieder nach Kölle. Uns fehlt nix; wir haben alles, was wir brauchen. Alles Gute Dein Tünnemann." Und dann liest Schääl die Fußnote zum vorletzten Satz: „PS. Nur fehlt mir grüne Tinte."

Mit Wirkung vom 1.10.1943 wurde Kuhfahl in den Reichsdienst übernommen, in eine Planstelle bei der staatlichen Polizeiverwaltung Bremen eingewiesen und dorthin papiermäßig versetzt. Jetzt sei er wieder „bei der Reichspolizei",[41] freute er sich im Brief an seine Frau. In Himmlers Hand waren die Unterschiede zwischen Gemeindepolizei und Reichspolizei allerdings bedeutungslos geworden. Himmler war der Chef der gesamten Polizei und konnte „seine Männer" hinschieben, wohin er sie haben wollte.

Kuhfahl wollte aus dem „Auswärtigen Einsatz" der niederländischen Art heraus, er wollte vom ungeistigen Truppendienst mit Rekruten dritter Ordnung weg, wollte die „Landstromer" hinter sich lassen. Er stieß auf der Suche nach

---

[41] Dadurch gelangten seine Personalakten zur Polizei Bremen, von wo aus sie nach 1945 an das Staatsarchiv Bremen abgegeben wurden.

Chancen – wohl zufällig – auf einen Führer-Erlass aus dem Jahre 1942, demzufolge Väter von fünf und mehr unversorgten Kindern vom Frontdienst in der kämpfenden Truppe auf Antrag befreit werden konnten. Der Erlass ließ offen, wer den Antrag stellen könnte und wann dieser Antrag zu stellen war. Kuhfahl dachte nach und erkannte als Nichtjurist endlich eine gewissermaßen gesetzliche Lösung, um jeder verschärften NS-Kurve zu entkommen, um vor allem die Waffen-SS in dieser niederländischen Einordnung hinter sich bringen zu können, ohne sein Gesicht zu verlieren.

Am 15.12.1943 wurde sein fünftes Kind, der Sohn Hartmut, geboren. Es wurde am 26.12.1943 in der elterlichen Wohnung durch den mit der Familie vertrauten evangelischen Pfarrer (und späterem Oberkirchenrat) Kloppenburg getauft.

Kuhfahl, der familiär immer aufmerksame und besorgte Mensch, fragte schon am nächsten Tage, am 16.12., bei seiner Frau an, ob sie den Antrag für seine Befreiung vom Frontdienst wünsche. Das war wohl mehr eine rhetorische Frage, eine Frage aus Höflichkeit. Wie sollte die arme Frau in dieser Frage richtig und klug entscheiden und ihn beraten? Die Fragen, wer den Antrag vernünftigerweise stellen sollte, die mehrfache Mutter, der Bürgermeister, der Ortsgruppenleiter der NSDAP oder der Polizeivorgesetzte, wurden zwischen den Ehepartnern nicht angesprochen oder diskutiert. Die Ehefrau Kuhfahl wusste nur eines: Sie wollte ihren Mann wiederhaben, wollte wie jede Frau und Mutter den Vater ihrer Kinder in Oldenburg sehen, wollte mit ihm leben, wollte ihn umarmen. Sie wollte offenbar keinen fernen germanisch-nordischen Heldenmann, der blond und groß, aber tot war. Es blieb unbekannt, was sie ihm antwortete, denn alle Briefe, die sie ihrem Mann schrieb, sind augenscheinlich auf dessen unruhigem Rückweg oder postalisch kriegsbedingt verloren gegangen.

Am 28.12. schrieb er betrübt nach Hause, sein beantragter Sonderurlaub „zur Behebung des Notstandes" (seine Familie habe „über Bremen" kein Gehalt erhalten, Anträge aus dem Geburtsfall und Steuervergünstigungen seien ihm durch die Behörden abgelehnt worden) wurde durch den Kommandeur abgelehnt. Er hätte, so sagte der Vorgesetzte ihm knapp, seinen Erholungsurlaub unter Berücksichtigung der Schwangerschaft seiner Frau aufsparen müssen.

Am 31.12.43, am letzten Tag des Jahres, schrieb Kuhfahl bilanzierend, vermutlich entrüstet, aber bestimmt stocknüchtern, über die Ablehnung des Urlaubsantrages, das sich später für ihn so verhängnisvoll auswirkende „Kinderreicher-Vater-Gesuch". Sein Antrag um Rückversetzung zur Ordnungspolizei lief bereits. Er erwartete also Bescheid auf zwei gleichlautende Anträge.

Im Brief vom 1.1.1944 teilte er seiner Frau eine angeblich geplante Versetzung zum III. Bataillon des „Landstorm Nederland" nach Roermond zu einem ungenannten Zeitpunkt mit. „Für mich soll's der Auftakt sein für eine Bataillon-Übernahme im 2. Regiment und eine Beförderung – höre und staune – zum Major (richtig wohl „SS-Sturmbannführer"; d. Verf.), von der der Regimentskommandeur gesprochen haben soll." Er wusste nicht, ob er sich freuen oder ärgern sollte, aber er blieb, wie er dann merkte, sowieso in s'Hertogenbosch sitzen und musste weiterhin ausbildungsunwillige Rekruten auf Kämpfen und Sterben vorbereiten.

Mit Wirkung vom 13.1.1944 endete seine Tätigkeit bei der „Landwacht", und damit war dieser „Auswärtige Einsatz" (seit 28.4.43) abgeschlossen, was er Wochen später erfuhr.

Die Berliner Freundin der Familie, Brunhilde Gr., war Chefsekretärin beim Leiter der Technischen SS- und Polizeiakademie in Berlin und schrieb für Prof. Dr. Gerloff. Mit Rücksicht auf die schweren Luftangriffe wurden Teile der Akademie nach Brünn verlagert. Sie teilte am 24.1. mit, sie werde am 31.1. wieder für zehn Tage dorthin fahren. „Die Tute (Alarmsirenen bei Fliegeralarm; d. Verf.) geht mir jedes Mal ans Herz, obwohl ich nicht feige bin." Sie hatte auf dem Sekretärinnendienstweg erfahren, dass für Kuhfahl eine ihm zusagende Verwendung vorgesehen sei. Kuhfahl wartete geduldig ab. Er kannte den bei der Schutzpolizei langsamen Bürofluss in der Bearbeitung von Vorgängen.

Seine Frau konnte ihn im Januar 1944 offenbar in den Niederlanden einmal besuchen, ohne dass der umständliche Genehmigungsweg für Reise und Besuch beschritten worden war. „Liebste Frau", überschrieb er den Brief vom 30.1.

und erinnerte sich in poetischer Schwärmerei „an unser Zusammensein vor einer Woche, das trotz der Kürze schön und Kraft gebend war. Von Veränderungen weiß ich noch nichts. Was machen die Kinder? Gedeiht Hartmut? Wie ist hier das Wetter mild. Die Haselbüsche läuten mit ihren Troddeln, Meisen und Amseln flöten, als sei schon Frühling, und es könnte doch wohl ein harter Winter sein. Der innere Betrieb der Kompanie läuft so ungefähr. So bin ich regelmäßig vormittags draußen und genieße die Natur. Dabei wird die Einsatzuniform ‚eingetragen'. Besichtigungen durch den Kommandeur stehen bevor." Und dann mokierte er sich: „Zunächst aber ist der Reichsführer SS in Holland, und er soll auch das I. Btl. besuchen wollen: d i e   A u f r e g u n g !" Damit war der Grad seiner Hochachtung vor Himmler nicht allzu hoch markiert.

Kleine Nachrichten aus dem Alltagsleben standen in den Briefen: wer von den Polizeiführern ihn täglich besuchte, über die Abreise der Freundin eines Offiziers, dem abgelehnt worden war, dass seine Frau ihn besuchen dürfe, mit welchem Offizier er morgens seine Strecken schwamm. Er bedauerte, dass seine Frau auf eine Haushaltshilfe verzichten musste, die ihr zwei Wochen lang helfen sollte. „Der Mangel an Arbeitskräften macht sich überall immer härter bemerkbar." Sohn Jürgen wünschte sich ein Handdynamo. „Ich fahnde", teilte der Vater kurz mit, weil auf dem Schwarzen Markt in Holland, den er selbst nicht aufsuchen konnte, eigentlich alles zu haben war, was dem offiziellen Markt fehlte. Sein Bursche hatte dorthin gute Verbindungen und konnte Kleinigkeiten besorgen. Die Hilfe dieses Mannes nahm er später auch noch von Nimwegen aus in Anspruch. Und er schloss: „Dir Deern in Treuen und unserm Jungvolk in Liebe alles Beste, immer Dein Albert, ihr Vater."

Seine Wäsche besorgte „unsere Putzfrau gegen Zigaretten". Die Dienstwäsche ging nach Eindhoven. Ein Elektriker reparierte ihm „den Rundfunk, behelfsmäßig und doch gut angeschlossen. So höre ich fast jede freie Minute morgens und abends. Um 13.00 Uhr ist Essen. Mittags fehlt mir die Zeit zum Hören."

Am 2.2.1944 erschien ein Regimentssonderbefehl: Kuhfahl wurde mit Wirkung vom 22.1. von der 11. Kompanie gem. Verfügung des Befehlshabers der Ordnungspolizei vom 28.1. als Schulungsleiter zum Befehlshaber der Ordnungspolizei in Nimwegen abkommandiert. Damit war offenbar seinem ersten Gesuch entsprochen worden. Sein Nachfolger bei den „Landstromern" war ein Polizeihauptmann, der von der Gendarmerie kam. „Ich war enttäuscht", schrieb Kuhfahl am 3.2. seiner Frau, „weil ich ans Reich oder sogar Osten gedacht hatte. Auf das Naheliegende kommt man zuletzt." Mit dieser Verwendung schien sich immerhin ein lang gehegter Wunsch zu erfüllen: Er durfte unterrichten. Er konnte seine Freude nicht nach Hause telefonieren, weil die Familie kein Telefon mehr besaß, und so schickte er am 3.2. nach dem Brief noch eine Feldpostkarte; „Packen, Übergabe, ich möchte mich freuen, will aber abwarten, wie sich's in Nimwegen anlässt".

Am 5.2. schrieb er um 11.30 Uhr aus Roermond: „Die Frage der Beförderung hat sich wohl erledigt, da der 30.1. vorbeigegangen ist." Beförderungen erfolgten häufig an den nach 1933 neu eingeführten fünf nationalen Feiertagen, die jeder Zehnjährige in Deutschland bei der „Pimpfenprobe" des Jungvolks auswendig kennen musste, um den Schulterriemen und das Fahrtenmesser tragen zu dürfen. Der 30. Januar war im Jahr der erste nationale Feiertag zur Erinnerung an die Machtübernahme durch Hitler am 30.1.33. Jeder, für den eine Beförderung anstand oder wahrscheinlich war, durfte an einem solchen Tag heimlich hoffen.

Kuhfahl sorgte sich um die Gesundheit seiner durch die Kinder stark belasteten Frau: „Es ist schön, dass du eine tüchtige Ostkraft bekommen sollst. Behalte selbstverständlich Wilma, bis die Neue eingearbeitet ist." Mit „Ostkraft" meinte er eine der aus der Sowjetunion oder aus Polen als Arbeitskräfte verschleppten jungen Frauen, die als gekennzeichnete Staatssklaven in der Kriegsindustrie oder in der Landwirtschaft gegen einen Hungerlohn arbeiten mussten. Wer Kinder aufzog, half siegen. Also durfte eine kinderreiche Mutter, deren Mann Soldat war, „eine tüchtige Ostkraft" erwarten. Allerdings sollte seine Frau mit der „Ostkraft" Pech haben: Sie war – wie Frau Kuhfahl schrieb –„langsam, bockig und unwissend". Kuhfahl tröstete seine Frau: „Es ist ein rechtes Kreuz und ein wirklicher Kriegsbeitrag, so den Haushalt zu führen. Das ist Dein persönlicher Einsatz, Deern." Warum ging er nicht auf die Seelenlage der zwangsverschleppten „Ostkraft" ein? Waren ihm die Sklavenjagden im Osten nicht bekannt?

Er verfolgte mit Kummer die zunehmenden Luftangriffe auf deutsche Ziele in der weiteren Umgebung von Oldenburg. „Gab es in Oldenburg langen Alarm? Der Wehrmachtsbericht nannte Wilhelmshaven als Angriffsziel. Da wird vom Rest wieder manches in Trümmer gegangen sein, diese Terror- und Mordflieger."

Neben den Problemen aus der Lage gab es in seinem Denken noch den kleinen Alltagsplatz für die ach so wichtigen Männer-in-Uniform-Probleme, über die er sich mit ihr, seinem großen seelischen Mittelpunkt, austauschen musste: „Jetzt muss ich ja wieder zur Polizeiuniform zurückkehren, habe aber nicht alle Spiegel mehr. Sage Tante Käthi, dass ich trotzdem ‚guten' Graustoff nehme zur Uniform."

Und er freute sich in diesem umfangreichen Brief, mit dem er den Haushalt regulierte, dass die weitere Versorgung seiner Familie in Ordnung ging: „Ich freue mich, dass Du ausreichend Kohle hast. Bekommst Du bald den Rest Kartoffeln?" Und er schloss: „Heute Mittag Henker-Mahlzeit mit Schnaps-Ausstand, um die feuchten Kameraden zufrieden zu stellen. Hol die hart, mien Deern."

Ganz am Ende des Briefes, wider alle seine bisherigen und späteren Grußgewohnheiten, taucht die bei ihm höchst seltene großdeutsche Grußformel „Heil Hitler" auf, wie eine fein über den Privatbrief gestäubte Ironie. Grüßte er so für den Zensor und im Interesse seiner Beförderung, die er möglicherweise nach dem Kommandowechsel für sehr wahrscheinlich hielt?

XV. In Nimwegen

Am 8.2. schilderte er seine Vorstellung bei den Offizieren im Kasino von Nimwegen. Sein Tag begann morgens um 06.30 Uhr mit Schwimmen im Hallenbad („25 Meter, mit Duschen, herrlich"), um 08.00 Uhr war er zum Dienstbeginn im Büro: Aktendurchsicht („Vorgänger Hauptmann A. hatte aus Unlust alles schlurfen lassen"). Der Brief schloss mit „und Dir herzliche Grüße Dein Jung".

Am 10.2. war er in der Arbeit einen Schritt weiter. Er bereitete sich auf die weltanschauliche Schulung der holländischen Polizei vor. Er wollte wieder mit dem Reiten beginnen und sich einer Sportgruppe anschließen. Die Kameradschaft unter den Polizeioffizieren sei gut, beruhigte er seine Frau, nach deren Wohlbefinden er sich in jedem Brief erkundigte.

Am 14.2.1944 folgte wieder ein vierseitiger Brief. Kuhfahl hatte im Theater das Stück „Fra Diavolo" gesehen. Er lernte bei einem Fräulein von der Pütten in einem langfristig angelegten Sprachunterricht die holländische Sprache, sollte in den Zeitschriften der Germanischen SS in Holland mitwirken (konnte sich aber letztlich – ohne Angabe von Gründen – dazu doch nicht entschließen), begann eine Zahnbehandlung und meinte, mit sich und der Welt ausgeglichen: „Die Umgebung ist schön, also, für die Freizeit ist gesorgt." Die Polizeibeamten lebten wie im Frieden. Sie wussten das, und sie sprachen untereinander darüber, ein wenig beschämt, weil sie keine Chance sahen, als tapfere Männer zu kämpfen. Vielleicht waren sie auch heimlich monologisierend froh, einen so guten Heimatposten fern jeder Front besetzen zu können.

Kuhfahls Sorgen, die in seinen häuslichen-familiären Briefen sichtbar wurden, waren erstaunlich kleingestrickt. Streckenweise entstand der Eindruck, als ob er sich hinter diesen Alltags- und Krümelsorgen verborgen halte, um nicht wahrzunehmen, wie die deutsche Welt um ihn blutig zusammenbrach. Er schrieb seiner liebsten Frau am 16.2.: „Vom Reiten scheuert die Hose, aber das Schwimmen im Hallenbad mildert den Muskelkater. Vom Impfen ist die Brust geschwollen. Ich vermisse das Obst. Höhensonnen die Kinder?"

Offenbar war es ihm möglich, sich mit seiner Frau zu treffen und doch noch (ohne Urlaub?) rechtzeitig in Nimwegen wieder im Dienst zu sein, wie sein Brief vom 21.2.44 erkennen ließ. Im steifsten, würdigsten Beamtendeutsch, aus dem die Liebe der Eheleute herauszufallen drohte vor steifer Würde, erinnerte er sie: „Trotz der Kürze der Zeit bei Dir und aller Schwierigkeiten und Unbequemlichkeiten freue ich mich herzlich unseres Zusammenseins und bin gern bereit, diese Müdigkeit aufs Neue auf mich zu nehmen." Bevor er konkreter, herzlicher, offener, intimer wurde, schnitt er im Brief die schönen Erinnerungen zwischen den beiden sich liebenden Menschen ab, unterdrückte sie erkennbar und sprang er in die logistische Vernunft und in nüchterne Formulierungen, wie sie zwischen alten Ehepaaren vorherrschen mögen. „Wird die grüne Trainingshose wieder? Leg den neuen Trainingsanzug zur Mitgabe bereit fürs nächste Mal. Mir geht's gut, wünsche Dir, Liebste, und den Kindern von Herzen Gleiches mit innigen Grüßen Dein Albert."

Der Nimwegen-Brief vom 25.2. berichtete über eine eintägige Dienstreise nach Den Haag, von der er mit einer Fülle von Büchern ins Büro zurückkehrte. Als Material für die weltanschauliche Schulung hatte er den Roman „Land ohne Herz" (USA-Roman) mitnehmen können. Von der Forschungsstelle „Volk und Raum" erhielt er die Broschüre „Die politischen Formkräfte des Niederländertums im Bild seiner Geschichte".

Es fragt sich, wie und mit welchem geistigen Rüstzeug der kaum holländisch sprechende binnenländisch aufgewachsene Polizeiführer niederländische Polizeibeamte „weltanschaulich schulen" wollte. Eigenes Schulungsmaterial – abgesehen von aktuellen Schulungsheften – besaß er offenbar nicht. Selbst Rosenbergs unverdauliches Geschreibe „Der Mythos des XX. Jahrhunderts" musste er sich erst noch besorgen.

Kuhfahl spielte Tennis und hatte sich dabei erkältet. Trotzdem versah er am 26.4.1944 den Schlafsaaldienst. Er vermisste die Post von Jürgen. Sein früherer Putzer, mit dem ihn ein persönliches Vertrauensverhältnis verband, kümmerte sich immer noch rührend um ihn, holte seinen Dienstrock ab, ließ die Abzeichen daran in Roermond ändern, besorgte ihm einen Koffer, kaufte ein Küchenmesser und hoffte den Auftrag („Gummischuhe Größe 30 gesucht") durch ein Inserat erleichtern zu können.

Am 22.2.1944 traf ein Luftangriff die Stadt Nimwegen. Die Bomben fielen abseits der deutschen Unterkünfte, acht Gehminuten von Kuhfahl entfernt. Etwa 500 holländische Staatsbürger wurden getötet und 20 Deutsche. „Viele Fuß- und Beinverletzungen wurden durch kleine Splitterbomben verursacht, deren

Teile nahe dem Erdboden, dicht über dem Pflaster fliegen. Die alte Soldatenregel ‚Hinwerfen!' nutzt dagegen nichts mehr, nur hinter eine Mauer springen hilft ... Das Feuer in der Innenstadt entstand durch die Flammen der Gasherde – es war Mittagszeit – der einstürzenden Häuser und verbreitete sich bei der leichten Bauweise ohne Brandmauern, dem Wind und fehlendem Leitungswasser sehr schnell. Gut, dass wir in Oldenburg in einem Einzelhaus wohnen. Ich halte es mit Hauptmann M. Meinung: Sie haben bessere Ziele als grad Oldenburg, aber ungezielt ist jedes Haus bedroht. Da können wir nur auf unsern guten Stern hoffen."

Er nahm einige Tage später an den Trauerfeiern für die toten Niederländer teil und war tief berührt, so dass er am 27.2.44 seiner Frau schrieb: „... Es ist eigenartig, dass ich immer wieder fühle – fern von Dir und den Kindern – diese innere Leere, wenn mich die Pflicht aus ihrer Haft entlässt. Zwar ist hier dasselbe, ja sogar wärmere Wetter wie am vergangenen Sonntag, und doch bewegen mich andere Empfindungen, wieder ein Stück jener großen Sehnsucht, unseres besten deutschen Erbteils."

Kuhfahl schien gelegentlich „durchzuhängen". Diesen Seelenzustand, der in Kriegszeiten völlig normal und verständlich ist, gestand er sich vor allem seiner Frau gegenüber nicht zu. Er beherrschte seine grauen Stunden durch stur geschaltete Arbeit. Der zivilfromme Idealist dachte sich, wenn seine Stimmung ganz tief sank, zu seiner Frau und seinen Kindern hin, mit der er mittels seiner nur in der Ehe gelebten Sexualität wohl in einer Art „Religion zu zweit" verbunden war. Er kannte nichts neben seiner Frau und seinen Kindern, schwärmte nicht vom großdeutschen Reich, tümelte nicht germanisch und blieb den Aktivitäten der NSDAP fern, obwohl er deren Mitglied war. Er lebte – so hat der Leser seiner Briefe zeitweilig den Eindruck – wie ein frommer, enthaltsamer Einsiedler inmitten einer mörderischen Gesellschaft, deren Leitmotto lautete: „Genießet den Krieg, der Frieden wird furchtbar werden!" Die „Bewegung", wie sich fanatische oder doch glaubensüberzeugte Nationalsozialisten nannten, hatte ihn anscheinend innerlich nie erreicht.

Wenn er über den Alltagswolken schwebte, so blieb er doch stets auf der einstigen Linie der bündischen Jugend. Die Polizeioffiziere in Nimwegen gaben ihm daher sicherlich nicht zu Unrecht den Spitznamen „Der Apostel". Er erfuhr davon, schrieb darüber seiner Frau einen Satz, regte sich aber nicht auf, nahm den Spitznamen gelassen hin, als ob er dadurch in Erinnerung an neutestamentarische Figuren ausgezeichnet würde.

Der Brief vom 2./3.3.44 schloss mit den Gedanken an die Kinder und seine geliebte Frau. „Treib mit den Kindern Wärmekultur, vergiss aber nicht aufs kalte Schlussduschen des ganzen Körpers. Bin ich an Deinen Leibschmerzen schuld? Den schlafenden Eros zu früh geweckt zu haben? Sei nicht traurig, Lieb, Deine Natur will es so." Nie wieder hat der in seiner vita sexualis sehr verhaltene, schüchterne Mann so gewagt geschrieben.

Der Bombenangriff auf Nimwegen, der als Terrorangriff auf Nichtkriegsziele eingeschätzt wurde, änderte das Verhalten der Heimatkrieger. „Wir verlassen uns nicht mehr auf den bombenlosen Durchflug und müssen fast jeden Tag alle in die Splittergräben oder in den im Bau befindlichen Bunker. So haben wir uns fast jeden Vormittag unter dem Gewölbe der Baustelle kameradschaftlich getroffen und da die Bögen frei und offen, also kühl sind, den Mangel einer Truppenbetreuung mit warmem Getränk beanstandet." In seinen trockenen Briefen war diese Anmerkung eine seiner absolut selten humorvollen Bemerkungen.

Die Trauerfeier für die Bombenopfer, an der er teilnehmen musste, fand in einem großen Saal („mit Harmoniums-Musik und deutschen Chorälen vorweg") statt. In der Ansprache des Bürgermeisters war die Rede von der Sinnlosigkeit dieses Opfertodes durch die Hand angeblicher Freunde und Beschirmer, der Engländer. Er sprach von einem Wendepunkt in der Einstellung der Bevölkerung zu England. „Nach dem dreiviertel Stunden dauernden Ehrengeleit zum Friedhof, hinter den Überresten eines unbekannten Toten, erlebte ich auf dem Gräberfeld mit den mehr als 400 Särgen erstmals eine katholische Totenfeier und war erschüttert über so viel äußere Form und unverständliche Handlung der zwölf Kirchenvertreter. Der protestantische Geistliche wirkte wohltuend menschlich. Die Haltung der Angehörigen war würdig und gefasst."

Nach dieser Totenfeier, während der er seine Empfindungen unterdrückte, sehnte er sich nach dem Trost durch die Familie. Er schrieb seiner Frau: „So, mein Glück und mir Vertraute. Gerade in Ruhestunden fühle ich, wie mir allein Deine Nähe die ruhelose Sehnsucht stillt. So muss es wohl sein. Mögen Dir und den Kindern viele Bunkerstunden erspart bleiben. Lass Dich durch ‚wilde Ansagen' nicht überrumpeln. Gute Nacht, mein Lieb, und alles Gute." Mit „wilden Ansagen" meinte er vermutlich die warnenden, beunruhigenden, verwirrenden Warndurchsagen des „Feindsenders" der British Broadcasting Corporation (BBC), der im Laufe der Zeit von immer mehr Deutschen gehört wurde, obwohl für das Abhören von Feindsendern nach wie vor die Einweisung in ein Konzentrationslager drohte.

„Zum Geburtstag unseres Peter" schrieb er am 29.2.44 wieder in einem langen Brief u.a.: „Sein Spielzeug hast Du bereits dort, und zur größten Freude habe ich hier noch ein Päckchen Bonbon erstehen können – nicht billig, aber was tut's schon –, die ihn und seine Schwestern wieder zum leckeren Schmausen lüstern werden. Sie gehen heute als E.-Päckchen ab, und ich hoffe, dass sie rechtzeitig und ungeschmälert eintreffen. Leider habe ich keine Gelegenheit, Dir meine Liebe und meinen Stolz auf unsere zwei Buben durch einen farbenfrohen Blumenstrauß auszudrücken. Nimm bitte vorerst mit dem guten Willen vorlieb, gelt? Und sei versichert, dass ich Dir weiter viel Freude und Frohsinn gerade an diesem Kind in seiner freien Art erhoffe und wünsche, bei all seinen Neigungen zu Streichen und Schelmerei. Nimm die bitte nicht tragisch, sondern freue Dich seines Tatendranges. Leere bitte am 4.3. zur Gesundheit fürs Geburtstagskind eine Flasche Most mit den Kindern.

Nächsten Sonntag mache ich „Offizier vom Dienst", eine lang entwöhnte Pflicht. Major W., mit dem ich morgens immer schwimme, erzählte mir von einer Anfrage des Reichsführers SS nach meinen Wohnungen seit 1.1.32, die der sichere Vorläufer der geplanten Beförderung – nach seiner Kenntnis der Dinge als Personalsachbearbeiter – ist. Vielleicht wird Dein Wünschen und Erwarten doch nicht enttäuscht. Es braucht nur mehr Zeit. Gut, dass ich die Umzugsdaten und Hausnummern in meiner Akte zur Hand hatte. Bei unseren vielen

Wohnungen in den letzten zehn Jahren wird freilich die Rückfrage bei den Ortsgruppen-Zellenwarten (Auskunftsperson der NSDAP, Parteifunktionär, der hinsichtlich Kuhfahls politischer Zuverlässigkeit befragt werden musste; d. Verf.) ihre Zeit brauchen.

Der OKW-Bericht enthielt heute nichts von Einflügen, da darf ich ruhige Nächte für Euch und ein Abflauen der Erkältung erhoffen. Hast Du unsere Höhensonne in Betrieb genommen? Sie kostet ja keine Kohle.

Gestern habe ich in Den Haag stundenlang Bücher aus der „Rosenberg-Spende" ausgesucht und 50 brauchbare Bücher gefunden. Leider war eine Gitarre nicht zu haben, schade. Der Rundfunkempfang ist hier stark gestört. Lass Dich in Gedanken herzlich küssen und Dir danken für alle Deine Sorgen um unsere Kinder und sei bestens gegrüßt."

Schon am 1.3.44 folgte sein nächster Brief, in dem es heißt, es sei ihm durch das Entgegenkommen eines Polizeiinspektors gelungen, seine holländische Textilkarte in der Polizeikammer umzusetzen und eine Strickjacke, zwei Hemden, zwei Unterhosen, zwei Paar Socken zum Polizeipreis, also billig und in gutem Stoff, zu erwerben. „Das freut mich insofern doppelt, dass Du bei Bedarf meine Reichskleiderkarte für Familienbedarf verbrauchen kannst. Meinen Bekleidungszuschuss habe ich also gut angebracht."

Er erhielt die vorläufig letzte Cholera- und Typhusspritze. „Mir ist's lieb, dass dieses schwere Gefühl im Arm der geimpften Brustseite aufhört. Es ist jetzt 19.00 Uhr. Ich muss noch arbeiten. Ich fühle mich langsam sicher auf den Teilgebieten meines neuen Schaffens."

Am 2.3. abends und am 3.3.44 morgens 07.00 Uhr dachte er an seine Frau und schrieb: „Versetzungen, Abschiedsfeiern, Reiten. Das Reiten mit ein paar Sprüngen über niedrige Hürden macht müde, reif zum Büroschlaf, wie der Chef des Stabes im Scherz meint. Na, Du weißt ja, dass ich tags schlecht schlafen kann und Dösen nicht meine Sache ist. Auf dem leicht verschneiten Wege von zehn Minuten zur Reithalle bewundern wir Schneeglöckchen in Vorgärten, tatsächlich, im Schnee! Auf dem Rückweg waren wir uns einig, welch fabelhaftes Friedensdasein nach Dienstzeit und Arbeitsanfall wir führen können."

Er freute sich, weil er eine „Obstquelle" finden konnte und nun einen Ausgleich gegenüber der stark gewürzten Kost habe. Die Holländischstunde zeigte ihm, dass „es noch viel zu lernen gibt, ehe ich glatt lesen und noch mehr verständlich sprechen kann". Und er dachte wieder an den Geburtstag des Sohnes Peter. „Du, Liebste, wirst ihm den Tag trotz aller Erschwerungen des fünften Kriegsjahres zu schöner Freude und hellem Erleben gestalten, soweit es in Deiner Macht steht, das weiß ich. Schade, dass ich nicht dabei sein kann. Hoffentlich sind wir im nächsten Jahr vereint oder doch dem Beisammensein auf Dauer ohne jede Bedrohung nahe. Ich grüße unseren Geburtstagsjungen, seine Geschwister und nicht zuletzt Dich, liebe Mutti, in aller Herzlichkeit und Liebe zum Sonntag, Euer Vati, Dein Jung."

Kuhfahl war immer wieder hoffnungsvoll gestimmt, aber seine Hoffnungen schienen allgemein leiser geworden zu sein. Er ahnte offenbar, dass er sich in einer Scheinwelt Illusionen machte, die er seiner Frau gegenüber verbarg. Er wagte es offenbar nicht, sich die Elemente seiner Illusionen vorzustellen, sie zu definieren, rationale Zukunftsgewissheit zu erlangen, sich auf Eventualitäten einzustellen – und so hoffte er nach wie vor wie viele andere Menschen weiterhin auf einen deutschen Endsieg und an seine weiter aufsteigende Berufskarriere in einer heilen Welt.

Am Abend des 5.3.44 hatte er Offiziersdienst. „Das Lesen ermüdet mich", schrieb er nach Oldenburg und „Ich möchte den Gegenstand und den kurzen Inhalt von Jürgens ausgezeichnetem Aufsatz wissen". Er versprach ihm zehn Reichsmark Belohnung, die er mit Zahlkarte überweisen werde. Dann sorgte er sich wieder um die Gesundheit seiner Frau: „Wie oft hast Du mit den Kindern in den kalten Bunker gemusst? Der OKW-Bericht sprach von Feindeinflügen nach Norddeutschland." Kuhfahl freute sich über das Programm des Oldenburger Theaters, das „erstaunlich umfangreich für das fünfte Kriegsjahr ist und hochstehend. Der Sinn dieses Aufwandes liegt auf der Hand". Wagt er hier einen kritischen Unterton?

Er nahm an einer Lesestunde der deutsch-niederländischen Kulturgemeinschaft, der er angehörte, teil. Gesprochen wurde über den Dichter Carossa.

„Im Mondschein brachte ich die Junglehrerin heim. Sie erzählte mir von ihren zehn Geschwistern."

Zu seinem Alltag gehörte: „Heute früh Schwimmen. Das Wasser war kalt: Kohlenmangel! Habe nach zehn Längen die Wende geübt." Ein halbes Jahr zuvor war ihm das Goldene Reichssportabzeichen verliehen worden, nachdem er an der Polizeischule für Leibesübungen alle Bedingungen gut erfüllt hatte. Der Leichtathlet liebte die sportlichen Anstrengungen, nicht so sehr die Ball- und Gruppenspiele, sondern ausschließlich den Wettkampf mit messbaren Anforderungen an die Person.

„Nach Frühstück Spaziergang im blendenden Sonnenschein. Märzenschein, eine Pracht. So kam Dienstantritt 12.30 Uhr schnell. Und jetzt höre ich von Einzeleinflügen nördlich von Osnabrück. Da fürchte ich, Du hast Luftwarnung. Hoffentlich stört nichts arg den Sonntag."

Er versuchte mit der ihm eigenen männlichen Unbeholfenheit das auszudrücken, was sie gewiss immer schon wusste. Mit einer manches Mal fast antiquierten Gardistensteifheit und in manirierten Sätzen schrieb er das, was seine Frau für ihr Leben brauchte, nämlich dass er sie über alles liebte. Er war ungeübt im Charmieren und schien den Begriff „Liebe" zu scheuen. So schrieb er denn verhalten: „Und nun sind meine Gedanken bei Dir. Vor 14 Tagen durfte ich Dich umfangen. Wie eilt die Zeit – und Du bist doch ihr Mittelpunkt für mich!" (Offenbar hatten sich die Eheleute 14 Tage zuvor getroffen.) Dann erkundigte er sich nach jedem Kind einzeln, wollte wissen, wie es ihm gesundheitlich und seelisch gehe, fragte, ob an Peters Geburtstag der Kuchen das Wichtigste war oder das Lebenslicht. „Hat sich Hartmuts Lächeln vertieft? Ich grüße Dich, Liebste, in Treuen herzlichst Dein Jung." Die damals 34-jährige Ehefrau hat seine Briefe aus dieser Zeit aufbewahrt und sich aus ihnen in der Einsamkeit des Witwendaseins bis an ihr Lebensende getröstet (sie starb 1998), hat sie immer wieder gelesen und nacherlebt. Es waren Liebesbriefe seiner Art.

Am 9.3.44 erneut ein langer Berichtsbrief in munterer Stimmung. „In der Morgenfrühe Dir mein herzlicher Gruß ‚Frischauf'. Nun ist es schon so weit, dass um sieben Uhr die Verdunkelung fallen kann. Der Lenz wird kommen, mag auch noch der Schnee in den Vorgärten liegen. Durch die Kruste des Bodens kämpfen sich Blätter und Blüten von Krokus und Schneeglöckchen als Zeichen sieghaften Lebens." Er erzählt ihr von seinem Dienst, den Besprechungen mit den holländischen Schulungsrednern, vom Erlernen der niederländischen Sprache an den Abenden, über den Besuch bei Kameraden in Utrecht („Der Fliegeralarm kam dazwischen"). Er besuchte im Arnheimer Theater die Aufführung von „Tiefland" („ein voller Genuss, schade dass Du nicht dabei sein konntest").

„Was machst Du bei den vielen Einflügen und Luftkämpfen? Ich hoffe auf Deine guten Nerven und unser Glück, dass unser Heim und Dein und unser Kinder Leben erhalten bleibt samt Gesundheit. Der Luftkrieg ist in eine neue Phase getreten." Und dann nahm sein Text die opportune Kurve in die politisch angepassten, ungefährlichen (Vorsicht! Zensor liest mit) Worte: „Unsere Abwehr wächst."

Er empfahl seiner Frau: „Taschenuhren und Wecker gehören ins Luftschutzgepäck, da Ersatz nicht erhältlich ist. Die Mitnahme von Brillen (auch Sonnenbrillen) empfiehlt sich als Augenschutz gegen Staub und Hitze, auch ggf. die Gasmaske ohne Filter. Du wirst bei all den Alarmen müde sein und nicht zum Schreiben kommen. Erhalt Dich uns gesund, Liebste. Beste Grüße in innigem Gedenken und treuer Lieb, herzlich Euch allen Dein Jung."

Wie wenn er das sich langsam anbahnende Unglück spüren würde, das ihn wie der Blitz treffen sollte, schrieb er fast jeden Tag nach Hause. Am 10.3. triumphierte er: „Dass unsere Verteidigung die Luftgangster heftig gerupft hat, ist nur recht; feste, möchte man sagen. Überm norddeutschen Raum müssen meist auch einige ‚Mörder'-Vereinler ins Gras beißen. Gestern ein Fliegeralarm, heute bisher Ruhe bei bedecktem Himmel, milder Luft. Der Schneerest schwindet. Ich entwerfe Schulungskonzepte, die der General billigt. Der März ist geregelt, gottlob."

Einmal in Monaten sah er in diesen Tagen im Wehrmachtskino einen Theo-Lingen-Film. „Herzliches Gelächter. Vorher Bilder vom Eisschießen in den

Alpen, ähnlich dem friesischen Klotschießen. Herrliche Schneelandschaft nebenbei." Bei Theo Lingen war der Krieg weit weg. Der gute Theo Lingen musste nach des Progandaministers Goebbels strategische Vorgaben bei der UFA eine Scheinwelt produzieren, in der nichts Schlimmes passierte, in der es keine Bomben und Tote gab und die Leute lachen mussten.

Einen Tag später („Liebste, Dir innigen Frohgruß") flog er beim Springen mit dem Pferd zu Boden und prellte sich den Oberarm. („Nun ja, auch das muss sein und kommt beim besten Reiter und bockendem Pferd vor, und ich bin ja noch kein Reiter, will erst noch einer werden.")

XVI. Kameradschaftsabend

„Heute abend ist der erste Kameradschaftsabend des Offizierkorps. Mal sehen, ob's anders ist als sonst wo, ich glaube kaum. Ich plane einige lustige Lieder vorzutragen. Leider ist keine Gitarre da für Scherzlieder. Dass man für dieses Treffen den Vorabend des Heldengedenktages wählt, möge Dir zeigen, auf welchem friedlichen Stern ich hier weile ... Lass, Dich in Gedanken inniglich küssen und den lieben Kopf streicheln, Du, mein Lebenskamerad, grüße die Kinder."

Am 12.3.44 war Heldengedenktag, und Kuhfahl nutzte die Zeit zu einem Brief an seine Frau. „Um 07.30 Uhr warte ich auf den Abmarsch zum Schwimmen. Der Kameradschaftsabend begann um 19.00 Uhr mit Essen: Schweinebauch mit Kraut, ein Bier, dann Beisammensein bei einer Zigarre und zehn Zigaretten je Kopf und zwei Schnäpse (Genever), frei in kleinen Gruppen zu viert bei Rundfunk- und Plattenmusik in zwei Räumen: in einem Raum General bis Hauptmann, im zweiten die Oberleutnante und Leutnante.

An Gemeinsamem wurde geistig nichts geboten. Der General wechselte von Tisch zu Tisch. Meine Vorbereitungen auf Vortrag von Münchhausens ‚Fluchender Bischof' und seiner ‚Lederhosen-Saga' waren zwecklos. Einzige Gemeinsamkeit der ‚Chor' der Leutnante im Rundgesang mit Abschluss ‚Lieber Oberst oder X sing ein Lied.' Am beliebtesten sind ‚falsche' Schnadahüpfel, d.h. dreckig oder gar zotig nachgemachte, also ‚Da droben auf dem Berge da sitzt eine Maid, sie wäscht sich die Füße, es war höchste Zeit, holladriho'. Oder ‚Dass küssen einen Bart macht, das ist ja nicht wahr, sonst hätten die Mädels 's Gesicht längst voller Haar' – Den magst Du auch, gelt? Oder: ‚Der Dackel der wedelt mit dem Schweif hin und her, der Schweif kann das nicht, denn der Dackel ist ihm zu schwer.' Die beiden letzten hatte ich mir zurecht gelegt, kam aber wegen der Vielzahl nicht mehr dran."

Der nächste Brief wurde alsbald am 14.3.44 um 07.00 Uhr geschrieben: „Schönen guten Morgen, Deern, empfang in Gedanken einen herzhaften Kuss meiner Lieb. Ich habe gut geschlafen, treu behütet vom Schwertarm unserer Wehrmacht." Er erzählte ihr vom Reiten („ging gut"), vom Frühstück. „Am Donnerstag muss ich zur Wasserschutzpolizei nach Amsterdam. Auf diesem Wege werde ich etliche Bekannte vom ‚Landstorm' besuchen, der jetzt dem Höheren SS- und Polizeiführer unmittelbar untersteht."

Und er monologisierte: „Die Lage wird hier ruhig beurteilt. Die Invasion der Alliierten ist fraglich. Das Auf und Ab der Ereignisse kann nur den bedrücken, der geschichtlich weder sehen noch denken kann. Hitlers Weg vom halbblinden Soldaten 1918 bis zur Tatsache des Großdeutschen Reiches 1944 war sicher schwieriger als der weitere Weg zum Sieg. Lass uns glauben und vertrauen. Dir, Liebste, und dem Jungvolk Frohgrüße in Treuen."

Das alles liest sich wie das Angstsingen eines Kindes im dunklen Keller oder das Pfeifen eines Wolfsfürchtigen im einsamen Wald. Oder entsprachen diese an die ferne Frau gerichteten Beschwörungsfloskeln den stereotypen Vorgaben des Schulungsredners, der jederzeit in die überfüllte Ausdruckskiste greifen konnte?

Am 17.3.44 bat er seine Frau, ihm die Zeitschrift des Reichsbundes „Deutsche Familie" zu senden. Er war froh, dass sein körperlicher Zustand nach dem Reitunfall sich ständig besserte und dass er ohne Armschmerzen reiten und springen konnte.

Ein Brief vom 7.3. „ist verschwunden. Ich werde um Nachforschungen bitten." Das aufkommende Gefühl einer diffusen Unsicherheit mag in ihm hochgekrochen sein. Hatte er im Brief etwas Verfängliches geschrieben? Er offenbarte gegenüber anderen doch sowieso keine eigene offene freie Meinung mehr. Er schwieg vorsichtig oder redete offiziell uniform wie die übrigen Polizeioffiziere auch. Insgeheim, ganz dahinten in den Jahren, hatte er seine großen und mittleren Hoffnungsbilder versteckt im persönlichen Schweigen und im diensteifrigen Alltag. Das gab es die Visionen für die Zukunft seiner Familie, die Erinnerungsbilder, die mit den Zukunftswünschen verschwammen. Er verharrte im Trivialen und verbarg – wie die Gesamtauswertung aller biographischen Informationen ergibt – seine politischen und persönlichen Empfindungen vor der Außenwelt.

Das war der kleine Alltag: „Hast Du das Passiersieb von Mutter zum Zerkleinern der Wurzeln?" In Amsterdam war er in der Wohnung seines ehemaligen Burschen, der mit einer Ostmärkerin verheiratet war und in einer gut ausgestatteten Wohnung lebte. Der wollte ein Passiersieb beschaffen und Peters Gummischuhe per Inserat suchen („einige Zigarettenpäckchen habe ich als Anzahlung da gelassen"). „Was sollen wir Helga schenken? Rollschuhe? Sind im Winter die kurzen Schneebretter dort versucht worden? Erfolg? Jetzt kommt der Lenz mit Macht. Lass die Kinder straßern. Selbstverständlich dürfen die Schularbeiten nicht zu kurz kommen."

Er schrieb wie ein Etappensoldat im Frieden von nahe liegenden Alltäglichkeiten und Kleinigkeiten und hatte scheinbar keine anderen Sorgen als die alltägliche Briefzensur, die ihn immer wieder zu fast automatischen verbalen Ehrenbezeigungen und Treuekundgebungen zwang, deren er sich schließlich möglicherweise nicht mehr bewusst war.

„Die Kriegsopfer", fuhr er fort „sind bitter hart. Es wäre ein Wunder, wenn wir ohne Opfer davon kämen. Manchmal schäme ich mich, dass ich durch Deinen Muttereinsatz hier wie im Frieden leben kann. Ich tröste mich, dass ich zur letzten Reserve gehöre, wenn es wirklich totaler Krieg geworden ist. Die elastische Verteidigung im Osten mit Geländeverlust bedrückt mich nicht.

Ich halte mich mit dem Führerwort, dass der Weg von der Vision des halbblinden Soldaten zur Wirklichkeit des nat.soz. Staates von 1944 gewaltiger und sicher schwieriger war als der Weg des Reichs zum endgültigen Sieg. Die

Invasion scheinen die Luftpiraten nicht mehr wagen zu wollen. Unsere Gegenmaßnahmen stehen und gehen weiter. Also: Glauben und Vertrauen."

Und er lebte mitten in einer lokal überschaubaren Friedenswelt, ein bürgerlicher Wandervogel, vom Wesen her friedlich. Er war auch in Uniform friedlich, wollte friedlich bleiben, ein Mensch, der weniger an den Krieg, wohl aber mehr und viel an seine Frau, an seine Kinder dachte. Man konnte über die Zeit und alle Briefzeilen hinweg den Eindruck gewinnen, dass er ständig darüber nachdachte, wie er von Nimwegen weg und wieder nach Oldenburg kommen könnte.

„Am Sonntag will ich nach 'm Bosch zu einem Lautensingen, Montag weiter nach Tillburg, um an einer Bataillonschulung teilzunehmen. Der Oberst hat's bewilligt: Vortrag von Scherzgedichten beim Kameradschaftsabend". Und er schloss etwas sprunghaft unerwartet mit der von ihm hier ein einziges Mal gebrauchten Beteuerungsformel: „Mir geht's gut. Hast Du genug Wurzeln, Zwiebeln? Heil dem Führer."

Der gedankenspringende Schlusssatz liest sich wie ein Scherzwort des regimeunfreundlichen bayerischen Komikers Weiß Ferdl in der Satirezeitschrift „Simplizissimus". Zeigte sich in dieser kombinatorisch seltsamen Wortnähe unbewusst und sehr sublim seine Unzufriedenheit, seine in Küchen- und Logistikproblemen versteckte Lebenssorge? Oder sollte etwa bei ihm der mehr im Rheinland beheimatete hintersinnige Humor, die Freude am ironisierenden Wortspiel ausgebrochen sein, der zwar „den Ball flach hält", aber für Eingeweihte erkennbar Kritik übt, ohne jedoch belangt werden zu können? Oder war das nur ein Rest des leicht bitteren Casino-Humors, der sich dem Vernehmen nach beim zweifelhaften Genuss von „Hermann Görings brauner Soße" – markenfrei zu Salzkartoffeln – einstellen konnte? Oder war ihm eine besorgte Frage ohne Hintersinn mit einem nur zufällig doppelten Boden herausgerutscht? Meinte die Frage nur, was sie sagte? Hat Kuhfahl unbewusst das Küchengemüse, zufällig und despektierlich zusammen mit dem großen Führer erwähnt?

Ein Brief vom 19.3.44 bis 21.3.44 begleitete ihn tagebuchartig vom Schießen am Samstag („Die Ergebnisse sind nicht berühmt. Ich bin hier ein guter Schütze") über die abendliche Literaturstunde in der deutsch-niederländischen Kulturgemeinschaft bis zur Freude über eine „Apfelquelle", so dass er die Zigaretten (die er nicht raucht) zum Eintauschen gegen Obst nicht einsetzen muss, bis zur spätabendlichen Reise mit dem Zug nach Tilburg („Der Zug war ungeheizt und das Hotelbett verlagen, das Waschen am Becken kümmerlich, aber was sind das für Beschwerden gegenüber den Belastungen anders Eingesetzter? Fuhr nachher über Bosch zum Wehrmachtsheim, lieh mir eine Gitarre aus, um bei Frl. E. und Frl. B. zu singen."

Kuhfahl lebte – folgt man seinen Briefen – friedlich und ohne Sicht auf die Kriegswirklichkeit wie auf einer eigenen, kleinen untergehenden Insel. Es scheint so, als werde von den Männern des hohen Polizeistabes nur das wahrgenommen, was dort aus nächster Nähe gehört, unmittelbar gesehen oder in den öffentlichen Zeitungen gelesen werden konnte. Aus dieser Sicht blieb unklar, in welch verzweifelter Gesamtlage sich jede erfahrene und verantwortungsbewusste militärische Führung bereits sehen musste, soweit sie sehen und denken durfte und konnte. Während sich Kuhfahl über ein „kümmerliches Waschbecken" entrüstete, konnten sich die alliierten Flugzeuge über Deutschland bewegen, wie es ihnen gefiel.

In der Nacht zum 20.3., als Kuhfahl den ungeheizten Zug nach Tilburg benutzen musste, flogen 50 Flugzeuge der Alliierten in den Raum Amsterdam ein, wie die nicht für die Öffentlichkeit bestimmten Luftlagemeldungen Niederlande in den geheimen Lageberichten des OKW verzeichneten. Die Luftlage Reichsgebiet berichtete vom „Einflug mehrerer 100 Kampfflugzeuge mit Jagdschutz ab 09.15 Uhr aus dem belgischen Raum in breiter Front in den Raum Frankfurt – Stuttgart – Mannheim. Jagdschutz bis in den Zielraum, für rückfliegende Verbände laufend Aufnahmeschutz. 11.45–12.30 Uhr fielen 500–600 Sprengbomben und 500 Flüssigkeitsbrandbomben auf Mannheim. Angriff höchstens mittelschwer. Keine besonderen Industrieausfälle. Geringe Häuserschäden, vier Tote. Zur selben Zeit leichter Angriff auf Ludwigshafen. Keine Industrieschäden. Geringe Häuserschäden. Zwei Tote. 12.00 Uhr Abwurf zahlreicher Sprengbomben in der Nähe Weinheim ohne Schaden und 11.15 Uhr 60

Sprengbomben und 600 Stabbrandbomben auf Franfurt/Main und Offenbach. Lediglich ⅓ der Bomben fielen auf bebautes Gelände in Frankfurt. In Offenbach zwei Industriebetriebe schwerer getroffen." Das war die Wirklichkeit, über die selbst diejenigen hinwegsahen, die sie kannten.

Am 24.3.44 um 06.45 Uhr erzählte er seiner Frau von den Erfahrungen, die er drei Tage hindurch als Beisitzer beim SSuPolGericht in Arnheim gemacht hatte. „Es wurde viel Schmutzwäsche gewaschen." Um was es bei dieser Verhandlung ging, deutete er nicht an. Was er seiner Frau nicht berichten konnte, weil die Gesamtlage auch ihm wahrscheinlich nicht bekannt war, waren die langläufigen strategischen Luftangriffe, die immer dichter und heftiger wurden. Sie begannen am hellen Tage nach einem fast immer gleichen Schema, z.B. wie in diesen Märztagen mit dem „Einflug mehrerer 100 Feindflugzeuge mit Begleitschutz nördlich der holländischen Insel Texel mit Ostkurs bis zur schleswig-holsteinischen Küste mit dem Südostschwenk über Hamburg – Wismar zum Angriff auf Berlin vom Norden her. Ab 10.45 Uhr flogen sechs Jägerverbände zur Abschirmung nach Süden über Hannover in den Raum Ludwigslust und Salzwedel. Dort Vereinigung mit den Kampffliegerverbänden. Neun weitere Jagdverbände verblieben über Holland. Ab 13.15 Uhr laufend Aufnahmeverbände im Raum Osnabrück – Münster.

Der Angriff auf Berlin aus 6–7.000 Meter Höhe begann um 13.06 und dauerte bis 13.40 Uhr. Zahlreiche Spreng-, Brand- und Phosphorbrandbomben wurden abgeworfen. Mittelschwerer Angriff auf den nördlichen und nordöstlichen Stadtteil … Personenverluste voraussichtlich in mäßigen Grenzen. Bordwaffenangriffe im Tiefflug auf den Flugplatz Ahlhorn um 14.35 Uhr; eine He 111 beschädigt. Auf Berlin Abwurf von 900 Spreng-, 2.000 Stabbrand- und 2.700 Flüssigkeitsbomben, 62 Tote, 170 Verletzte, 8.000 Obdachlose …

In der Nacht zum 24.3. von 20.45 Uhr an Einflug mehrerer 100 Kampfflugzeuge über das Seegebiet nördlich Terschelling in den Raum Osnabrück – Münster. Schwächere Kräfte flogen mit Ost- und Südostkurs über Hannover in den Raum Berlin. Die Masse flog aus dem Raum Münster – Bielefeld mit Südkurs in das Rhein-Main-Gebiet. Hauptangriff Frankfurt a.M. von Norden und

Nordosten in der Zeit von 21.46 Uhr bis 22.35 Uhr. Sehr schwerer Angriff auf das gesamte Stadtgebiet. Ausgedehnte Flächenbrände mit auftretenden Feuerstürmen. Im Stadtzentrum und in Sachsenhausen schwere Verwüstungen in der Gegend des Hauptbahnhofes …" Die deutsche Luftherrschaft ging spätestens in diesen Monaten verloren.

Am Sonntag war Kuhfahl Schulungsleiter an der Waffenschule. „Ich war erstaunt über die Jugendlichkeit des Ausbildungskorps. Die meisten Männer sind Volksdeutsche aus Fremdstaaten, auch fremdvölkische Freiwillige, so dass Schulung eine Sprachenfrage ist. Die Kompanie macht einen urdeutschen Eindruck: blond, blauäugig, beinahe alles deutsche Namen. Und ihre Heimat? Die Gegend von Schitomir, Ukraine."

Er suchte sich seine Materialien zusammen für den Weltanschaulichen Unterricht, den er bei der niederländischen Polizei abhalten sollte, hatte also offenbar mit den Unterrichtsstunden noch nicht begonnen. „Von Kriegs- und Jugendbüchern ist hier nichts mehr zu bekommen. Vielleicht vermittelt mir die Arbeitsstelle der Hitlerjugend einige neueste Stücke. Es macht sich der Bombenschaden im Reich auch auf dem Büchermarkt stark bemerkbar. Dein Passiersieb liegt in Amsterdam. Du musst vorläufig noch allein unseren Ehewagen ziehen und lernst dabei Selbständigkeit. Geh bitte mit Deinen Beschwerden zum Arzt."

Während Kuhfahl durch Büchersammeln und den niederländischen Sprachkurs immer noch versuchte, sich auf den Unterricht vorzubereiten, brach die deutsche Luftverteidigung nach und nach zusammen. Das war die Zeit, in der Hermann Göring hinter vorgehaltener Hand in der Bevölkerung „Hermann Meier" genannt wurde. Vor dem Krieg sollte er sich nämlich gebrüstet haben, er wolle „Meier" heißen, wenn es einem einzigen feindlichen Flugzeug gelingen werde, in den deutschen Luftraum einzufliegen. Nun flogen die Flugzeuge der Alliierten über dem Reichsgebiet, wie sie Lust hatten, und das Volk nannte den dicken Reichsmarschall nun „Meier".

In diesen Tagen wurden die Städte Braunschweig, Wolfenbüttel, Osnabrück, Münster und Handorf, Watenstedt, Drensteinfurt angegriffen. Zur Abwehr wurden 327 eigene Jäger eingesetzt, welche 43 sichere und 16 wahrscheinliche Abschüsse erzielten (davon 49 viermotorige Bomber). 19 eigene Maschinen wurden abgeschossen, zwölf wurden am Ende der Luftschlacht vermisst. In der Nacht zum 25.3. wurden auf Berlin und auf Vororte der Stadt 60 Minen, 800 Sprengbomben, 300.000 Stabbrandbomben, 30.000 Phosphorbomben abgeworfen. Sie verursachten zahlreiche Brände. Es wurden 25.000 Obdachlose gezählt, 49 Tote, einige 100 Verletzte, 323 Häuser wurden zerstört.

Lief dieses alles an Kuhfahl weitestgehend ab und an seinem neuen Bücherwissen vorbei? Am Sonntag, den 26.3.44, freute er sich im Brief auf einen Familienurlaub, den er zu Ostern als Sonderurlaub beantragen wollte. „Kannst Du Bezug am Hinterrad statt Netz brauchen? Statt Äpfel kaufe ich jetzt Wurzeln als Vitaminspender."

Die Menschen jener Kriegstage lebten – je nachdem, wo sie sich aufhielten, welche Aufgaben sie zu lösen versuchten – in verschiedenen Welten, aber in einem einzigen, sie alle treffenden Krieg mit ständigen Lebensgefahren. Kuhfahl hörte den Einflug der Feindflugzeuge bei Tag und bei Nacht. Er wusste, was diese Einflüge für die Zielstädte bedeuteten, und er fürchtete immer wieder um Oldenburg und seine Familie. Er war ausgebildeter Luftschutzspezialist und er kannte aus der Theorie die Abwurffolgen und Wirkungen der unterschiedlichen Bomben und anderer Vernichtungsmittel. Jetzt in der konkreten Lage konnte er nichts tun, als das Anflugbrummen der Bombenflugzeuge zu überhören oder doch so tun, als ob er die Machtgeräusche ignorieren würde, als ob es sie nicht gäbe, als ob die Bomber ihn nichts angingen. Er konnte mit niemandem über seine Unruhe, seine Sorgen sprechen. Da er allein oder im Kameradenkreis keinen Alkohol trank, konnte bei keiner Gelegenheit die allgemeine regimebedingte Furcht- und Vorsichtsschranke bei den Polizeioffizieren gleichmäßig abgesenkt werden. Ein geschwätziges Vertrauen zwischen Männern gleichen Schicksals und mit gleichem Alkoholpegel konnte dadurch nicht aufkommen. Jeder blieb jedem gegenüber verschlossen, blieb vorsichtig mit einem Rest Misstrauen bis in die kleinen Alltagsgespräche hinein.

In der Nacht zum 27.3.44 musste er aus dem dröhnenden Gebrumme vom Nachthimmel rückschließen, dass mehrere 100 unsichtbare Feindflugzeuge über Alkmar – Zuider See – Rheine – Münster in das rheinisch-westfälische Industriegebiet mit Teilen bis in den Raum Frankfurt a.M. – Koblenz hoch am Nachthimmel zogen. Gleichzeitig erfolgte der Einflug mehrerer schneller Flugzeuge (ca. 600 km/h) über den Zuider See nach Lingen – Hannover – Braunschweig – Hildesheim – Kassel – Wildungen. Zahlreiche Orte im rheinisch-westfälischen Industriegebiet wurden angegriffen, erfuhr er später. Der Angriff auf Essen lief von 21.55 Uhr bis 22.15 Uhr aus 8.600 bis 5.000 Meter Höhe. Es wurden abgeworfen: 101 Minen, 800 Sprengbomben, 10.000 Flüssigkeitsbomben, die 626 Groß-, 1.018 Mittel- und 1.730 Kleinbrände verursachten, 917 Häuser total zerstörten, 1.217 Häuser schwer, 1.955 mittelschwer, 6.300 leicht beschädigten (darunter zehn Krankenhäuser) … Bei Krupp gab es mittelschwere Schäden, Panzerwerk 4 erlitt erhebliche Brandschäden, der Kurbelwellenbetrieb wurde durch mehrere Sprengbomben getroffen … Starke Brand- und Sprengbombenschäden traten im Essener Hauptbahnhof ein und in den anderen Bahnhöfen von Essen, Güterwagenbrände. 98 Tote, darunter 24 Ausländer, 581 Verwundete, 164 Verschüttete. Solche Meldungen fielen jeden Tag an, und sie wurden immer entsetzlicher, immer blutiger. Das kommende Endzeitdesaster warf seine Bomben voraus.

Sein Alltag dagegen blieb überschaubar friedlich und dienstlich geregelt. Am 28.3.44 waren die Polizeipferde, wie er seiner Frau berichten konnte, beim Reiten „ganz luftfroh". Am nächsten Tag wollte er einen Lied- und Gedichtabend für Stabshelferinnen vorbereiten. So ein erbaulicher Abend gehörte zu seinen Aufgaben als Offizier für die Weltanschauliche Schulung. Am 29.3.44 wurde tagsüber Schießen und Handgranatenwurf geübt. Er freute sich über den neuen Stoff für Uniformjacke und Hose, wie er schrieb. „Am 1.4.44 wird Mutter 71 Jahre alt. Wenn wir so alt sind, dann ist Hitlers Friedenszeit voll Aufbau und Segen für unsere Kinder."

Hatte Kuhfahl kein Gespür für das Knistern, Brechen und Krachen im Gebälk des Reichs? Hörte er, der grundsätzlich verträglich gestimmte Optimist, keine Nachrichten? Oder deutete er – vom Wanderer zwischen den Welten doch schon zum Stolperer zwischen dem Unheil geworden – die Nachrichten falsch? Immer noch umfing den überdurchschnittlich gescheiten Menschen eine friedlich geordnete Beamten- und Garnisonstimmung, wie er sie als der geborene Lehrer wohl auch brauchte.

Am 1.4.44 schrieb er seiner geliebten Frau, nach einem Gespräch mit der Leiterin der Stabshelferinnen zeichne sich eine Möglichkeit des Chorsingens unter seiner Leitung ab. „Zehn bis 15 Sängerinnen dürften es wohl sein."

Das waren seine Probleme! In Nürnberg sangen in der Nacht zum 31.3. nur die Sirenen, als laut OKW-Lagebericht „gegen 23.20 Uhr mehrere 100 Kampfflugzeuge sich der Stadt aus der Scheldemündung über Koblenz – Erfurt – Weimar – Coburg und Hof näherten. Der mittelschwere Angriff in drei Wellen aus 4.500–6.000 Meter Höhe begann um 01.01 Uhr und dauerte 31 Minuten. Es fielen 900 Sprengbomben, 30.000 Stabbrand- und 5.000 Flüssigkeitsbomben sowie zahlreiche Leuchtbomben auf die Stadt ... 34 deutsche Nachtjäger schossen 13 Feindbomber mit Sicherheit und einen weiteren Bomber wahrscheinlich ab ... In derselben Nacht: Verminung der Deutschen Bucht ... Störflugzeuge mit Bombenwürfen auf einzelne Orte, Ablenkungsangriffe durch einige Moskitos bei Köln und Kassel".

Kuhfahl „träumte" indes von einem Urlaub bei der Familie. Eine generelle Urlaubssperre zerschlug seine Urlaubshoffnung. Es würde ihm nicht gelingen, die Familie in Oldenburg sehen zu können, aber er freute sich unerschütterlich wie ein Kind, das Märchen liest und sich an Märchen erinnern kann, auf den Osterurlaub. („Dann will ich Bilder machen.")

Er schwamm, er wanderte in diesen Tagen mit anderen, nahm an der Beerdigung eines verunglückten Polizeioffiziers teil. Mit keinem Wort war die Rede vom Unterricht für niederländische Polizeibeamte, mit dessen Vorbereitung er nicht nachließ.

Das letzte gemeinsame Bild der Familie Kuhfahl anlässlich des Besuches des Schutzpolizeihauptmanns Kuhfahl am 11.4.1944 in Oldenburg

Trotz aller Schwierigkeiten muss es ihm möglich gewesen sein, seine Familie in Oldenburg zu besuchen. In der Fotosammlung seiner Familie gibt es ein professionelles Studiobild mit dem Datum „11.4.44" auf der Rückseite, auf dem alle sieben Kuhfahls abgebildet sind. Der in Jungvolkuniform abgebildete Napola-Schüler Jürgen hatte an diesen Tagen wohl Urlaub nach Oldenburg erhalten. (Er erinnert sich heute nicht mehr daran.) Dies ist das letzte Bild von Kuhfahl.

Kuhfahl schrieb seiner Frau am 12.4.44 – ohne auf das Zusammensein mit der Familie einzugehen –, der „verlorene Brief" habe sich eingefunden. „Er befand sich – wie ich schon vermutete – auf der Briefprüfstelle".[42, 43]

---

42 Siehe hierzu Karin Kilian, Die anderen zu Wort kommen lassen, Feldpostbriefe als historische Quellen aus den Jahren 1939–1945; in: Militärgeschichtliche Zeitschrift, 2000 (1) S. 152 f
43 Es besteht kein Vorgang, aus dem sich der begründete Verdacht ableiten ließe, dass Kuhfahl während dieser Zeit systematisch durch die Gestapo ausgespäht worden sei. Die Verzögerungen waren im Postversand und dem Kontrollsystem begründet.

Was Kuhfahl nie erfahren hat: am 3.4.1944 hatte der Reichsminister des Innern (Schutzpolizeioberkommando) seine Beförderung zum Major der Schutzpolizei durch Absendung des Ernennungsvorschlags an den Leiter der Präsidialkanzlei eingeleitet.[44]

Was bis dahin offenbar nicht aufgefallen war: Das an Kuhfahl ausgehändigte, aber von ihm nie ausgefüllte Formblatt eines Antrages auf Verleihung des entsprechenden SS-Dienstgrades (Schutzpolizeihauptmann = SS-Hauptsturmführer) lag immer noch wie ein stummer Protest unausgefüllt und ohne Unterschrift in seinen Personalakten. Erkennbar signalisierte die leere Seite: Kuhfahl wollte nicht Mitglied der SS werden, nicht einmal mit angeglichenem Dienstrang. Das war – verborgen im Schutz der von der Schutzpolizei verwalteten Personalakten – ein riskanter Affront gegen die offizielle, von Himmler vorgegebene politische Linie, eine Ablehnung grundsätzlicher Art, die den Kopf anstoßen konnte. Das leere Formblatt war ein stummer, einsamer (und Gott sei Dank von der SS-Gegenseite nicht vernommener) durch sympathisierende Schutzpolizeibeamte verborgener Protest gegen NS-Herrschaftsinhalte und gegen die unmenschliche Willkür einer schrankenlosen Macht. Anscheinend war Kuhfahl bei seinen Polizeikameraden wegen seiner stillen, fleißigen und herzlichen Art beliebt. Er war der Vertreter einer paternalistischen Polizeimentalität mit zeitlos-ziviler Schutzgesinnung. Seine Gefährdung durch die „neue Polizei SS" wurde von wachen Führungskräften im Stamm der Schutzpolizei gesehen oder doch vermutet. Sein Schutz wurde ohne Absprache untereinander praktiziert. In Nymwegen hatten ihn die übrigen Polizeioffiziere – und das ist kennzeichnend für das Fluidum, das ihn umgab – mit einem lobenden, respektvollen Unterton „den Apostel" genannt und entsprechend geachtet.

---

44 Bundesarchiv (Zwischenarchiv Dahlwitz – Hoppegarten) Akte Bestand ZB 1128 A 8 Kuhfahl; insbes. S. 0477

Kuhfahl wird plötzlich politischer Häftling (B)

XVII. Himmlers Schlag

Hauptmann Kuhfahl lebte relativ sorglos und – so konnte es scheinen – fast so introvertiert, als ob der Krieg ein Krieg der Anderen sei und ihn eigentlich psychisch nicht viel angehe. In dieser friedlichen, entspannten Stimmung traf ihn ein unvorhersehbarer Schicksalsschlag: Er wurde am 13.4.1944, also zwei Tage nach seiner letzten Begegnung mit seiner Familie in Oldenburg, degradiert, festgenommen und zuerst zum Reichssicherheitshauptamt in Berlin und dann per Schub in das Konzentrationslager Buchenwald geliefert.[45]

Kuhfahl war nach diesen niederschmetternden Schockereignissen am 13.4.1944 total verzweifelt und für Stunden handlungsunfähig. Er verstand die Welt nicht mehr. Er war im Zentrum seines Lebens, seiner Existenz getroffen. Aber er empörte sich nicht, tobte nicht, brüllte nicht um Erklärung, sondern rettete sich in eine gewisse Dienstroutine, wie sie ihm anerzogen worden war. Er handelte nach den Regeln: „Packen, Gepäck aufnehmen, Marsch".

Eine Rechtsmittelbelehrung war ihm nicht gegeben worden. Wer konnte sich in einem Krieg, in dem es um Leben und Tod der Nation ging, mit solchen Lächerlichkeiten wie den Individualrechten des Bürgers, eines Offiziers oder eines kleinen Parteigenossen abgeben, nicht wahr? Was sollte da eine Rechtsmittelbelehrung, wenn das Recht das war, was dem Volke nützte, und der Vorgesetzte entsprechend dem Führerprinzip entschieden hatte? Der Volksgenosse hatte zu gehorchen, dem einzigen Führer, den vielen Führern.

Es war im Durchschnittsfall und für den Durchschnittsbeamten mit den üblichen psychologischen Reaktionspunkten nicht vorstellbar, sofort einen schriftlichen Widerspruch einzulegen und einen Rechtsanwalt zu verlangen. Eine Einweisung in ein Konzentrationslager durch Himmler war ein Durchschnittsereignis

---

45 Die Möglichkeiten einer rechtlichen Gegenwehr im Falle eines in die Beamtenrechte eingreifenden rechtswidrigen Aktes werden sehr gründlich beschrieben von Gerd R. Überschär, Der Polizeioffizier Klaus Hornig – Vom Befehlsverweigerer zum KZ-Häftling; in: Wolfram Wette, Zivilcourage, Empörte Helfer und Retter aus Wehrmacht, Polizei und SS, S. 77–93

und kam im Prinzip häufig vor. Gegenüber der totalitären, direkt vom Führer abgeleiteten Allmacht Himmlers gab es keine rechtsstaatlichen Prozessregeln, welche zuverlässig hätten helfen können, wie es überhaupt keinen Rechtsstaat, sondern nur noch einen totalitären Machtstaat gab, in dem das Führerprinzip galt. Es schlug überall durch. Und es traf.

Kuhfahl hat nach seiner Festnahme erkennbar nicht an juristische Hilfen gedacht.[46] Er hat nicht erwogen, solche außerhalb seines ordnungspolizeilichen Erfahrungshorizonts liegenden anwaltschaftlichen Hilfen im Regelwerk des Beamtenrechts oder die Entscheidung eines SS-und Polizeigerichts in Anspruch zu nehmen. Er hat diese (theoretisch bestehenden) Möglichkeiten sicherlich nicht oder nicht im ausreichenden Maß gekannt. Die Menschen lebten nicht in einem Rechtsstaat, sondern in einem Gewaltstaat, in dem die Menschen mehr und mehr nur nützliche Späne waren, die beim machtgeschichtlichen Hobeln abfielen. Er war ab sofort nur ein Span, den der hoheitlich, selbstherrlich, machtmissbräuchlich handelnde Himmler selbst gehobelt hatte. Recht hatte, wer die Macht besaß. Die Macht kam aus den Gewehrläufen. Und im Laufe der Zeit auch aus den Fallbeilen, den Hanfseilen und Exekutionskommandos.

Kuhfahls erster Brief nach der unglaublichen Freiheitsberaubung mit den zeitüblichen Machtmethoden ging an seine Frau und seine Kinder. Er schrieb sobald er konnte, nachdem er einigermaßen seine Fassung wiedererlangt hatte. Er hielt sich dabei an die Vorschrift: Briefe an Familienangehörige, ohne Ortsangaben zum Aufenthalt des Absenders. Vorsicht! Feind hört (liest) mit!! Kuhfahl hatte nur noch Feinde, so schien es ihm.

---

46 Seit 17.10.1939 gab es eine eigene SS- und Gerichtspolizei in Strafsachen für Angehörige der bewaffneten SS- und Polizeiverbände in besonderem Einsatz, deren oberster Gerichtsherr der Reichsführer SS und Chef der Deutschen Polizei Heinrich Himmler war; RGBl. 1939, I, 2107. Ab August 1942 war die Sondergerichtsbarkeit für SS und Polizei auch für die gesamte Ordnungspolizei zuständig. Es ist nicht zu erklären, warum Kuhfahl diesen Rechtsweg offenbar nicht kannte und ihn nicht einmal ansatzweise zu benutzen versuchte. Eine Rechtsmittelbelehrung erfolgte nicht, auch nicht durch befreundete Polizeioffiziere.

„Im Zuge, Berlin, den 13.4.1944

Liebe Frau. Es wird mir schwer, Dir zu schreiben, welche Wendung meine Verwendung in Holland genommen hat, und doch muss ich Dich herzlich bitten, mir zu helfen, wieder ins rechte Gleis zu kommen, um unserer lieben Kinder willen. Es werden Dir in den nächsten Tagen meine Kisten und Koffer mit den meisten Sachen – die Schlüssel gesondert im Brief – durch Revieroberwachtmeister Fink zugehen. Mit einem Koffer und Aktentasche bin ich unterwegs nach Berlin zum Reichssicherheitshauptamt (Kz.L.?)

Es tut mir weh, Dir diese Nachrichten senden zu müssen, aber Du warst immer für Klarheit. So möge Dir die Kraft werden, die bittere Wahrheit zu tragen, die nur aus der Härte des Krieges erklärbar wird.

Der Reichsführer-SS hat persönlich über mein Gesuch vom 31.12.1943 („Zurückziehung von der kämpfenden Truppe") unterm 30.3.1944 entschieden, es als Feigheit mit der Abnahme der Offizierszeichen und Verwahrung bis Kriegsende bestraft. Meine Bitte um Genehmigung der Frontbewährung zur Tilgung des Makels wird ihm hoffentlich durch SS-Obergruppenführer Rauter befürwortet vorgelegt werden und Gehör finden.

Es ist mein fester Wille, alles zu tun, den Vorwurf auszulöschen, der – das weißt Du – aus einer falschen Bewertung meines Antrages kommt.

Mir schmerzt der Kopf vom Denken.

Alarm nahm vorhin in Grenznähe das Licht zum Schreiben. – Für Dich soll gesorgt werden, wurde mir gesagt. Sparsamkeit wird gut sein. Bestell die Anfertigung (der neuen Polizeiuniform; d. Verf.) bei Theophil ab.

Erhalte mir Deine Liebe: Es grüßt Dich Dein Jung aus schwerem Schicksalsschlag."

Ausgelöst wurden die für Kuhfahl katastrophalen Ereignisse durch seinen Antrag vom 31.12.1943, den er beim „Landstorm Nederlande" in der Willem I Kaserne in Hertogenbosch an den Reichsführer-SS auf dem Dienstwege geschrieben hatte, ein Gesuch, in dem er mit wohlgesetzten Worten im gepflegten Amtsdeutsch gebeten hatte, als kinderreicher Vater aus der kämpfenden Truppe zurückgezogen zu werden. Er hatte geschrieben:

Betr.: Verwendung als Vater von fünf lebenden unversorgten Kindern;
Zurückziehung aus der kämpfenden Truppe

1. Erl. d. RFSSuChdDtPol.i.RMdI. vom 26.1.43 – O – Kdo. II P
2. BdW-SS i.d.Ndl. vom 16.11.43 Tagbef. Nr: 37 Ziffer 7
3. OKW vom 14.9.43 – HVBl. B. 50/43 S. 269
4. OKH vom 12.8.43 AHM Nr. 656 S. 406

An das
SS-Gren.Rgt. 1/„Landstorm-Nederland" a.a.D.
V u g h t

„Nach dem Wunsch des Führers HVBl. B 757/1942 und 3. u. 4. Bezugsverfügung sind die Väter von fünf ehelichen, lebenden, unversorgten Kindern noch jetzt aus der kämpfenden Truppe zurückzuziehen.

Zur Sicherung der Erziehung unserer fünf lebenden unversorgten Kinder beantrage ich auf Wunsch meiner Ehefrau die Anerkennung der Gültigkeit der o.a. Schutzbestimmung für mich als aktiven Angehörigen der Ordnungspolizei und begründe wie folgt:

In meiner Ehe wurden folgende Kinder geboren, die heute noch leben:

1. Knabe: J. 1933
2. Mädchen: H. 1935
3. Mädchen: A. 1937
4. Knabe: P. 1940
5. Knabe: H. 1943[47]

sodass ich seit 15.12.1943 Vater von fünf lebenden ehelichen Kindern bin.

Nach Ziffer 5 des Bez.-Erl. sind solche Väter im gesamten Heimatgebiet und in den besetzten Gebieten bei Einsätzen im Rahmen des Luftschutzes oder zur Abwehr feindlicher Angriffe möglichst an weniger gefährlichen Stellen einzusetzen.

---

47 Die genauen Daten sind zwar im Originalantrag aufgeführt, doch unterbleibt deren Wiedergabe hier auf Wunsch der Betroffenen.

Seit 28.4.1943 werde ich durch Abordnung zum Befehlshaber der Ordnungspolizei in den Niederlanden beim SS-Grenadier Regiment 1 ‚Landstorm Nederland' als Kompanieführer der 1. Kompanie in Herzogenbusch verwendet, die zu einer Kampfgruppe des Befehlshabers der Waffen-SS in den Niederlanden gehört. Falls auf Grund dieses Sachverhaltes meine Zurückziehung aus der Landstorm-Einheit erfolgen sollte, bitte ich, meine langjährige erwogene Verwendung als Schulungsleiter bei einem Befehlshaber der Ordnungspolizei zu berücksichtigen.

Hiermit beantrage ich daher die Entscheidung über ‚Zurückziehung aus der kämpfenden Truppe' für mich als Vater von fünf Kindern.

Gleichen Antrag habe ich an das SS-Grenadier Regiment 1 ‚Landstorm Nederland' gerichtet.

gez. Kuhfahl

Hauptmann der Schutzpolizei, z.Zt. SS-Hstuf. u. Komp. Chef"

Kuhfahl hatte diesen Antrag zwar in einem Brief an seine Frau erwogen, hatte mit ihr aber über seinen bald feststehenden Entschluss nicht gesprochen. Seine Frau besaß auch nicht die Behördenerfahrung und hatte keinen Einblick in die Mentalität der SS-Vorgesetzten, um ihn beraten oder angepasst vertreten zu können. Kuhfahl hatte den Antrag dem unmittelbaren Vorgesetzten, einem SS-Obersturmbannführer Sch., persönlich abgegeben. Er erörterte mit ihm seine Beweggründe, als der Vorgesetzte ihn warnen und ihm den Antrag ausreden wollte. Der Bataillonsführer meinte, die Einheit „Landstorm" sei keine kämpfende Truppe, sondern sei ein Sicherungsbataillon, das für einen Kampfeinsatz nicht in Frage komme. Der diensterfahrene Truppenführer meinte, das Gesuch könne von Vorgesetzten falsch aufgefasst werden. Er solle sich dieses Gesuch nochmals überlegen. Er bemühte auch den Hauptmann V., mit dem Kuhfahl zusammen wohnte, aber auch dessen Zureden, den Antrag doch nicht zu stellen, blieb ebenfalls ohne Erfolg. Kuhfahl bestand auf Weitergabe des Gesuchs. Das Gesuch wurde ohne Stellungnahme durch den Vorgesetzten an den Befehlshaber der Waffen-SS in den Niederlanden abgegeben, der das Schriftstück bei der Besichtigung des Bataillons durch Himmler im März unmittelbar übergab. Himmler sei „sehr aufgebracht" gewesen, erfuhr die Ehefrau Kuhfahl durch einen Brief des damaligen Bataillonführers vom 15.7.44. Er habe die sofortige Degradierung und die Entlassung ihres Mannes aus der SS und (ohne Berücksichtigung seiner beamtenrechtlichen Position und der disziplinarischen prozessualen Regeln) aus der Polizei verfügt.

Dieses Gesuch, das sich so verhängnisvoll gegen ihn auswirkte, ist im Original erhalten geblieben in den Bremer Personalakten Kuhfahl, ebenso die vernichtende Antwort, die Heinrich Himmler ihm mit Schreiben vom 30. März 1944 gab.

Bei den Akten des Verfahrens gegen Harster/Zoepf/Slottke wegen gemeinsamer in den Niederlanden verübten Beihilfe zum Mord in Mittäterschaft befindet sich eine aufschlussreiche Zeugenaussage des Befehlshabers der Ordnungspolizei in den Niederlanden, Karl Lautenschläger, der Rauter unterstellt war. Lautenschläger, der Vorgesetzte Kuhfahls in Nimwegen, sagte aus, er – Lautenschläger – sei damals „dienstlich ausreichend beschäftigt" gewesen und habe „während der ganzen Freizeit an zwei Büchern, nämlich das ‚Polizei SOS' und ein ‚Handbuch für Hilfspolizisten', gearbeitet". Er habe sich um andere Angelegenheiten – wie um die Verschleppung der niederländischen Juden zur Ermordung in Auschwitz – nicht kümmern können. Als ihm vorgehalten worden war, dass illegale holländische Zeitschriften ab 1942/43 laufend über die Judenvernichtungen im Osten berichtet hätten, erwiderte er in Kenntnis der Beweislage gelassen und unglaubwürdig, aber damals wohl nicht widerlegbar, er selbst „habe von den Vernichtungsmaßnahmen nichts gewusst und erst nach dem Kriege davon erfahren."

Woher auch hätte der bedauernswerte, arbeitsüberlastete ahnungslose Polizeigeneral alles wissen sollen, was in seinem Zuständigkeitsbereich tagtäglich ablief? Gab es keine „Wichtiges-Ereignis"-Meldungen? Wurden ihm keine täglichen Ereignisberichte oder Sachstandsberichte wenigstens dann zur Kenntnisnahme vorgelegt, wenn deutsche Polizeibeamte an Aktionen gegen jüdische Niederländer beteiligt waren? Gab es keine operativen Frühbesprechungen, Lagebesprechungen, Einsatzplanungen über laufende oder geplante Polizeiverwendungen? Und Einsatzbefehle, die er unterzeichnen musste? Gab es aber bei den kriminalpolizeilichen und staatsanwaltschaftlichen Ermittlern der Jahre um 1960 ff. niemanden, der die Erfahrung besaß, um sich in die Organisation und den Dienstbetrieb einer hohen Polizeiführung anhand äußerer Abläufe rückschließend und schlussfolgernd hineinzudenken, um dann die richtigen Fragen zu stellen? Und um dreiste Lügen erkennen zu können? Oder wurden seine „Ausweichformulierungen" als „Meilensteine der ausweichenden Wahrheitsfindung", als „Merkmale einer berufsständisch-gebundenen Wahrheit" nicht richtig gesehen?

Lautenschläger wich in seinen Antworten immer wieder auf Seitenthemen aus, um glaubwürdiger zu scheinen: „Wir hatten beim Befehlshaber der Ordnungspolizei keinen Mann, der mit dem Abhören und Verarbeiten feindlicher Nachrichten befasst worden wäre, denn dies war ausschließlich Aufgabe der Sicherheitspolizei. Unser Nachrichtenoffizier hatte nur die technischen Mittel zu stellen." Und folgerichtig sagte er aus: „Von Besuchen Eichmanns (der bekanntlich als Referatsleiter der Gestapo im Reichssicherheitshauptamt europaweit die Abtransporte der jüdischen Bevölkerung aus allen Staaten – so auch aus Holland – organisierte; d. Verf.) in Holland weiß ich nichts."

Lautenschläger konnte sich aber an den außergewöhnlichen und aus dem Alltagsgeschehen herausragenden, einzigartigen Fall des Polizeihauptmanns Kuhfahl erinnern. Er sagte dazu: „Der Hauptmann Kuhfahl war von der Schutzpolizei zur niederländischen Landwacht, einer SS-Freiwilligen-Einheit, abgestellt worden. Sie unterstand dem Befehlshaber der Waffen-SS Demelhuber. Kuhfahl wollte bei dieser Einheit nicht bleiben. Insbesondere störten ihn die ständigen unmäßigen Saufereien. Er nahm deshalb die Geburt seines fünften Kindes zum Anlass, seine Ablösung bzw. Zurückziehung von der Fronttruppe zu beantragen. Sein Gesuch richtete er an den Befehlshaber der Waffen-SS und gleichzeitig an den Befehlshaber der Ordnungspolizei. Ich war selbst im November 1943 deswegen beim Hauptamt Ordnungspolizei in Berlin und erreichte die Rückziehung von Kuhfahl aus der Landwacht. Das Hauptamt hat dann Kuhfahl dem Stab des BdO in Nimwegen zugeteilt. Als im Januar 1944 (irrtümlich falsche Monatsangabe; Himmler kam im März; d. Verf.) Himmler in Holland war, war er auch bei der Waffen-SS zu Besuch, und es muss ihm, wie gesagt wurde, Demelhuber das Gesuch von Kuhfahl übergeben haben mit der Erläuterung, dass Kuhfahl inzwischen zur Ordnungspolizei zurückversetzt worden sei.

Nachdem Himmler nach Berlin zurückgekehrt war, hat er durch Fernschreiben an den Höheren SS- und Polizeiführer angeordnet, dass Kuhfahl zu degradieren und zur weiteren Behandlung dem Reichssicherheitshauptamt zu übergeben sei. Dies wurde damit begründet, dass aus dem Gesuch ‚Feigheit vor dem Feind' zu ersehen sei. Das von der fernschriftlichen Anweisung sagte mir der damalige BdO, General der Polizei Mascus.

Der BdO und ich fuhren dann mit Kuhfahl von Nimwegen nach Den Haag. Der General und Kuhfahl gingen in das Büro von Rauter, während ich im Vorzimmer wartete. Im Vorzimmer wartete auch ein Kommissar der Sicherheitspolizei. Kuhfahl kam dann ohne Achselstücke aus dem Zimmer Rauters und wurde von dem Kriminalkommissar in Empfang genommen. Ich selbst fuhr mit dem BdO wieder nach Nimwegen zurück und erfuhr, dass Kuhfahl gemäß Weisung von Himmler in ein Konzentrationslager gebracht werden müsse. Mit anderen Offizieren aus der Dienststelle des BdO habe ich auf General Mascus eingewirkt, dass gegen dieses Unrecht doch etwas unternommen werden müsste. Daraufhin gingen der BdO und ich zu Rauter, hielten ihm das Unrecht vor und schilderten die untadelige Persönlichkeit Kuhfahls und seinen eigentlichen Grund, weshalb er von der Landwacht weg wollte. Rauter hat das an Himmler berichtet und für Kuhfahl um Gnade gebeten. Auch das Hauptamt Ordnungspolizei hatte sich schon für Kuhfahl verwendet, denn eine Degradierung hätte nur in einem ordentlichen Dienststrafverfahren ausgesprochen werden können. Wie ich dann noch hörte, ist Kuhfahl aus dem KZ in eine Bewährungseinheit gekommen."

Die Bekanntgabe der Degradierung mit dem theatralischen Herunterreißen der Schulterstücke wirkt heute wie eine Szene aus einem billigen Coat-and-dagger-Film über ein Soldatenthema um 1700. Der in seiner Macht ohne jeden humanen Maßstab immer wieder rücksichtslose Himmler hatte sich über das Gesuch des Polizeioffiziers, das er als Zeichen der „Feigheit des Polizisten" beurteilte, maßlos geärgert. Als Herr über Leben und Tod entschied er sich gegen Kuhfahl, ohne ihm eine Gelegenheit zu geben, sich zu äußern. Den Grundsatz des „audiatur et altera pars" konnte er ignorieren. Diese Rechtsnorm galt in Deutschland schon lange nicht mehr. Dementsprechend brutal war die gegen Kuhfahl gerichtete Verfügung vom 30.3.1944 ausgefallen.

Darin bestimmte Himmler in einem glanzlosen Schreiben mit fehlerhaftem Deutsch:

„Sie haben unter dem 31.12.1943 aus Herzogenbusch an das SS-Grenadier Regiment 1 ‚Landstorm Nederland' ein Gesuch gerichtet, in dem Sie sich auf einem (sic) Führerbefehl über den Kriegseinsatz von Vätern mit fünf oder mehr lebenden unversorgten Kindern berufen.

Sie haben vergessen, von dem Punkt 4 dieses Führerbefehls, der dem Betreffenden ermöglicht, die Zurückziehung aus der kämpfenden Truppe zu vermeiden, Gebrauch zu machen. Die Befehle des Führers über die Zurückziehung letzter Söhne und Väter von vielen Kindern sind abgestimmt auf den durch die allgemeine Wehrpflicht eingezogenen deutschen Mann.

Sie haben sich als Lebensberuf den Beruf des Polizei-Offiziers gewählt, sind also Offizier. Ein Mann, der sich im Frieden den Beruf des Soldaten erwählt, um im Krieg, nachdem er in fünf Jahren noch nicht an der Front war, sich unter Berufung auf einen Befehl, der für die breite Masse des deutschen Volkes und ihrer durch Wehrpflicht eingezogenen Männer gilt, zurückzuziehen, ist das Verächtlichste, was es auf der Welt gibt; er ist ein Hochstapler, der lediglich vorgegeben hat, Soldat sein zu wollen.

Auch die Berufung auf Ihre Frau kann ich nicht anerkennen, denn Ihre Frau wusste, als Sie sich zur Heirat mit Ihnen entschloss, dass Sie Soldat sind und musste wissen, dass der Beruf des Soldaten und Offiziers im Kriege darin besteht, für sein Vaterland zu kämpfen und sein Leben in die Wagschale (sic) zu werfen.

Sie haben also den Staat, der Sie unter den Voraussetzungen, dass Sie aus innerer Berufung den Stand des Soldaten gewählt haben, betrogen. Aus Ihrem Verhalten spricht eine nicht zu beschreibende Feigheit.

Ich ziehe daraus folgende Folgerungen:

1. In Ihrer Eigenschaft als SS-Angehöriger degradiere ich Sie vom SS-Hauptsturmführer zum SS-Mann und stoße Sie wegen Feigheit aus der SS aus.

2. Die Uniform des Polizei-Offiziers und die Achselstücke werden Ihnen mit sofortiger Wirkung genommen. Menschen Ihrer Art wünsche ich nicht in der Polizei in meinem Offizierskorps zu haben.

3. Da man bei Menschen Ihres Charakters nun aber nicht weiß, ob sie nicht zur Drückebergerei noch desertieren und zum Feind übergehen, lasse ich Sie zunächst auf Kriegsdauer in einem Rüstungsbetrieb der Konzentrationslager verwahren.

gez. Himmler"

Ein Kommentar zur Primitivität der Sprache, die Amtssprache sein wollte, tatsächlich aber die holprige Ausdrucksweise von revolutionär nach oben gekommenen politischen Aufsteigern ist, erübrigt sich. Ausdruck, Inhalt und die zu erkennende Denkweise entsprechen einander. Wehe dem, wer von der Macht dieses Briefeschreibers getroffen wurde.

Schon mit Schreiben vom 2.4.44 hatte der Adjutant des Reichsführers verfügt, dass Rauter die Aushändigung des Himmler-Briefes an Kuhfahl vorzunehmen und dessen sofortige Inhaftnahme und Überstellung an das Reichssicherheitshauptamt durchzuführen habe. Die „schutzhaftmäßige Behandlung des Kuhfahl" sollte durch den Chef der Sicherheitspolizei und des SD erfolgen. Er sollte auf Kriegsdauer in ein KZ eingewiesen werden. Der Reichsführer SS „möchte über die Höhe der an Frau Kuhfahl zu zahlenden Pensionsbezüge unterrichtet werden". Kuhfahl ahnte nichts von alledem, als er Rauter gegenüber stand.

Kuhfahl war vor seiner Abordnung zum „Landstorm Nederland" nie Mitglied der SS oder der Waffen-SS. Er hat auch nie einen entsprechenden Aufnahmeantrag gestellt. Im Runderlass des RFSSuChdDtPolizei vom 23.6.1938 betreffend Aufnahme von Angehörigen der Sicherheitspolizei (Kriminalpolizei; d. Verf.) wurde – ähnlich wie im RdErl vom 18.1.1938 (betreffend Aufnahme von Angehörigen der uniformierten Ordnungspolizei in die Schutzstaffel der NSDAP) verfügt, dass nach Erfüllung gewisser Voraussetzungen der antragstellende Polizeibeamte in die SS aufgenommen werden konnte. In beiden Erlassen wurde bestimmt, dass die dienstgradmäßige Eingliederung des neuen Mitgliedes in die SS entsprechend seinem polizeilichen Dienstrang zu erfolgen habe. Der ganze Vorgang setzte einen Aufnahmeantrag und eine Aufnahme voraus. Nichts geschah „automatisch", d.h. ohne den Willen des Betreffenden. Kuhfahl konnte daher nicht aus einer Mitgliedschaft ausgestoßen werden, die er nie besessen hatte und die er nicht haben wollte.

Im Dienstzimmer des Kommandeurs wurden Kuhfahls Schulterstücke, auf die er so stolz war, theatralisch heruntergerissen. Rauter berichtete in einem persönlichen Brief vom 15.4.44 an Himmler, Kuhfahl sei die Entscheidung Himmlers verlesen worden. „Gleichzeitig habe ich ihm die Achselstücke genommen." Kuhfahl erhielt an Ort und Stelle einen Bescheid über seine Versetzung in den Ruhestand und über die Aberkennung des Titels „Hauptmann der Schutzpolizei a.D.". Der Regierende Bürgermeister in Bremen und der Polizeipräsident Bremen wurden informiert.

Kuhfahl brach, wie Rauter ohne Anteilnahme berichtete, „völlig zusammen und erhob leidenschaftlichen Einspruch gegen dieses harte Urteil, wie er sich ausdrückte, und betonte, dass er nie in seinem Leben feige gewesen sei und dass er sich schon einmal freiwillig zum Fronteinsatz gemeldet habe". Und dann brach Rauter, der nach dem Kriege wegen seiner brutalen NS-Verbrechen zum Tode verurteilt und hingerichtet wurde, hochmütig und machtbesessen den Stab über seinen wehrlosen Untergebenen:

„Kuhfahl ist der Typ eines Lehrers. Er soll tage- und nächtelang studieren und sich vor allem mit Weltanschauung und dem Nationalsozialismus beschäftigen.

Er ist mehr Lehrer als Soldat." Und mit einem winzigen Anflug von Gerechtigkeitssinn oder schlechtem Gewissen schloss er („Ihr gehorsamst ergebener Rauter"). „Wenn es wahr ist, dass er sich schon einmal zum Fronteinsatz gemeldet hat, würde ich, Reichsführer, Sie gehorsamst bitten, ihm Frontbewährung zu genehmigen nach einer viertel- oder halbjährigen Bewährungsfrist im Erziehungslager".

Während des Degradierungsvorgangs wartete ein SS-Obersturmführer, der Kriminalkommissar Frank, im Vorzimmer. Er übernahm Kuhfahl und fuhr mit ihm – begleitet durch einen Offizier der Schutzpolizei (!) – zum Reichssicherheitshauptamt in Berlin, wo er Kuhfahl am 14.4. in der Abteilung IV (Gestapo) abgab.[48]

Kuhfahl hatte noch am 13.4. in Nimwegen eine „Bitte um Frontbewährung" an den RFSS geschrieben. Ihn kränkte der Vorwurf der Feigheit ungeheuer. Er wies auf seine Arbeit als Luftschutzoffizier bei wiederholten Sprengungen von Blindgängern in Oldenburg hin, zeigte nochmals seine Meldung zum Fronteinsatz auf, bereute sein Schreiben vom 31.12. als Unüberlegtheit und erklärte: „Bei der Entscheidung bitte ich zu berücksichtigen, dass ich es unerträglich finde, wenn mein Name und deren Träger mit dem Vorwurf der Feigheit belastet bleiben würden; hierbei denke ich besonders an meine drei Söhne."

Das Schreiben Rauters wurde vom General der Polizei und Waffen-SS und Chef der Ordnungspolizei Wünnenberg, Berlin, (auch) als Gesuch behandelt und am 24.4.1944 befürwortend weitergegeben. Wünnenberg hatte ein Schreiben von Rauter vom 15.4.44 erhalten, in dem Rauter „den lieben Kameraden Wünnenberg" auf das Gesuch Kuhfahls um Frontbewährung hinwies. Er charakterisierte Kuhfahl: „K. ist meinem Gefühl nach völlig weltfremd, ein blasser, pastoraler Lehrertyp, der mehr zur Geistigkeit denn zum Soldatentum hinneigt. Ich glaube dennoch, dass man ihm die Bitte um Frontbewährung gewähren soll. Ich habe in diesem Sinne auch an den Reichsführer SS geschrie-

---

48 In der Verwendungsliste der Dienststelle des Befehlshabers der Ordnungspolizei in Nimwegen (letztes Datum: 1.8.44 Versetzung Oberst Müller nach Breslau) heißt es bei Kuhfahl (Abt. Lt.Ic/WE) „13.4. entlassen, RSHA überstellt".

ben. Die Strafe, die ihn getroffen hat, ist sehr hart und vor allem mit Rücksicht auf seine fünf Kinder für ihn mehr als peinlich. Dass der Reichsführer-SS so hart zuschlug, war notwendig, denn er war aktiver Polizeioffizier." Rauter bat um Vorlage auch seines Briefes und um eine Stellungnahme durch Wünnenberg, der dieses Schreiben befürwortend am 24.4. an Himmler weiterleitete. Der Chef der Ordnungspolizei befürwortete ebenfalls das Frontdienstgesuch Kuhfahls durch Schreiben vom 24.4.

Im Schreiben vom 4.5.44 teilte der Adjutant des RFSS an Rauter mit, Himmler sehe von der zunächst angeordneten Einweisung des K. in ein KL ab. Er solle zum Fronteinsatz zum Bataillon Dirlewanger in Marsch gesetzt werden. Nach einem halbjährigen Fronteinsatz habe das Reichssicherheitshauptamt über Kuhfahl zu berichten.

XVIII. Kuhfahls hilfsbereite Sympathisanten

Kuhfahl scheint mit seinem ungeschickten Einsatzbefreiungsantrag vom 31.12.43 in das untergründige Spannungsverhältnis zwischen Schutzpolizei und der sehr dominant wuchernden SS-Macht geraten zu sein. Von der Dienststelle „Befehlshaber für die besetzten niederländischen Gebiete" in Nimwegen traf ein am 25.3.1944 – vermutlich von Major Wössnitzer, Nimwegen – geschriebener Brief bei dem Oberst der Schutzpolizei Abeßer in der Reichszentrale der Schutzpolizei („Chef der Ordnungspolizei") in Berlin ein, von dem ein maschinenschriftlicher Auszug (ohne Kopf und Unterschrift) in den Akten Kuhfahl endete. Der Auszug betraf Kuhfahl zu einer Zeit, da das Himmlersche Verdikt zwar angedacht, aber noch nicht umgesetzt worden war. Darin heißt es, „unser WE.-Offizier (Abkürzung; gemeint ist der für die Weltanschauliche Erziehung verantwortliche Offizier; d. Verf.), Hptm. d. SchP. Kuhfahl, ist uns durch das Hauptamt vom Landsturmregiment Niederlande kommend zugewiesen worden". Kuhfahl habe ein „sehr eigenartig abgefasstes Gesuch" geschrieben. „Inoffiziell ist hier bekannt, dass der Befehlshaber der Waffen-SS[49] (in den Nieder-

---

[49] Karl Maria Demelhuber, SS Obergruppenführer und General der Waffen-SS in den Niederlanden v. 11.6.42 bis 9.11.44, Jahrgang 1896, starb 1988 in Seeshaupt

landen) Demelhuber, entrüstet über das Vorgehen von Kuhfahl, das Gesuch dem RFSS bei seinem letzten Gesuch in den Niederlanden gezeigt hat. Der Reichsführer soll gesagt haben, dass ihm noch nie ein solches Gesuch vor die Augen gekommen sei und er dafür sorgen würde, dass dieser Offizier sowohl aus der SS wie aus der Polizei ausgestoßen würde. Damit Sie vor etwaigen Überraschungen von Seiten des RFSS bewahrt bleiben, halte ich es für meine Pflicht, Ihnen dies zur Kenntnis zu bringen." Die Dringlichkeit dieser kameradschaftlichen Warnung wurde in der Bürobearbeitung nicht erkannt. Das Warnschreiben blieb infolgedessen unbearbeitet liegen. Erst am 6.4.44 verfügte der Leiter der Personalstelle die Fertigung eines kurzen Vortragszettels und die Vorlage der Personalakte Kuhfahl. Am 15.4. donnerte eine kraftvolle Schrift (Paraphe unleserlich) quer über den oberen Rand des Schreibens: „Mir ist unverständlich, dass mir dieser Auszug nicht sofort nach Zugang (unleserlich) vorgelegt worden ist". Am 26.4.44 wurden dann die gewünschten Anlagen durch die Büroverwaltung beigefügt. Zu diesem Zeitpunkt war Kuhfahl längst degradiert. Jede vielleicht bis dahin mögliche intervenierende Hilfe kam nun zu spät.

Alle, die den bescheidenen Kuhfahl kannten und menschlich hoch schätzten, waren entsetzt, als sie zuerst über dienstliche „Sickerkanäle", dann durch die ratlose, schriftlich Hilfe suchende Ehefrau und schließlich durch die dienstinternen Mitteilungen vom Schicksal dieses angesehenen Offiziers erfuhren. Schon am 19.4. tauchten die ersten gut gemeinten hilflos-naiven Ratschläge der in den Strukturen der Macht, in der Psychologie des Machtmissbrauchs und der behördlichen Willkür unerfahrenen weiblichen Verwandtschaft bei der verzweifelten Ehefrau auf. („Stärke Deinem Albert den Glauben an die Menschheit.")

Anni Kuhfahl wollte und würde nicht kampflos aufgeben. Sie wollte um das Leben und die Freiheit, die Ehre und die Berufsarbeit ihres Mannes kämpfen solange sie eine Chance sah, ihren Mann zurückzubekommen. Sie schrieb in ihrer Not am 20.4. – ausgerechnet an Hitlers Geburtstag, der als Nationalfeiertag gefeiert wurde – an den Kreisleiter der NSDAP in Oldenburg: „... Für mich als seine Frau und als Mutter unserer fünf kleinen Kinder ist es unfassbar, dass ein solches Urteil über meinen Mann ausgesprochen werden konnte und so viel

Unglück über unsere Familie gebracht wird. Wie ist es möglich, ein Gesuch, das auf einem bestehenden Erlass des Führers hin geschrieben ist, mit ‚persönlicher Feigheit' auszulegen? Sie, Kreisleiter, kennen meinen Mann dienstlich und sind mit ihm auf Parteitagen zusammen gewesen. Helfen Sie mir bitte, dass dieser furchtbare Verdacht von meinem Mann wieder genommen wird, denn ‚Feigheit' kann man meinem Mann niemals vorwerfen. Heil Hitler."

Die Antwort auf diesen Hilferuf ist nicht bekannt. Was sollte auch eine mitteluntere Parteicharge wie ein Kreisleiter gegen Himmler ausrichten können? Am 27.4.1944 schrieb die ahnungslose Freundin der Ehefrau in Berlin, sie habe „ihren Major" gefragt, ob denn Kuhfahl nicht am 20.4. zum Major befördert würde, denn er sei doch schon so lange Hauptmann. Ihr Major habe nur ganz kurz reagiert, er könne sich dazu nicht äußern, das Ganze sei „eine Tragödie". Sie hatte diesen Satz auf die Nichtbeförderung bezogen, weil sie sich etwas anderes nicht vorstellen konnte.

Zum „Frontbefreiungsantrag" des Familienvaters Kuhfahl meinte sie – ganz im Stil der politisch-öffentlichen und zugelassenen Korrektmeinung (wobei sie sicher sein konnte, dass der Zensor ihren Brief mitlesen würde): „Sein Gesuch war sicherlich gut gemeint für seine Familie, aber die deutsche Familie hat ja nur dann Bestand, wenn jeder einzelne Deutsche sein Letztes hergibt in diesem unendlichen Ringen um Deutschlands Zukunft. Da muss natürlich der aktive Offizier, zumal wenn er kriegsverwendungsfähig ist und auch noch nicht bei der kämpfenden Truppe war, der erste und der letzte Kämpfer für Deutschland sein, denn nur, wenn unser Vaterland gesichert ist, ist auch die Familie in Sicherheit.

Ich glaube Dir, dass Albert ein guter Deutscher und Nationalsozialist ist. Jetzt in seiner furchtbarsten Not muss er sich beweisen als Soldat, und das kann er nach meiner Meinung nur noch vor dem Feind. ……Bitte ihn, dass er als einfacher Soldat vor dem Feinde beweisen kann, dass er nicht feige ist. Ich denke immer wieder daran, besonders an Albert, weil er mir in meiner schwersten Zeit so freundschaftlich beigestanden hat. Ich wünsche Dir von ganzem Herzen Kraft und Gottes Segen dazu."

Bravo, Brunhilde! Die Tapferkeit des anderen ist immer die angenehmste Form des eigenen Heldentums. Dann empfahl sie der hilflosen Ehefrau einen Brief an das Innenministerium mit einem beigelegten Brief, der an Himmler weitergeleitet werden sollte. Sie machte keinen Textvorschlag. Sie konnte als in Berlin wohnhafte ministeriengewöhnte Verwaltungskraft die Aussichtslosigkeit solcher Schreiben erkennen, aber sie wusste sich keinen anderen Rat.

Die Anrufung Gottes, seine Erwähnung in ihrem Brief, überrascht. Zum ersten Mal – wenn auch nur floskelhaft am Rande – wird in einem der aus dieser Zeit erhalten gebliebenen Briefe in diesem Zusammenhang Gott erwähnt und sein Segen erfleht. Die mythische Wirkung des Hakenkreuzes und das Charisma des Führers Hitler schienen nachzulassen angesichts der kreatürlichen Angst und der Not der Menschen und des drohenden Zusammenbruchs des Reiches.

Kuhfahl gehörte als Hauptmann zur taktischen Führungsschicht der Polizei. Er wäre beinahe beim „Landstorm Nederland", aber auch nachfolgend als Schutzpolizeioffizier zu majoren operativen Höhen aufgestiegen. Er hatte vermutlich durch die Inhalte seines weltanschaulichen Unterrichts auf theoretisch-abstraktem Niveau mehr über die Köpfe der Polizeibeamten hinweg geredet, als gut für ihn und nützlich für die Weltanschauung der Zuhörer war.

Niemand kann mehr weitergeben, als er selbst hat. Das wussten schon die alten Römer[50]. Kuhfahl fehlte offenbar eine wesentliche Eigenschaft, die ein NS-Schulungsredner besitzen musste, nämlich die seelische Konsensklammer zum NS-System. Es bestand bei ihm anscheinend keine innere Übereinstimmung mit der „Bewegung". Er war jugendbewegt, nicht NS-bewegt. Deshalb war er wohl auch nicht der SS beigetreten. Wäre er ein rationaler Opportunist gewesen, so hätte es nahegelegen, wenn er sich via Reitunterricht und wegen seiner Liebe zu Pferden der als „vornehm" geltenden Reiter-SS angeschlossen hätte. Diese Zugehörigkeit suchte er nicht. Er besaß auch keinen SS-Angleichdienstrang. Er wollte als Polizeibeamter am liebsten schlicht Reserveoffizier in der Wehrmacht sein, wollte fort aus dem SS-Klima, in das die Polizei zwangsläufig hineingewachsen war, in das sie mehr und mehr hinein wuchs. Seine ab-

---

50 Nemo transferre potest quam ipse habet.

gelehnten Gesuche lagen in den Personalakten. Sie schaden ihm angesichts der politischen Lage möglicherweise bei Personalentscheidungen mehr, als sie ihm in einer Entscheidungsstunde helfen konnten.

Es bleibt die ungelöste Frage, warum in den ersten drei Monaten des Jahres 1944 – also nach seinem Freistellungsantrag vom 31.12.1943 – an seinen früheren Wohnorten durch Polizeibeamte nach Kuhfahls politischem Leumund geforscht wurde. Der ahnungslose Kuhfahl meinte, das sei ein Zeichen für seine bevorstehende Beförderung zum Major. Kann sein, kann nicht sein, meinten seine Freunde später.

In den Personalakten verbliebener und nicht ausgefüllter Antrag der Schutzpolizei auf Dienstgradangleichung 1943 für Kuhfahl

XIX. Über das Reichssicherheitshauptamt ins KZ Buchenwald

Am 19.4. schrieb er aus der Gestapo-Haft voller Sorge um die wirtschaftliche Lage seiner Familie nach Nimwegen und bat um Hilfe und Fürsorge („Bin ich noch Polizeibeamter?"). Seine weitere schutzhaftmäßige Behandlung sollte durch den Chef der Sicherheitspolizei und des SD erfolgen, und zwar sollte er auf Kriegsdauer in ein KL[51] eingewiesen werden, wie der Adjutant des Reichsführers SS geschrieben hatte.

Mit Datum vom 25.4. erhielt Frau Kuhfahl einen Brief, in dem ihr Mann als Absenderadresse „Berlin SW 11, Prinz-Albrecht-Str. 8, IV A 4" angegeben hatte. Das war die Adresse jener Gestapo-Abteilung A, welche für die Verfolgung der politischen Gegner zuständig war, im Referat 4, das die kirchenpolitischen Angelegenheiten behandelte. Die Adressenangabe musste den Sachkenner verblüffen. In diesem Referat wurden normalerweise die als politische Gegner verhafteten Geistlichen erfasst. Hatten die mörderischen Bürokraten des RSHA den „Apostel" von Nimwegen in seiner inneren (nach des Verfassers Ansicht trotz seines Kirchenaustritts immer noch evangelischen) Grundhaltung richtig erfasst, weil er mit den staatlich-politischen Vorgaben nicht ausreichend übereinstimmte, insbesondere weil er in seinen Weltanschaulichen Schulungsstunden keine Zeichen von Judenfeindlichkeit gesetzt hatte?

Am 25.4.1944 teilte Kuhfahl seiner Frau kurz mit, er befinde sich im Reichssicherheitshauptamt. Aus der Absender-Adresse ließ sich erkennen, dass er in den Händen der Gestapo war. Am 26.4. bat er seine Frau um zivile Kleidung. Er vertraue auf die Gerechtigkeit des Reichsführers-SS Heinrich Himmler. Eine solche Unterwerfungsgeste konnte das krumme Herz jedes politischen Zensors hüpfen lassen, dem Schreiber aber in seiner Lage nur noch wenig helfen. Kuhfahl saß zu tief unten in einer Lawine, die er selbst losgetreten hatte. Regimetreue Knickse konnten ihm da nicht mehr helfen. Er sah keinen

---

51 „KL" war die offizielle Abkürzung für „Konzentrationslager". Umgangssprachlich wurde dieser Begriff zu „KZ" verkürzt.

Aus- oder Rückweg. Die Unklarheiten über sein weiteres Schicksal belasteten ihn in diesen Tagen ungeheuer.

Einen ausführlichen Dankbrief an seine Frau („Liebe Mutti") schrieb er am 10.5. aus der Prinz-Albrecht-Straße, nachdem er ihr Paket vom 1.5. erhalten hatte („Ich danke Dir innig."). Er berichtete ihr aus seinem jetzigen Alltag: „Das Band ist in die Trainingshose eingezogen und vernäht, es passt und gibt ihr den nötigen Halt. Die Turnschuhe ersparen mir nasse Füße, die Kekse bringen gern gesehenen Wechsel in der Kost. Besonders danke ich Dir für die Äpfel, etwas Frisches neben dem Eintopf. Trotz der einwöchigen Laufzeit sind sie noch frisch." Er kümmerte sich wie gewohnt um kleinlogistische Fragen, um saubere Hemden, um schmutzige Hemden, blieb haushälterisch-sparsam. „Den Blechbehälter der Kekse werde ich in den nächsten Wochen mit etwas überflüssiger Wäsche zurückschicken." Er wartete auf das Braunhemd und das Nachthemd mit Namensschrift. „Wenn ich morgens meist ab 4 Uhr wach liege, sind meine Gedanken bei Dir und möchten Dir helfen und grübeln über die Dinge und ihren Sinn: Hat es Zweck, die Beweggründe zu meinem verhängnisvollen Gesuch darzustellen und Überprüfung zu erbitten? Nach langem Überlegen halte ich das für das Richtige und will ein Bittgesuch in diesem Sinne aufsetzen." Er dachte an den Muttertag „in zehn Tagen". „Ich tue sicher gut, Dir, Liebste, schon heute meine Liebe und mein treues Gedenken zu Deinem Muttertum auszusprechen."

Er versuchte, ihr das Leben in der Haftzelle in rosigen Farben darzustellen: „Acht Tage lang brachte ein Strauß Vergissmeinnicht und roter Gänseblümchen – abgegeben von der durchreisenden Frau eines Kameraden – farbigen Glanz in unsere kleine Gemeinschaft. Heute lacht der Himmel im strahlenden Blau nach der Trübe der letzten Tage und gestattet geöffnete Fenster. Heute Morgen klangen Spatzen- und Finkenruf tröstlich in unsere Zelle. Im Garten bei unserem Haus wird es auch grün geworden sein." Er fragte nach jedem Familienmitglied, nach Freunden, erkundigt sich nach Luftwarnungen für Oldenburg: „Machen die Terrorflieger viel Unruhe? Die Angriffe auf die Hauptstadt erlebe ich im sicheren Schutzraum dieses dickmaurigen Gebäudes, also keine

Sorge!" ... „Meine Post läuft durch die Dienststelle IV A 5 b, die auch bei ausreichendem Grund Sprecherlaubnis erteilt." Er erörtert die Möglichkeiten eines Besuchs („und wenn es auch nur Minuten sind"), berichtet von der „Frau eines Mithäftlings, die in einen Bombenangriff hineingeriet, als sie ihn besuchen wollte. „Man hörte das Anfliegen der Feindbomber, das starke Flakfeuer und spürte die Bodenerschütterungen. Meine innere Gelassenheit störte das nicht. Lass Dich bitte auch nicht beunruhigen. Das Leben ist der Güter Höchstes nicht – und zeige wie bisher Haltung!"

Kuhfahl bewahrte Haltung. Er besaß genügend Substanz, um sich in die Lage einzufinden, nachzudenken, Entschlüsse zu fassen. Einmal in der Woche durfte er Post abgeben. „Sein" Schutzhaftbescheid wurde ihm am 13.5. ausgehändigt. Ein „vertrauter Major" aus Nimwegen schickte ihm den Bescheid, dass er mit seiner Zuruhesetzung rechnen müsse.

„Dass Jürgen seinen Teil Hilfe für die Familie leisten will, aus freiem Entschluss, macht mich stolz auf ihn. Ich hoffe zuversichtlich, dass es mir gelingen wird, den Schatten vom Dasein unserer Kinder und ihrer Zukunft auszulöschen. Möge das im Plan fertige Gesuch an den Reichsführer um Überprüfung der Voraussetzungen seines Befehls ein Teil dazu beitragen. Dass Du und alle Bekannten uns helfen wollen, kräftigt meinen Willen dazu und macht mich für Dich froh."

Gegen Ende des Briefes fragte er nach seinem Schwager, der als Batterieführer im Einsatz schwer verwundet wurde und halbwegs genesen seine Schwester besuchen konnte. (Der Bruder der Frau ist am 31.7.44 bei Caen in Frankreich gefallen, nachdem er wiederum als Batterieführer eingesetzt worden war.) Und er schloss: „Mir geht es äußerlich gut. Habe geduscht, den Trainingsanzug gewaschen (wegen Essensspritzer). Ich bin dankbar, dass die Kameraden unserer kleinen Gemeinschaft mir über diese Zeit hinweghelfen."

Am Rand gekritzelt ist zu lesen: „Eine Schnitte Schwarzbrot und Frischgemüse, Wurzeln etwa, wären herrlich, auch etwas Zucker zum Kaffee." Das war wohl mehr ein monologischer Wunschtraum als eine konkrete, vergebliche Bitte an seine Frau. Auf die Rückseite des Briefes schrieb er an seine Töchter

Helga und Almut. Er freute sich mit ihnen über die schulischen Leistungen und darüber, dass sie im Haushalt helfen: „Darüber freue ich mich. Was macht der Knabe Peter, spielt er nett mit Euch und Hartmut? Lauft Ihr noch Stelzen? Oder sind sie entzwei? Ich hoffe nicht. Seid weiter Muttis gute Mädchen! Viele herzliche Grüße, Euer Vati – Denkt an den Muttertag." Er spielte Teile einer unveränderten, unbekümmerten Normalität in den Brief ein.

Kuhfahl wurde von Berlin zum KZ Buchenwald verschubt[52]. Dort verengten sich alle menschlichen Interessen der Häftlinge auf das unmittelbare Überleben. Die ihrer Freiheit auf unbestimmte Zeit beraubten Menschen waren von zuverlässigen Nachrichten über das Kriegsgeschehen außerhalb der Mauern fast abgeschnitten. Sie waren zufällig und unvollständig informiert. Nur gerüchtweise erfuhren sie, dass die alliierten Luftstreitkräfte über Deutschland operieren konnten, wie es ihnen gefiel: Am 21.5. zum Beispiel griffen zahlreiche Gruppen von Jägern mit Bordwaffen und Bomben 32 Flugplätze tief in Deutschland an. Von Tieffliegern wurde die Zivilbevölkerung bis in die Dörfer hinein beschossen, bei Greifswald, Stralsund und vielen Dörfern in Pommern, Mecklenburg und Brandenburg. Zahlreiche Güterzüge, Personenzüge und Bahnhöfe wurden zerschossen, Flak- und Scheinwerferstellungen im Raum Leipzig, Berlin, Magdeburg mit Bordkanonen beharkt. Beunruhigende Einzelflugzeuge, wahrscheinlich Aufklärungsflugzeuge, tauchten überall am Himmel auf. Duisburg, Düsseldorf, Krefeld, Mühlheim, München-Gladbach und andere Städte wurden durch Bombenflugzeuge angegriffen. Der Krieg war jetzt überall. Er überzog das ganze Land mit Schrecken und Tod. „Wir danken unser'm Führer", hatten die Menschen geschrieen. Sie hatten das geglaubt, was ihnen die Regierung verkündete, und sie wollten „den totalen Krieg", obwohl sie sich einen solchen Krieg in seinen furchtbaren Dimensionen nicht vorstellen konnten. Jetzt kam dieser Krieg näher und näher.

---

52 Das KZ Buchenwald bei Weimar war eines der größten Konzentrationslager im Reichsgebiet. Es wurde ab Juli 1937 als Arbeitslager betrieben. Die Zahl der hier umgekommenen Menschen wird auf etwa 56.000 geschätzt, darunter 11.000 Juden.

Im Konzentrationslager Buchenwald versuchten die Abgesandten der Brigade Dirlewanger während dieser Tage durch Druck und Versprechungen „Freiwillige" für die in Russland bei der Partisanenbekämpfung ausgeblutete Formation zu gewinnen. Himmler hatte bereits am 10.8.1943 und dann nochmals spezifiziert am 21.2.1944 die personelle Verstärkung der Brigade durch KZ-Häftlinge verfügt.

60 Jahre später ist es leider nicht mehr möglich, Einzelheiten über den Übergang vom Konzentrationslager zur Brigade Dirlewanger zu erfahren. Es leben keine Zeitzeugen mehr. Die Dirlewanger von dort, die sich anfänglich mit einem gewissen Stolz die „Buchenwalder" nannten, sind gefallen oder inzwischen gestorben, ohne entsprechende Aufzeichnungen zu hinterlassen. Aus den Unterlagen der „Stiftung Gedenkstätten Buchenwald", die Jahrzehnte nach Kriegsende zusammengestellt wurden, können nur spärliche Auskünfte gegeben werden.

Die Auskunft der Stiftungsverwaltung vom 19.7.2004 zum Häftling Kuhfahl besagt, dass Kuhfahl am 18.5.1944 von der Gestapo Berlin im KZ Buchenwald eingeliefert worden sei. Er wurde als „Politischer" geführt. Eine Häftlingsakte gab es im Jahre 2004 nicht mehr. Bis zu seiner Übergabe an die Brigade Dirlewanger trug der in der Baracke 19 untergebrachte Kuhfahl die Häftlingsnummer 21 249. Wie die Überstellung der Häftlinge an die Dirlewanger-Einheit psychologisch und organisatorisch vorbereitet wurde, ist aktenmäßig nicht belegt. Von den einige Monate später angeworbenen „Politischen" (kadertreue, orthodoxe Kommunisten) ist heute bekannt, dass die meisten sich freiwillig meldeten, um bei nächster Gelegenheit zum Russen überlaufen zu können. Wie 2004 per Internet in den Lebensläufen höchster Chargen des Ministeriums für Staatssicherheit der inzwischen abgegangenen DDR nachzulesen ist, sicherten diese Kader den politischen und polizeilichen Grundstock des MfS nach Kriegsende.

Im Mai 1944 wurden KZ-Häftlinge in Buchenwald als „Kanonenfutter" für die auffüllungsbedürftige Bewährungsbrigade gemustert; am 1.6.1944 war die Liste der Ausgewählten fertig. Am 4.6. wurden die für fronttauglich gehaltenen 288 Männer aus der Lagerstärke genommen. Außer Kuhfahl und einem weiteren politischen Häftling waren alle auf der Liste Genannten Berufsverbrecher und ASR-Häftlinge (aus der „Aktion Arbeitsscheue Reich"), die aus den Konzentrationslagern Groß-Rosen, Mauthausen, Stutthof, Neuengamme, Dachau, Natzweiler und Flossenbürg zusammengeholt worden waren. Kuhfahl wurde am 6.6.1944 zu dieser Sonderformation aus dem KZ entlassen. Er war damit aus der für ihn schmachvollen KZ-Lagerhaft befreit.

Die Häftlingsstärke des KZ-Lagers Buchenwald betrug am 4.6.44 abends 54.016 Mann. Insgesamt 293.000 Häftlinge durchliefen im Laufe der Jahre Buchenwald bis zur Befreiung am 11.5.1945 durch amerikanische Truppen. 43.045 Häftlinge starben dort allein infolge der Haftbedingungen.

XX. Die Brigade Dirlewanger fängt ihn ein

Kuhfahl hatte sich „freiwillig" an die Front gemeldet und war ohne andere Möglichkeiten „freiwillig" in der Bewährungseinheit Dirlewanger gelandet. Er wusste zunächst nicht, wohin er dadurch geraten war, weil ihm der Begriff „Dirlewanger" nichts sagte. Durch Frontgerüchte und Schützengrabengeschichten wurden ihm noch in Buchenwald von den alteingesessenen KZ-Häftlingen Übles und Buntes erzählt. Er hatte aber trotz der blutrünstigen Geschichten über Dirlewanger und seine Mannen praktisch keine andere Wahl, da Himmler ihm den Fronteinsatz bei einer normalen Militär- oder Polizeieinheit verwehrt hatte. Kuhfahl wollte in dieser Formation auf jeden Fall „seine Ehre wiedergewinnen", wie er seiner Frau schrieb.

Die Brigade, wie die Einheit meist genannt wurde, hatte ihren Namen nach dem promovierten und wegen Sexualdelikts vorbestraften Volkswirt, Weltkriegs-, Freikorps- und Spanienkämpfer („Legion Condor") Dr. Dirlewanger, der 1940 auf Befehl Himmlers „Wilderer mit Gewehr" (keine „unehrenhaften Schlingensteller"!) in den Konzentrationslagern heraussuchen und zu einer gelände- und sumpfgängigen waldvertrauten Sondereinheit zusammenstellen musste. Die Männer dieser nur mittelbar zur Waffen-SS gehörenden Einheit nahmen sich bei ihren Einsätzen jede Freiheit. Dirlewanger, im Juni 1940 als

Obersturmführer (vergleichbar: Oberleutnant) in die Waffen-SS aufgenommen, kämpfte und führte rücksichtslos. Ihm wurde das Deutsche Kreuz in Gold verliehen (5.12.42) und das Ritterkreuz des Eisernen Kreuzes (30.9.44). Am Ende des Krieges war der SS-Oberführer (= Generalmajor) zwölfmal verwundet. Er wurde 50 Jahre alt und nach Inhaftierung am 7. Juni 1945 wahrscheinlich in französischer Armeehaft in Süddeutschland durch polnische Wachmannschaften zu Tode geprügelt.

Die Bewährungsschützen des „SS-Sonderkommando Dirlewanger" trugen keine SS-Runen auf den Kragenspiegeln, sondern zwei gekreuzte Karabiner mit einer Handgranate darunter. Die Einheit – die offenbar jeder brauchte, aber keiner wollte, galt – nach Auerbach – trotz jahrelanger dichter Nähe „nicht als vollgültige Truppe der Waffen-SS".[53] Am 19.2.1945 wurde die SS-Brigade Dirlewanger dann doch in „36. Waffen-SS-Grenadier-Division" umbenannt.

Wie wenig diese Einheit geachtet wurde, zeigte sich daran, dass Himmler erst am 19.2.1944 anordnete, die Brigade solle erstmals möglichst rasch einen Arzt, der sich wegen irgendwelcher Straftaten bewähren musste, erhalten. Bis zu diesem Tage hatte es bei allen Einsätzen keine ärztliche Betreuung der Verwundeten gegeben. Ein SS-Arzt wurde gefunden, gegen den ein Verfahren wegen Untreue lief, und zwei Zahnärzte, die wegen misslungener Anstiftung zur Abtreibung bzw. wegen Volltrunkenheit rechtskräftig verurteilt worden waren.

Die Wilderer wurden im Juni 1940 erstmals im Generalgouvernement eingesetzt. Im September 1942 ließ Himmler nochmals 150 Wilderer aus den KZ abziehen, nachdem die Brigade im Sommer 1942 durch eine Kompanie ukrainischer und russischer Hilfswilliger verstärkt worden war. Seit dem 10.8.1943 gehörten drei Kompanien ehemaliger KZ-Häftlinge zum „Regiment". Das „Bataillon (sic) Dirlewanger" entwickelte sich zur allgemeinen Bewährungseinheit für SS-Angehörige. Im Februar 1944 gaben die Strafvollzugslager der Waffen-SS Häftlinge an Dirlewanger ab. Weitere KZ-Häftlinge nahm das „Sonder-Regiment Dirlewanger" um diese Zeit auf. Ab 20.9.44 wurden

---

53 Hellmuth Auerbach, Die Einheit Dirlewanger, Oldenburg, 1962, S. 265

1.500 Häftlinge des Strafvollzugslagers der Waffen-SS in Danzig-Matzkau zur „Frontbewährung" zu Dirlewanger (Anlass: Niederschlagung des Warschauer Aufstandes u.Ä.) verfügt. Ab Juli 1944 wurden kriegsgerichtlich verurteilte Wehrmachtsangehörige an Dirlewangers Einheit überwiesen. Dazu wurden die Wehrmachtsgefängnisse in Frankreich geleert und die Ex-Häftlinge an Dirlewanger überstellt. Im Sommer 1944 nahm Dirlewanger auch Turkmenen in seine Einheit auf.

Ab November 1944 ließ Himmler – zwangsweise – weitere 1.910 Häftlinge jeder Kategorie in allen KZ-Lagern für die „SS-Sturmbrigade Dirlewanger" mustern. Sie bestand im Dezember 1944 aus ca. 6.500 Bewaffneten (5 % Wilderer, 15 % Sträflinge aus Waffen-SS und Polizei, 50 % Sträflinge aus Heer und Luftwaffe, 30 % allgemeine Kriminelle und „Politische"). Von den „Politischen", die als Überzeugungstäter bekannt waren und in etwa respektiert wurden, gingen im Verlauf der weiteren Osteinsätze zahlreiche Häftlinge fahnenflüchtig oder sie verkauften ihre Waffen an die Aufständischen. In Ungarn (Dezember 1944) eingesetzt, liefen vor allem die „Politischen" in Scharen zur Sowjetarmee über.

Die im Mai 1944 gemusterten Asozialen und Berufsverbrecher kamen aus den KZ Sachsenhausen (287), Auschwitz (182) und Buchenwald (288). Bis zum Abtransport erhielten sie Truppenverpflegung nach W-SS-Norm und übten sich im Exerzieren und Marschieren. Es sah alles normal und freiwillig aus.

Auerbach zitiert den SS-Richter Wille[54], der berichtet hatte, mehr als die Hälfte der Brigade seien vorbestrafte Angehörige der drei Wehrmachtsteile Heer, Luftwaffe und Marine. Es habe sich fast durchweg um Leute gehandelt, die wegen Kapitalverbrechen abgeurteilt waren, die „menschenmäßig das Schlechteste darstellen, was von einem Volk einer Truppe zugeführt werden kann". Alle Einheiten bis zu den Bataillonen wurden von bestraften ehemaligen Offizieren ohne Dienstgradabzeichen geführt, auch im Brigadestab dienten vorwiegend bestrafte oder zumindest strafversetzte Offiziere.

---

54 Auerbach, a.a.O., S. 268

Die KZ-Häftlinge sollten auf der Seite ihrer Unterdrücker gegen die Sowjets kämpfen. Die Führung misstraute den Bewährungsschützen. Sie erhielten Munition erst kurz vor dem Einsatz an der Front.

In einer berüchtigten Rede vom 3. August 1944 sprach Himmler u.a. über diese Einheit ganz im Sinne des deutschen Herrenmenschen: „Der Ton in dem Regiment ist selbstverständlich in vielen Fällen, möchte ich sagen, ein mittelalterlicher, mit Prügel usw. Oder wenn einer schief guckt, ob wir den Krieg gewinnen, dann fällt er tot vom Tisch, weil ihn der andere über den Haufen schießt. Anders lässt sich mit einem solchen Volk ja nicht umgehen."[55]

Im Februar 1942 wurde das Bataillon aus dem Generalgouvernement, dem Kerngebiet des alten Polen, abgezogen, nachdem ein Haftbefehl gegen Dirlewanger drohte. Im Generalgouvernement waren die Männer des intern rigoros geordneten Haufens durch Eigenmächtigkeiten und brutale Ausschreitungen aufgefallen. Gelderpressungen, Festnahmen, Ausplünderungen von Juden waren alltäglich. „Das Ghetto Lublin wurde von Dirlewanger und seinen Leuten regelrecht gebrandschatzt".[56] Polen lieferte das Übungsfeld, bildete den Vorlauf zum späteren, weitaus schrecklicheren Verhalten in Weißrussland.[57]

Die Dirlewanger (selbst nach Aussagen hoher SS-Führer „wirklich Strolche" und „eine Landplage") wurden zur Partisanenbekämpfung in Weißrussland (rückwärtiges Heeresgebiet) eingesetzt. Vom Sommer 1942 bis Frühjahr 1944 beteiligten sie sich an zahlreichen „Aktionen", welche den Rücken der vordersten Front freihalten sollten. Im August 1944 wurde Dirlewanger mit dem Deutschen Kreuz in Gold ausgezeichnet.

Auerbach resümiert: „Die Einheit Dirlewanger war bald in ganz Weißrussland berüchtigt wegen ihres brutalen Vorgehens gegen die Zivilbevölkerung, zumal sie auch zur Zwangsrekrutierung von Arbeitskräften herangezogen wurde."[58] „Die Partisanenbekämpfung in Weißrussland führte die Einheit Dirlewanger

---

55 Auerbach, a.a.O., S. 259
56 Auerbach, a.a.O., S. 263
57 Siehe hierzu umfangreich Michael Wildt, Generation der Unbedingten, Hamburger Edition, 2002, S. 862
58 Auerbach, a.a.O., S. 261

mit den brutalsten Mitteln durch. Spürte man in einem Dorf Partisanen auf oder hatte das Dorf das Ablieferungssoll an landwirtschaftlichen Produkten nicht erfüllt, so wurde die ganze Bevölkerung auf grausamste Weise umgebracht: die Menschen, auch Frauen und Kinder, wurden in Scheunen eingeschlossen, die man anzündete und in die man wahllos hineinschoß. Die an den Aktionen beteiligten Kompanien kamen dann mit ganzen Wagen voll so genanntem Beutegut ins Quartier."[59]

Ein Auszug aus Dirlewangers Bericht vom 16.6.1942 über das Unternehmen gegen Borki sei beispielhaft zitiert: „Die gestrige Unternehmung verlief ohne Feindberührung. Die Ortschaft wurde durchstoßen und sofort umstellt. Die Einwohner, die zu flüchten versuchten, wurden erschossen, dabei waren drei Gewehrträger. Die Durchsuchung der Ortschaft ergab, dass es sich um ein Partisanendorf handelt. Die Männer waren fast alle abwesend, nur wenige Pferde, fast keine Wagen. Sieben russische automatische Gewehre, drei Handgranaten, Infanteriemunition, zwei Pistolen wurden gefunden. Die Einwohner wurden erschossen, die Ortschaft angezündet und abgebrannt." Handschriftlich vermerkt hieß es weiter: „Erschossene Einwohner: 1.112, plus vom SD liquidiert 633 (insgesamt 1.745), dazu auf Flucht vor Ortschaft erschossen 282 = 2.027."[60]

Christian Gerlach hat in seinem grundlegenden Standardwerk über die deutsche Wirtschafts- und Vernichtungspolitik in Weißrussland (1941–1944) diesen mit unbeschreiblicher Brutalität durchgeführten Einsatz mit allen Hintergründen beschrieben. Der Partisanenkrieg – für die Russen ein Befreiungskrieg, für die Deutschen ein Bandenkrieg – wurde mit einem von Jahr zu Jahr sich steigernden Menschen- und Materialeinsatz, mit immer größerer Rücksichtslosigkeit und Grausamkeit geführt.

Im November 1943 durchstießen Rotarmisten die deutsche Front nördlich von Witebsk und stellten eine Landverbindung zum „Großbandenraum" Rossow her. Die im „Unternehmen Heinrich" eingesetzten deutschen „Bandenbekämp-

---

59 Auerbach, a.a.O., S. 265
60 Hans-Peter Klausch, Schicksal und Widerstand der deutschen politischen KZ-Häftlinge, Zuchthaus- und Wehrmachtsstrafgefangenen in der SS-Sonderformation Dirlewanger, Bremen, 1993, S. 60

fer" (deutsche Polizei und Sicherheitsverbände sowie die Sonderformation Dirlewanger) sahen sich plötzlich im normalen Fronteinsatz bei Dretum und Wewel. Sie erlitten höchste Verluste, vor allem die im Juli 1943 eingegliederten KZ-Häftlinge (Berufsverbrecher und Asoziale). Die Einheiten wurden dezimiert. Die Dirlewanger wurden im Januar 1944 vom Fronteinsatz zurückgezogen. Seit dem 31.12.1943 hielten sie sich im Raum Usda auf.

Der Bürgerpolizist Kuhfahl, der kein geborener Soldat war, der das russische Bauernland mit den Augen eines Wandervogels sah und liebte und kein Auge für Partisanenzusammenhänge und -hintergründe hatte, war vom Regen über die Traufe in die Kloake geraten. Noch erniedrigender, noch tiefer ging es nicht. Er hatte innerhalb weniger Wochen psychologisch unvorbereitet und ohne sein Verschulden den Tiefstpunkt jeder uniformierten Laufbahn erreicht. Ab dort durfte er nur noch sterben. Er durfte „fallen", wie die Überlebenden den finalen Schritt des Soldaten nannten, wenn er nicht mehr aufstehen würde.

XXI. An die Ostfront zur Bewährung

Der Erlass des Reichsminister des Innern vom 28.4.1944, der sich an Kuhfahl richtete, stützte sich auf § 16 des Polizeibeamtengesetzes, weil K. durch seine Eingabe vom 31.12.43 bewiesen habe, wie es in der Begründung hieß, dass er die nötigen Fähigkeiten zum richtigen Verhalten und Wirken als Polizeioffizier nicht besitze. Er durfte nicht mehr den Titel „Hauptmann der Schutzpolizei" führen, und es wurde ihm die Führung jeder Bezeichnung untersagt, welche seine frühere Zugehörigkeit zur Schutzpolizei in irgendeiner Form andeutete. Der Ruhestand beginne nach einer Frist von drei Monaten, gerechnet vom ersten des auf die Zustellung folgenden Monats ab. Der Erlass ging am 5.5.44 beim Ministerium heraus, ging – vielleicht noch verspätet – über das KZ Buchenwald in Richtung Minsk, suchte seinen Empfänger unter einer Feldpost-Nummer in den Weiten Russlands – und erreichte ihn nie. Am 6.6.44 war Kuhfahl vom KZ Buchenwald aus plötzlich „in den Osten" verlegt worden.

Niemand war dem de facto rechtlos gestellten Häftling eine Vorankündigung, eine erklärende Rechenschaft oder vernünftige Begründung schuldig. Er gehörte seit seiner Übergabe an den Gestapo-Beamten zu den Rechtslosesten der Nation, die zu schweigen, zu gehorchen, zu sterben hatten. Ihm musste niemand sagen, wann er aus welchen Gründen wohin gebracht wurde. Der Sturz aus der Höhe eines hochgeachteten, mit Ehren und Macht ausgestatteten Polizeihauptmanns in die Niederungen der Berufsverbrecher, Asozialen und Vaterlandsverräter ließ den ehrbewussten Kuhfahl innerlich taumeln. Was er sah und was er aus den brummenden Gerüchten der in Richtung Osten transportierten Männer heraushören konnte, war in seinem Kopf nicht zu ordnen. Kuhfahl blieb kaum die Zeit, seine immer geringer werdende Habe einzupacken und zusammenzuhalten.

Er rechnete allen Ernstes mit einem „Arbeitseinsatz im Osten", wie er seiner Frau durch eine schnell geschriebene (noch niederländisch formatierte) Postkarte mitteilte, „was ich begrüße, da nun die Untätigkeit aufhört, und andererseits bedaure, da es unsicher ist, solche Kameraden wiederzufinden und da die Entfernung zu Dir noch größer wird, über Magdeburg hinaus." Die Karte trägt das zweite Datum 17.5. („Leipzig") und 18.5. („Weiterfahrt nach Weimar, weiter nach Buchenwald ins Lager") „Mir geht es gut. Behalte Geduld!" Die Karte musste er wohl auf der Hinfahrt von Berlin nach Buchenwald geschrieben haben. Datiert vom 29.5.44 erreichten zwei kleinste Abrissnotizen seine verängstigte Frau in Oldenburg, die sich nach Jahrzehnten noch im Nachlass der Ehefrau wiederfanden und deren Weg nach Oldenburg sich nicht sicher rekonstruieren lässt. Auf dem handflächengroßen quadrierten Papier steht: „Liebste, halte immer den Kopf hoch. Der Schatten lichtet sich schon. Alles Gute Dir und den Kindern, Dein Jung. Siehe die Blechdose." Auf dem zwei Finger breiten und ebenso langen, kassiberähnlichen Zettelchen schrieb er in ganz kleiner, aber wohlgeordneter, klarer Schrift: „Buchenwald 29.5.44. Heute erfuhr ich von meinem genehmigten Fronteinsatz als SS-Mann nach dem Osten. Ich freue mich die Ehre wiederzugewinnen. Ab hier wahrscheinlich am nächsten Sonntag. Die Restsachen gehen gesondert ab, auch das Postsparbuch. Beste Grüße! Alles Gute, Dein Albert." Vielleicht lagen beide Zettel seinem letzten Wäschepaket bei.

Eine Briefkaart diente am gleichen Tage als Briefersatz. Er schrieb aus „Weimar-Buchenwald (9 km nördlich von Weimar)" an seine Frau: „Liebe Mutti! Nun sind die Würfel gefallen. Die Häftlingsnummer ist nach zehn Tagen ab. Ich bin SS-Soldat und komme am Sonntag (hier, ab 9.30 Uhr Bhf. Buchenwald) in den Osteinsatz über Litzmannstadt nach kurzer Ausbildung (angeblich bei Minsk, als Panzergrenadier). Hast Du den Brief von Berlin über meine Abreise hierher bekommen? Ich hoffe es. Schreiben konnte ich hier in Quarantäne bisher nicht, leider. Meine Gedanken waren gestern viel bei Dir und den Kindern, und ich fühlte Eure Nähe. Der Entwurf meines geplanten Gesuchs liegt bei. Noch hatte ich keine Schreibmöglichkeit. Benutze es als kinderreiche Mutter zusammen mit meinen brieflichen Einsatzäußerungen zu einem Gesuch an RFSS, vielleicht über B.? (ein Bekannter, der in der SS diente; d. Verf.) oder den Rbd Dtsche Familie (Reichsbund Deutsche Familie; d. Verf.). Herzlichst Dein Jung." Auf der Vorderseite teilte er mit: „Ich freue mich über diesen Wechsel. Ein Koffer geht gesondert ab, auch mein Postsparbuch 10 927 414 mit 600 Mark Gutschrift unter Einschreiben. Die Stichwörter der Sparbücher sind für mich ‚Jungborn', für Dich ‚Ehe', für die Kinder ‚Paten'. Im Koffer sind noch holländische Münzen, in der Aktentasche die letzten pers.-dienstlichen Schreiben. Den RFSS-Befehl habe ich bei mir. Ich glaube an unseren Stern! Ich liebe Dich! Ich kämpfe für unser Volk! Dir alles Gute, Dein Jung."

Kuhfahl beurteilte seine Lage, seine Chancen und vor allem die Dynamik der Entwicklung immer noch nicht angemessen. Er reagierte langsam. Das Unrecht war schneller.

Es ging dem unter Berufsverbrechern wahrscheinlich durch deren Vorbehalte isolierten Polizeihauptmann bei zunehmender Ungewissheit und größerer Frontnähe wie einem Totgeweihten, der sein Schicksal unentrinnbar vor sich sieht. Verblüffenderweise schien aber Kuhfahls Gelassenheit zu wachsen. Er flüchtete nicht in Vorwürfe oder Selbstanklagen. Er versuchte sich monologisch durch starke, hohe Worte zu wappnen, sich Mut zuzusprechen und gelassen einen Lebensabschnitt, wenn nicht sogar einen Lebensabschluss zu bedenken.

In dieser Existenzphase, in der er täglich aufs Neue innerlich aufgewühlt wurde, schrieb er zum ersten Male seiner Frau: „Ich liebe Dich." Er verließ für diese wenigen Augenblicke den norddeutsch-kühlen, preußifizierten Männnerpanzer seiner Erziehung als Jungmann in der postmilitärischen Polizeitradition. Er ging aus sich heraus und gab die formale Abwehr gegenüber seinen Gefühlen für Augenblicke auf. Die im Denken der kriegerischen Zeit selten gewordene Meideformel „Ich liebe Dich" verlor angesichts des sich nähernden Todes im Rattern der „nach Osten" schaukelnden Viehwaggons ihr Distanzgebot. Kuhfahl rückte in diesen Stunden ohne männliche Rüstung und ohne Abwehrschweigen emotional seiner Frau näher, näher als je zuvor, so nahe es ihm verbal überhaupt möglich war. Er sprach – endlich einmal – aus tiefster Seele offen aus, wie es ihm ums Herz war, was seine Frau für ihn bedeutete. Anschließend fiel er wieder in das alte, steife Schema der nüchtern-schüchternen Zurückhaltung und der gefühlskargen Floskelsätze zurück.

In den Unterlagen der Familie Kuhfahl gibt es einen Brief vom 30.5.44, in dem er einige Tage vor dem Aufbruch „nach Osten" geschrieben hatte: „Lieb! Nun ist's zu schwer. Koffer teils in zweites Paket umpacken. Erste Nacht im neuen Kreis gut, keine Flöhe mehr. Lieb, ich bin froh, sei stark. Bedenk Bittgesuch; ich habe wenig Gelegenheit zu schreiben. Herzlichst Dein Albert."

Am 28.5. „feierte" er seinen 40. Geburtstag still vor sich hin. Offenbar hatte ihn in den Tagen zuvor ein frühzeitig abgesandtes Geburtstagspäckchen aus Oldenburg erreicht, eine unvorstellbare Freude. Am Mittwoch, dem 31.5.44, dankte er seiner Frau für dieses Päckchen: „... Wie mundeten die Äpfel! Und erst die kleinen Kuchen. Der nächste Kameradenkreis lobte sie nach der Kostprobe. Der Zucker in der Büchse soll dann bald die Reise in die andere Richtung antreten mit all den großen Jungen des Blocks 19, die sich gleich mir die Freiheit wieder erringen wollen. Welche Schicksale, wenn der Eine oder der Andere sein Herz ausschüttet. Da erscheint das unsere noch kleiner und kurz die harte Zeit" ... „Bereitete am 16. trotz aller Hast den Brief vor, unterwegs und bis jetzt war dann keine Schreibmöglichkeit."

Er erwähnte den bevorstehenden „Bewährungseinsatz mit Buchenwaldern". „Es ist das schönste Erlebnis dieser sieben Wochen, die Kameradschaft." Er spricht seine geliebte Frau direkt an. „Und wenn ich Deine Liebesbeweise recht bedenke, so bin ich reich trotz allem, Du liebe Deern, und gern bereit alles für Deutschland einzusetzen ... Lege bitte Stopfwolle und russ. Sprachbücher (Bücherschrank, Glas unten rechts) fürs nächste Päckchen bereit. Das neue SS-Liederbuch (aus Kiste oder Koffer) halte bitte auch bereit sowie die HDV 130/2a (Reiber, Heeresdruckvorschrift, welche die Ausbildungsvorschriften für den Infanteristen enthält; d. Verf.). Nochmals Dir, Liebste, meinen innigen Dank für Deine Treue und Deinen guten Zuspruch. Holl di selbst hart und sei froh mit unserem Jungvolk; es wird alles gut werden ... Dir und allen dort in herzlicher Verbundenheit beste Grüße von Deinem Albert."

Er ging offenbar mit fast beschwörender Eindringlichkeit immer noch von leidlich normalen Lebensverhältnissen im Reich aus, in denen die (wenn auch zensierte) Post „geht", d.h. den Adressaten erreicht, Päckchen zugestellt werden a) im Allgemeinen und b) an ihn in Russland insbesondere und c) von ihm nach Oldenburg erst recht. Konnte er sich die Folgen der englischen Bombenangriffe auf die Bahnhöfe mit durchlaufenden Postwagen vorstellen? Die Schießorgien der feindlichen Jagdflieger auf fahrende Lokomotiven aller Art, auf Transport- und Postzüge auf freier Strecke waren wirksamer, als er sich vorstellen konnte. Kuhfahls Optimismus war nicht zu brechen, so scheint es. Oder blendete ihn seine Menschenfreundlichkeit als Pädagoge, der nicht an das Schlechte im Menschen und das Üble vom Menschen glauben wollte? Altrömische Skeptizismen oder Misanthropien lagen ihm nicht. Er glaubte wirklich an das Gute im Menschen, und er suchte dieses Gute im Menschen immer wieder und fand es selbst bei Berufsverbrechern und Asozialen.

Von der Bahnfahrt aus schrieb er auf einer SS-Feldpost-Karte am 5.6. an seine „liebe Deern": „Die erste Nacht im Waggon ist vorbei, Weimar liegt 24 Stunden zurück, Cottbus entschwindet. Das Wetter ist gut, trocken, aber nicht heiß. Schöne deutsche Heimat im Grün und Blütenschmuck, winkende Frauen und Mädchen. Beim Halt in Weißenfels Spiel mit Kindern. Unterwegs viel Liederklang. Jetzt an Forst, 10.00 Uhr, nördlich vorbei, Richtung Frankfurt/Oder durch die Mark. Mir ist wohl, wenn auch müde. Die SS-Führung – 1 OStuf + Unterf. – ist scharf, aber gutmeinend. Lass Dich und die Kinder herzlich grüßen. Hoffentlich erhieltst Du meine Post. Alles Gute Euch und allen Freunden von Deinem Albert, Euer Vati, Neue Fp Nr.00512."

„Auf Bahnrast" am 6.6.44, 15.30 Uhr, notierte er in einem selbstklebenden kleinen Klappbrief: „Liebste Frau! Wieder sind wir einen Tag weiter im Gouvernement, Rast jetzt in Litzmannstadt zu warmer Kost. Wir stehen also nichts aus. Eben höre ich, dass die Angelsachsen den Invasionsversuch gestartet haben. Jetzt kommt's also drauf an, dass Rommel ein zweites Dünkirchen schafft und Luft macht für den Osten. Ich bin frohgemut, dass die Wende des Krieges bevorsteht. Bald geht's weiter über Warschau ostwärts zum Ausbildungslager, wo ... zuerst war. Wie anders schon die Häuser hier, die p. Wirtschaft erkennbar, doch im deutschen Aufbau. Dir, Liebste, und dem Jungvolk alles, alles Gute. Sei stark und gläubig, wie auch ich es sein werde! Ich umfasse und küsse Dich in Treuen, Heil Hitler, herzlichst Dein Jung."

Am Mittwoch, den 7.6.44 schrieb er nach Oldenburg: „Liebe Frau! Wieder ist eine Nacht vorbei; man schläft immer besser, ich auf einem Doppelbrett mit Decke, da staunst Du, nicht wahr? Die Verpflegung ist großartig, nur mit dem Austreten muss sich's helfen und die Sauberkeit? Über mein Handtuch würdest Du Dich entsetzen. Aber dieses Waggonleben zu 40 Mann geht ja bald zu Ende, wahrscheinlich morgen Abend. Heute Vormittag hatten wir Ruhe hier in Warschau. Der Ort liegt fern. Die DRK-Betreuungsstelle ist unser Ziel für Essen- und Kaffeefassen. Leider empfing ich keinen Brotbeutel, sondern einen Wäschebeutel. Leg den grauen Brotbeutel mit Band aus dem Schrank bereit, bitte, wenn ich meine Anschrift schreibe; zu 00512 soll noch ein Buchstabe treten ... Hier erfrischte ein tüchtiger Regen, Zeitung ist immer knapp, schicke bitte die Staatszeitung nach eigenem Lesen. Für ein Zigarettenetui wäre ich dankbar, zum Aufbewahren und Anbieten, Du verstehst, für zweites Handtuch auch ... "

Unter die Überschrift „Auf Bahntransport" tarnte er kleingeschrieben die Ortsangabe „Salionice" im Brief vom 8.6.44: „Meine liebe Deern! Wieder tagte der Morgen nach durchrüttelter Nacht, diesmal trüb, doch brachte der 6-Uhr-Halt auf einem Bahnhof hinter Warschau eine frohe Ermunterung. Alles stürzte mit Kochgeschirr zum Brunnen, großes Gedränge, und die ersten vorm Wagen mit Waschen. Ein Gegenzug fährt ein, hält, neue Wasserholer klettern durch offene Güterwagen Richtung Brunnen. Plötzlich fährt ohne Zeichen unser Zug an. Dies Gerufe, Klettern, Laufen hinterm Zug her, wilder Aufruhr. Auf Notbremsen hielt er nach 70 m. Alles war munter und froh bewegt, und die letzten kletterten in die Einstiegen. So geht der Sturm um Wasser als rarem Artikel fast jeden Tag. Aber Humor und Gelassenheit helfen. Jetzt Kriegsspuren neben dem Bahnkörper, unbrauchbare Güterwagen, umgestürzt. Ein Flieger überholt unsern langen Transport. – Der Schinkenspeck hat geschmeckt. – So plaudere ich ein wenig mit Dir, es ist eben 7 Uhr. Du wirst die Mädchen zum Schulweg wecken, Hartmut versorgt haben. Wann bekommt er jetzt die erste Mahlzeit? Ob Du meine Weimar-Post erhalten hast? Peters Sparbuch einlösen konntest? Die Pakete eintrafen? Was hat Bremen überwiesen? – Gestern schmeckten mir die letzten Stücke Trockenobst, nochmals vielen Dank. Angeblich geht's auf Brest-Litowsk. Russische Verhältnisse tauchen auf. So gibt's täglich Neues. Mir geht's gut ..."

Er schrieb auf dieser langsamen, umständlichen Fahrt nach Weißrussland seiner Frau jeden Tag, sobald sich dazu eine Möglichkeit bot. Was er aus Raum- und Zeitmangel und aus Vorsicht nicht beschreiben konnte, musste zwischen den Zeilen gelesen werden. Immer noch „im Transportwagen" klagte er am 9.6.1944 um 6 Uhr über eine unruhige, schlaflose Nachtfahrt, „weil Banden an der Strecke vermutet wurden, aber alles blieb ruhig. So haben wir schon Essen und Kaffee gefasst und warten auf das Anrucken des Zuges. Eben reicht ein Russenjunge die Minsker Zeitung – Tageblatt für Weiß-Ruthenien – vom 9.6.44 in den Wagen. So erfahre ich den gestrigen Wehrmachtsbericht mit dem erfolgreichen Gegenangriff der dt. Reserven im Westen. Ich hoffe, dass die Zerschlagung der Invasionskräfte gelingt und damit die entscheidende Kriegswende beginnt. – Ein Nachtgespräch mit unserem Waggon-Ältesten zeigte mir nochmals, welchen Möglichkeiten mich dieser Einsatz enthob und meine Freude ist groß, mich für unser schönes Deutschland und die deutsche Zukunft unserer Kinder einsetzen zu können, ganz gleich, was die nächsten Wochen bringen. Für Deine große Liebe danke ich Dir und bitte Dich immer ein tapferes und starkes Herz voll Lebensfreude zu bewahren. Herzliche Grüße und einen lieben, innigen Kuss, Dein Jung."

Die Zugfahrt endete in der weißrussischen Stadt Minsk. Zu Beginn des deutschen Überfalls auf Russland waren am 9.7.1941 in der Doppelschlacht von Bialystok und Minsk 320.000 Soldaten der Sowjetarmee in deutsche Gefangenschaft geraten.[61] Dort lebte vor dem Kriege eine der größten Judengemeinden der Sowjetunion. Bis August 1941 bestand fast die Hälfte der 100.000 bis 120.000 Einwohner aus Juden, die als Handwerker und Facharbeiter ihren Lebensunterhalt verdienten. Bis zur Revolution 1918 gab es fast 100 Synagogen in Minsk, bis 1941 noch 35. Im August 1941 hatten die systematischen Massenerschießungen von Juden durch Einsatzkommandos und Polizeieinheiten begonnen.

In Minsk hatte auch die Reise der am 18.11.1941 abtransportierten und polizeibegleiteten 440 Bremer Juden (und weiterer 130 Juden aus dem Regierungsbezirk Stade) geendet. Hier wurden sie umgebracht. Dem Vernehmen nach wurden außerdem durch deutsche Truppen bis zur Rückeroberung von Weißrussland durch die sowjetische Armee ca. 9.200 Dörfer vernichtet, von denen nur 433 in den ersten 30 Jahren nach Kriegsende wieder aufgebaut werden konnten.[62]

XXII. In Weißrussland

Der gedemütigte Hauptmann, Bewährungsschütze bei dem am meisten gefürchteten und kriminellsten Männerhaufen der großdeutschen Streitkräfte, ahnte nicht, dass er nicht mehr lange zu leben hatte. Er erzählte am 10.6.44

---

61 Die Stadt erhielt nach dem Kriege den Ehrentitel „Heldenstadt".
62 Siehe die bebilderte Sammelschrift „Es geht tatsächlich nach Minsk", Zur Erinnerung an die Deportation von Bremer Juden am 18.11.1941 an das Vernichtungslager Minsk; Staatsarchiv Bremen, 1992

(„Im 1. Quartier") seiner lieben Anni: „Im Regen sind wir gestern Mittag vom Bhf. M. (Minsk; d. Verf.) hierher in einen alten zaristischen Kosakenstall marschiert, haben die Boxen bezogen und auf Stroh prächtig ausgiebig geschlafen, eine Wonne nach den Tagen der Waggons. Sonne und Wind haben die Sachen getrocknet. Der Nagel im Schuh konnte hineingeschlagen werden, so dass der Strumpf heil bleiben wird, hoffentlich, sonst ist der Rest Stopfwolle bald verbraucht. Das Leben liegt blank und klar da. Einige ‚Alte' erzählen stolz von unseren Aufgaben im Einsatzort, den wir morgen mit Kraftwagen erreichen sollen. Unser Waggon-Ältester, Werner, ein Baumeister, hat mich zu sich genommen. Über seinen Kölner Humor konnte ich herzlich lachen. Solch Kamerad ist goldwert. Auch ein Georg hofft mit mir zusammen zu bleiben.

Weißrussland nach der Annexion Ostpolens durch die UdSSR 1939–41

Tüchtige Männer, die normal längst in Freiheit wären. Kannst Du den schlechten Kleinkoffer aus Holland entbehren, dann sieh ihn zum Schicken als Paket vor. Mein Pappkarton löst sich leider auf. Bald werde ich Dir die maßgebende Feldpostnummer schreiben können. Der Weg von Dir hierher über München wird nicht kurz sein. Wähle bitte danach Deine Liebesgaben aus. Mir geht es also wohl, erhoffe Dir und unseren Blagen ein Gleiches …"

Die unausgebildeten und frontunerfahrenen Männer aus den Konzentrationslagern, die sich bewähren sollten, wurden mit einfachster infanteristischer Ausstattung gegen die Russen in den Einsatz geführt. Niemand würde ihnen im Todesfalle von Staats wegen nachweinen. Wenn sie Glück hatten, würden sie mit einer leichten Verwundung rechtzeitig zurückgeschafft und in einem Heimatlazarett zusammengeflickt. Wenn sie Pech hatten, fielen sie für Führer, Volk und Vaterland, wie es in ihren Todesanzeigen heißen würde. In ihrer Heimat galten sie dann als Kriegshelden. Ihr Tod „auf dem Felde der Ehre" ließ jeden lebensgeschichtlichen Mangel verschwinden.

Am 13.6.44 stand der als Bewährungsschütze verkleidete Immer-noch-Hauptmann zum ersten Mal in Russland auf Wache. „Nun sind wir am Bestimmungsort gestern angelangt bei strahlendem Sonnenschein und Lerchengesang, nach mehrstündiger Lkw-Fahrt, diese Weite und die schön wellig geschwungene Landschaft mit tiefen, teils versumpften Wäldern. Diese kümmerlichen Wohnungen und die schmutzigen Menschen, ein krasser Gegensatz. Nun bin ich im Stützpunkt, habe Stube bezogen, heute Morgen Ausbildung mitgemacht. Erste Hildesheimer Erinnerungen und Herzogenbusch werden wach. Frage: wie lange? Jedenfalls bin ich wohlauf und erhoffe bald Post von Dir. Es bleibe bei 00512 und nichts weiter. Meine Wünsche ergänze ich, falls nicht Paket- oder Päckchensperre ist, um zerstopfte Strümpfe, einige Fußlappen in dem alten Kleinkoffer, möglichst Stopfwolle, HDV 130/2a, Zeitungen, SS-Liederbuch, bunte Taschentücher, ein Handtuch, doch hilft's sich auch ohne diese Dinge. Jedoch das Schönste: Briefe von Dir über unsere Welt, Du weißt, gelt. Neue Zeitungen habe ich seit Freitag nicht. Ich hoffe, dass es im Westen weiter voran geht. Herzliche Grüße, Dir, Liebste, dem kecken Jungvolk und allen Bekannten. Sei tapfere Soldatenfrau, innigst Dein Albert, Euer Vater."

Am Ende dieser Wache (aufgezogen um 23.00 Uhr) hatte er unter gleichem Datum nochmals Zeit für einen langen Brief. „Die erste Postennacht brachte wunderschöne Naturbilder. Es ist sternenklar mit Helle im Norden. Der Goldene Wagen, das große Siebengestirn, leuchtet wie daheim. Ich trage ihm Grüße an Dich auf und bin bei Dir und sehe, wie Du vorm Schlafengehen nochmals hinausschaust und meiner gedenkst. Uns leuchten die gleichen Sterne. Und plötzlich über dem Plärren der Frösche und dem Zirpen der Grillen ein fernes ‚Tütütü'. Ich horche ungläubig – eine Sängerin der Nacht? Und es wird gewiss: eine Nachtigall im russischen Dorf, welch Wunder! Dann Fliegerbrummen, fern ein Scheinwerfer im Norden, vielleicht bei unserer Ausladestadt? Zwischen anderen Kriegsgeräuschen immer wieder der Nachtigallenschlag, beinahe unwirklich und doch wahr, wie das schöne Leben. Die umgehängte Zeltbahn hält die Kühle ab, als der Mond braunrot über dem Katendach hochkam. Meinen spanischen Kameraden fror. Dann kam die Ablösung 1 Uhr; zwei Monate nach dem Wendetag. Ich schlafe fest auf dem Strohsack meine 3 ½ Std. – Jetzt ist die Frühwache 5–7 Uhr vorbei. Goldig stand die liebe Sonne über den Flusswiesen, als ich frisch gewaschen den Brinkenposten bezog. Und wieder ein Heimatgruß: Zu dem Jubilieren der Lerchen rief im Wald, der den Flecken am Fluss rund umsäumt, der Gutzgauch sein schelmisches Kuckuck. Und dann das russische Leben über die Brücke. Frauen, alle barfuß mit Kopftuch, mit Reisigbündel in Decken auf dem Rücken, rückkehrend ins Dorf. Austrieb der Kühe mit munterem Zuruf der Jungen und Mädchen, Hütejungen stolz ohne Sattel auf ihrem Pferd, auf weichem Nebenweg in Galopp übergehend. Handwerker hereinkommend zu den Werkstätten, wechselvolle Bilder. Am gestrigen Nachmittag Pferde in der Schwemme, gern hätte ich den schwimmenden Burschen gleich getan und die Kleider abgeworfen, aber, …
Und dann das Spiel der rundköpfigen Kleinen am Wasser mit Lachen und Weinen, das Wäschewaschen der Frauen am Steg unter der Brücke, der Gruß in fremder Sprache/mein Fremdwörterbüchlein aus dem Bücherschrank vermisse ich sehr. Das häusliche Leben – die Wache ist vorn in einem Bauernhaus, hin-

ten wohnt die, glaube ich, zehnköpfige Familie – reine Möckern-Erinnerung oder Seedorf, wie Du willst, lieblich schwirrende Fliegen voll Zudringlichkeit, aber auch ein Becher Milch, einige Radieschen als Vitaminträger. Bauart der Katen: aus Holz wie Blockhütten, auch gedeckt mit ziegelartig übergreifenden Holzplatten, Fenster sparsam, Klo ein Gedicht. Die Dorfstraße Kopfstein, Laufplanken als Fußweg links und rechts für die bloßen Füße. Unsere Unterkunft, die Schule, außerhalb der Pflasterung. Der Marsch zur Vergatterung gestern Mittag nach leichtem Regen ein Waten im Matsch. Einmal ging es in die Schnürschuhe oben hinein, Pech gehabt. Strümpfe zum Wechseln habe ich bei dem hastigen Fertigmachen zur Wache eingepackt. Die Dorfbewohner rein ostische Rasse, teils blauäugig blond, manchmal hübsch: Weißruthenen, mitunter mongolischer Einschlag, schiefe Augen, stechender Blick, dunkle Typen. Doch nach Kameraden Meinung sind selbst die Freundlichen Partisanen oder doch deren Helfer. Ich gebe wenig auf solche Redensarten und will mir eigenes Urteil bilden. Wir Gedienten werden vielleicht eher zum Einsatz kommen. Unser Transport wurde auf verschiedene Einheiten verteilt. Werner und Georg (zwei Männer, die sich ihm anschließen wollten; d. Verf.) kamen zu anderen, ich muss ja doch meinen Weg gehen und hoffe, dass unser Stern darüber leuchtet und uns ein frohes Wiedersehen schenkt.

Schön, dass mir die Wache die Muße zum längeren Schreiben gab. Zwischen der Ausbildung bleibt wenig Zeit. In der Stube ist kaum Platz zum Schreiben. An das RSHA in Berlin schrieb ich um Übersendung meiner 7,65 Pistole. Habe ich dort noch Munition? Falls Schicken möglich, merke bitte vor: älteste Aktentasche, verblichene kleine Ordensschnalle, Reichs- und SA-Sportabzeichen, Münchhausens ‚Beerenlese', Bürgers ‚Du und das Weltall' oder Dein kleines Balladenbuch, das SS-Liederbuch nannte ich schon, dann meine ältesten Sportschuhe mit Rister. Löhnung werden wir bald auch fassen, je Dekade 15 Mark Frontgeld, da brauche ich meine 60 RM Bargeld kaum, wird Reserve. Ein Brustbeutel und ein Kopfnetz als Fliegenschutz beim Schlaf wären schön. Liebste, mach' Dir also keine Sorgen um mich. Mir geht es gut, ich sammle neue Erfahrungen und Erlebnisse und diene Deutschland beim Auswetzen meiner Scharte. Es bleibt bei der FpNr. 00512 ohne Zusatz. Habe Geduld, wenn mal die Post ausbleibt, die Verbindung ist schwierig, Schreiben manchmal auch. Du weißt, ich plaudere gern mit Dir, sobald ich kann. Dir, liebe Mutti, meine innigsten Grüße, Dein Albert."

Der mittelständische Feingeist aus der lebhaften Provinzstadt Oldenburg, hatte seine Lage im Sommer 1944 in Weißrussland offenbar immer noch nicht voll begriffen oder er wollte sie seiner Frau gegenüber verschweigen. Sie sollte sich keine Sorgen machen: es gehe ihm gut, schrieb er. Kuhfahl befand sich fern von den akuten Todesgefahren der vordersten Frontlinie und derzeit unbelästigt durch Partisanen in einer Lage, die er als „gut" empfinden konnte. Seiner Mentalität nach konnte er nicht einsehen, dass ein Klappmesser und ein Löffel in der Hosentasche, ein Klumpen Salz im Brotbeutel, ein intaktes Kochgeschirr und trockene Streichhölzer und eine Landkarte mit den eingezeichneten Rollbahnen, dazu ein Kompass, genügend Munition, eine Eihandgranate, eine Feldflasche voll Wasser vorsorglicher Weise wichtiger waren als heimatvertraute, kulturelle oder fachliche Wissenshilfen, als verkörperte Erinnerungen und Hoffnungen, Liederbücher und Ausbildungsvorschriften oder die liebgewonnenen Sportschuhe. Selbst wenn ihm das ein anderer Bewährungsschütze gesagt hätte, so hätte er nur ungläubig gestaunt. Kuhfahl war offenbar im prognostischen Erkennen und im Berücksichtigen der kleinen und kleinsten Gefahrenanzeichen nicht geübt.

In seiner Situation aber war das hellwache Vorwärtsdenken in die Umgebung hinein elementar wichtig, das Wittern der möglichen nächsten Lage und der darin entstehenden Gefahren. Wichtig waren die neuesten Informationen über die für ihn neuen Bedrohungskonfigurationen. Wichtig war die Tag und Nacht umspähende misstrauische, gespannte Aufmerksamkeit des Soldaten, die ihm, dem Feind im fremden Land, das Leben sichern konnte. Es stand – gleichgültig, ob er sich dessen bewusst war oder nicht – über allem der zentrale Satz „Der Sinn des Lebens ist das Leben". Den musste er bei jedem Schritt beherzigen, denn mit toten Helden konnte der oberste Kriegsherr keinen Krieg führen. Beim ersten Tacken einer russischen Maschinenpistole zählte dann ohne nachzudenken nur die blitzschnelle, instinktive, deckungssuchende Reaktion und das schnelle Zurückschießen. Überleben ist alles. Ob er, der kleinstädtische Schutzmann und ungenügend vorbereitete Nichtsoldat, diese Reaktion in der Sekunde X zeigen würde?

Solche Situationen und Verhaltensweisen mussten – vor allem im Partisanenland – gedacht und in die Landschaft eingepasst und immer wieder beim Auftauchen unbekannter Menschen in Gedanken vorgenommen und geübt werden. Die Zeit der gedruckten Anweisungen für das richtige Verhalten vor dem Feind und in der Partisanenbekämpfung war vorbei. „Viel sehen und nicht gesehen werden" musste er als lebenserhaltenden taktischen Regelsatz im „Wilden Osten" immer wieder durch den Kopf gehen lassen und allgegenwärtig wie die Vorstellung von der Gefahr in jeder Sekunde beherzigen. Aber wer brachte ihm das bei? Würde ihm die Zeit zum Lernen bleiben?

Genaue Angaben von ihm über den Ort fehlen, an dem er sich mit seiner Einheit aufhielt. Wahrscheinlich bildeten die Bewährungsschützen in dem bei Usda gelegenen Dorf Sabolotje südlich von Minsk einen vorgeschobenen Außenposten.

Russisches Gehöft in Belorus

Am 15.6.44 schrieb er an seine „Liebe Mutti": „Dir vor Dienstbeginn – es ist 6.15 Uhr – Frohgruß. Ich hoffe, es geht Dir und den Kindern gut. Ich schrieb Dir von meiner ersten Woche hier, 12./13.6. Am Nachmittag des 13. wurde ich als Gruppenführer in der Exerzier-Ausbildung eingesetzt. An Ausbildern ist auch hier Mangel. Unser Kp.-Führer ist ein tüchtiger Offizier, der Spieß das übliche gutherzige Raubein. Jedenfalls bin ich guten Muts und hoffe auch von Dir das Gleiche. Der Wehrmachtsbericht gelangte zwei Tage nicht zu mir, doch wird's schon gut stehen. Wann wird die erste Heimatpost hier eintreffen? Ich freue mich darauf wie auf Weihnachten. Dir, Lieb, u. den Kindern alles Gute und herzliche Grüße Dein Albert, Vati."

Zwei Tage später, wie immer ohne nähere Ortsangabe („Sonnabend, Feldquartier"), ein Einsatz in einem zwei Marschstunden entfernten russischen Dorf, bei dem es seinem Brief zufolge zu keiner Feindberührung und zu keinen militärischen Maßnahmen kam. „Das russische Dorf wurde mir unmittelbares Erleben, da wir in einer Panjestube auf Stroh nächtigten und uns der Wärme des großen Ofens erfreuten, auch in seinem offenen Feuer in außen rußigen

Russische Bauern in Belorus

Töpfen Kartoffeln kochten und auch Fleisch zubereiteten. Unsere Familie mit drei Töchtern war recht sauber, die Mädchen immer tätig, auch zum Reinigen unserer Kochgeschirre und zum Wasserholen vom Brunnen. Ich war erstaunt, dass das Grundwasser erst in etwa 15 m Tiefe anstand und eine lange Kette abrollte, ehe der Eimer unten aufschlug. War's in Seedorf nicht ähnlich? Mir als Gruppenführer oblag auch das Essenfassen und -verteilen. Da habe ich im Stillen an Deine dagegen kleine Schar bei Tisch und Dein Hausfrauen- und Mutteramt gedacht. Marschiert sind wir auch tüchtig und haben das Lied von dem ‚kleinen Mädel von der Nordsee' gesungen, das ‚immer doch mein Schätzelein bleibt'. In einem Abendgespräch mit zwei anderen Unterführern fand mein ‚Fall' einiges Verwundern, doch bin ich innerlich darüber hin und freue mich des Freiluftlebens und der Erziehungsaufgabe als Unterführer an deutschen Kameraden. Meine Schuhe – neu verpasst in leichterer Ausführung – haben sich bewährt. Die Strümpfe blieben heil. – Heute auf dem Rückmarsch gab der Kp.-Führer den Beginn der Vergeltung gegen England bekannt und den Zusammentritt des englischen Parlaments. Mein Glaube und Vertrauen auf das Führerwort haben sich also doch bestätigt. Ein Schönes hatte noch der Einsatz in die Russenkate, das wohl überall gleiche Bild des Muttertums, auch in der Fürsorge der ‚Mattka' für ihr Jüngstes. Wie wurden da Stunden in unserem Heim wach mit Deinem lieben Bild, Du Mutti! Und nun bin ich recht müde. Lass Dich vom Goldenen Wagen von mir grüßen und grüße unsere Kinder und Freunde im treuen Gedenken und herzlicher Liebe, Dein Albert. Wann erhalte ich wohl erste Post nach Weimar von Dir?"

Er konnte sich offenbar nicht erinnern, dass sein Vater Ferdinand im Sommer 1917 aus dem zaristischen Weißrussland Postkarten und Fotos mit Ansichten der Städte (Grodno, Lida, Baranowisze, Slonim und anderen Orten im Gouvernement von Minsk) nach Hause geschickt hatte. Der damals zwölfjährige Sohn Albert hatte ohne Vorstellung von den Schwierigkeiten einer Armee, die während eines heißen Sommers in sumpfiger Gegend die Front halten musste, gelesen und wieder vergessen, was sein Vater ihm am 20.7.1916 u.a. geschrieben hatte: „… Verdammte Mücken, die kann man nicht aushalten, Tag und Nacht kriechen die in Ärmel und Hosenbeine: Jeder Stich ist hernach eine

Blase. Was ist das eigentlich für eine Marke? Sie wird Malariamücke genannt. Hier sind täglich Gewitter ..." 28 Jahre später erlebte sein Sohn Albert, der Hauptmann der Schutzpolizei, wiederum als feindlicher Eindringling dieses schöne Land und die ärmlichen Menschen. Über Stechmücken klagte der Sohn Kuhfahl 1944 nur verhalten. Sein ältester Sohn in Deutschland war – eine familiengeschichtliche Wiederholung – noch nicht zwölf Jahre alt.

Am Sonntag, den 18.6.44, noch mitten in der trügerischen Sommerruhe dieses Teils des Mittelabschnitts der russischen Front, schrieb der unerschütterliche Wanderer zwischen allen brutalen Welten: „Liebe Mutti. Der Dienst ging eben zu Ende, und so eile ich schnell zu Dir und den Kindern, ein wenig Einschau zu halten. Zwar ist die Kehle trocken und die Stimme heiser von drei Stunden ‚Reden' vor der Gruppe, aber das Herz ist fröhlich, denn alles ist klar, und die Sonne lachte den ganzen Tag und trocknete meine Waschsachen. Salzkartoffeln und Gulasch gab es zu Mittag und reichlich. Was will der Körper mehr nach erquickendem Schlaf von acht Stunden letzte Nacht? Mir geht's also gut und hoffe von Euch ein Gleiches. Eine Feldmütze mit Schirm tauschte ich heute gegen das Schiffchen ein: meine Unterführer-Diensttuer-Kameraden wollten mich mit ihm nicht mehr sehen. Es bringt doch einige Vorteile, vor der Front stehen zu dürfen, und erleichtert das Leben in manch kleiner Hinsicht. Und ein leidlicher Ausbilder bin ich, das muss mir auch der Neid lassen. – Wann werde ich wohl Post von Dir erhalten? Wie haben die Äpfel angesetzt? Hast Du die Möglichkeit zum Päckchen-Schicken? Gab es amtliche oder kameradschaftliche Post für mich? Für uns? – Vor 14 Tagen lag Weimar hinter uns, vor einem Monat Berlin hinter mir. Wie änderten sich die Umstände?? Ich bin froh über diesen Wechsel. – Das erbetene deutsch-russische Wörterbuch wurde dienstlich geliefert; so kann das Sprechenlernen beginnen. Das von Holland mitgeschickte Buch über ‚Die Lagen für Gruppen' schicke mir bitte auch, dgl. ‚Nachtausbildung' u. ‚Queckbörner'. Verzeih, wenn ich Dir zu Deinen Sorgen diese Wünsche erbitte zu erfüllen! Du tust's gern, gelt? Wie schön ist der Abend hier am Fenster, auf deren Bank ich Dir schreibe! Die Schwalben schwirren durch die laue Luft, wahrscheinlich wie dort. Lass Dich aus der Ferne herzlich grüßen und küssen von Deinem Albert. Grüße unser Jungvolk bestens vom Vati."

Der Dienst der Einheit, über deren Größe Kuhfahl nichts schrieb, verlief fast friedensmäßig in straffer Garnisonsbehäbigkeit und (unaufgeklärter?) Ahnungslosigkeit oder doch mit einer nach außen heruntergespielten Besorgnis. Von taktischen Kontrollen der Bewegungen in der Bevölkerung durch die Dirlewanger Rekruten schrieb Kuhfahl nichts. Welche Frauen gehen abends in den Wald (wohin und zu wem?) und kommen morgens ganz früh und harmlos mit Reisigbündeln auf den Rücken ins Dorf zurück? Besuchen die Frauen ihre verschwundenen, nämlich vor Dirlewangers Gewehrläufen zu den Partisanen geflüchteten Männer, die Kuhfahl nicht erwähnt? Sind die Männer selbst die Partisanen, die überlebt haben und die auf das Signal zum Angriff warten?

Kuhfahl genoss diese russländliche Ruhe, die eine Scheinruhe über einem Vulkan war. Das Land war deutsch besetzt, militärisch unterdrückt, wirtschaftlich ausgebeutet und moralisch gedemütigt. Das Leermorden und Niederbrennen ganzer Dörfer durch Dirlewangers Leute war überall in Weißrussland bekannt. Das Land wartete auf seine Befreiung durch die russische Armee. Die Bevölkerung spürte die Vibrationen der eigenen verborgenen Macht. Die Menschen wussten gerüchtweise auch, wie viele einheimische und deutsche Juden aus Bremen und Hamburg und Frankfurt nicht nur der Gestapochef Heuser in Minsk mit seinen Schergen hatte ermorden lassen. Heuser wurde, seit dem Krieg mit einem falschen Dr.-Grad geschmückt, nach dem Kriege Leiter des Landeskriminalamtes Rheinland-Pfalz in Koblenz. Das Landgericht Frankfurt verurteilte ihn wegen seiner Mordtaten in Minsk zu einer hohen Zuchthausstrafe.

Die Partisanen saßen in der Deckung, warteten auf das Zeichen aus Moskau, auf das Signal zum großen Aufstand, auf den lange vorbereiteten Befreiungsschlag. Sie sollten mit ihren Angriffen die Rote Armee vorweg unterstützen und sollten deren Operationen aus den Wäldern begleiten.

Kuhfahl, der schwerblütige Optimist mit den hellen Augen, freute sich indessen seines Lebens. Im Brief vom 21.6.44 schrieb er voll Stolz über einen ersten

Anschein seiner gesellschaftlichen Rehabilitation: „Liebste! Nun bin ich zum Zugführer-Diensttuer befohlen und konnte heute mit dem 1. Zugführer und Spieß ausreiten. Die Sonne bräunt herrlich. – Heute kam bereits mehrere Post für Weimar-Kameraden; so hoffe ich auch bald auf Post von Dir. Vorgestern waren die Feindbomber über Bremen und Wesermünde; hoffentlich hattet Ihr nur Ohrenweide. Lass bald von Euch hören. Mir geht es gut. Gleich mit ins Bett, welche Wonne. Dir Lieb und den Kindern wie allen Bekannten beste Grüße. Gute Nacht! Herzlichst Vati."

Merkten die Dirlewanger-Soldaten des abgelegenen Stützpunktes nicht, was sich an der Front und im truppenarmen Hinterland zu rühren begann, in einem Bauernland, in dem sie die deutsche Herrschaft nicht mehr ausübten, sondern nur noch vorläufig geduldete Fremdmacht waren? Veränderten sich die Blicke der Weißrussen nicht, ihr Verhalten, ihre Körpersprache?

Aus dem Brief des ahnungslosen Hauptmanns Kuhfahl vom 22.6.44 sprach erneut der schiere Etappenfrieden. „Der Hauptdienst ist zu Ende. Waffenreinigen u. Putz- u. Flickstunde beaufsichtigen die Gruppenführer, die Zugführer darüber hin. So kann ich Dir aufs Neue meine Grüße senden und hoffe auf baldigen Abgang der Post. Da immer mehr Heimatbriefe an die Weimarer einlaufen (die erste Feldpostnummer war richtig oo512, wenn auch der ‚Panzer' vor Gren. falsch), hoffe ich auf ein Lebenszeichen von Dir in Kürze. Auf die Wirkungen der Luftangriffe in Nordwest Dt. vom 18.6. mit den Orten Bremen und Wde (Wesermünde; d. Verf.) werde ich noch viel länger warten müssen, obwohl ich mir etwas Sorge mache. Hoffentlich bist Du wie die Kinder wohlauf. – Mich befiel gestern Abend eine Magenverstimmung, die die Nachtruhe arg störte und mich zum Morgenfasten zwang. Das Mittagessen schmeckte leidlich wieder, gottlob. Das Baden in dem Badehaus mit Sauna am Vormittag hat mir wahrscheinlich gut getan neben der Sauberkeit und dem Ausspülen von Unterhose und einem Paar Strümpfe als Waschen-Ersatz. Den leichten Muskelkater vom Reiten gestern hat das warme Wasser ausgetrieben; das war also guter Dienst, dessen Erfolg der Staub der Straße leider schnell zunichte macht. – Heute erhielt ich den Sonderauftrag, mich auf Unterricht und Ausbildung am

MG 42 vorzubereiten, ohne Unterlagen. Frage bitte in dem Buchladen Schüttingstr. 9 (vor Gerdes) nach der HDV und den Reibert und falls vorhanden, schicke bitte. Überhaupt könnte ich alle waffentechnischen u. Ausbildungsvorschriften und -bücher gut gebrauchen, es sieht so aus, als könnte man mich noch zu größeren Führungsaufgaben befehlen; mein Kp.-Führer ist ja noch SS-Gren. u. ein Zugführer in anderer Kp. auch (früher Pol.-Major). – Die Sonne brennt mit aller Kraft und bringt das Getreide zur Reife. Die Farbe meiner Hände ‚dunkelbraun' ist wirklich echt, das Gesicht soll ähnlich aussehen, also beste Sommerfrische hier. Langsam lebe ich mich in die Kp. und ihr Unterführerkorps ein; mehr sachliche Leistung findet ihre Wertung. Viele Grüße Dir und Euch Lieben allen, Dein Albert."

Das war der letzte Brief des Polizeihauptmanns Kuhfahl, das letzte Lebenszeichen an seine Frau und seine Kinder.

Vage Hoffnungen, gestützt durch Bilder aus einer friedlichen Vergangenheit, umrahmten darin Überlebenshoffnungen. Schwarze Fakten wurden durch den Romantiker Kuhfahl in der kleinen Welt des russischen Dorfes pastellfarbenbunt gesehen. Hinter solchem Traumverhalten schwand die Siegeszuversicht bei den deutschen Soldaten. Die Landser am untersten Ende ihrer landfremden, gewalttätigen Armee in dem sich ihnen mehr und mehr verweigernden, unheimlich schweigsamen Land, sahen nur ihre beschränkte Soldatenwelt, die so weit reichte, wie die Feldstecher blicken konnten.

Kuhfahl drainierte seine Sorgen durch die trostreichen Gedanken an seine Familie. Seine Briefe machten trotz der darin sichtbaren Freude über die „Sommerfrische" einen melancholischen Eindruck: Durch das Überbewerten ablenkender Alltagskleinigkeiten und Logistikprobleme, durch fleißige Pflichterfüllung versuchte der intelligente Mann offenbar seine Tiefstimmung zu überbrücken, versuchte sich an kleinen dienstlichen Tageserfolgen festzuhalten.

In der Summe der Briefe erscheint der seiner Umgebung gegenüber immer aufgeschlossene Kuhfahl als ein Mensch mit überdurchschnittlicher Empfindsamkeit und hoher Sensibilität. Dieser Empfindsamkeit durfte er, um nicht in seinen Gefühlen unterzugehen, in den Briefen an die geliebte Ehefrau nur beschränkt nachgeben. Die in heiterer Fröhlichkeit geschriebenen Briefe, die eigentlich Liebesbriefe waren, vermieden die Lähmung durch eine bei ihm zu vermutende Melancholie, die sich aus seinen ernsten nachdenklichen Blicken in den Fotos seiner Vorrusslandzeit ablesen lässt. In der Wechselwirkung seiner Empfindungen lagen vermutlich die stets wiederkehrenden Ursachen für gelegentliche Fehleinschätzungen seiner Lage. Sein wider jeden Dienstverstand, gegen jede Verwaltungserfahrung und ohne vorgängiges Ausloten des Begriffes „Befreiung vom Frontdienst" geschriebenes „Front-Befreiungsgesuch" war wohl in einem solchen Gefühlstief als Befreiungsschlag zustande gekommen.

XXIII. Die „Ursache Hitler" im Hintergrund

Kuhfahl trug die Verantwortung für sich und für die Gestaltung seines Schicksals weitestgehend selbst, seitdem er sich als Polizeibeamter in einem gesetzlich geregelten Abhängigkeitsverhältnis zum Dienst verpflichtet hatte. Sein weiterer Lebensweg hing trotz der kriegsbedingten Einschränkungen immer noch auch von ihm ab. Vom Beurteilungs- und Denkvermögen, von der geistigen und zweifelhaften moralischen Qualität des staatsführenden Berufsillusionärs Adolf Hitler aus Brauau/Inn und von den politischen Machtverhältnissen nach 1933 hing das Leben von Millionen deutscher Soldaten und der gesamten deutschen und eines Teils der europäischen Bevölkerung ab. Heute kaum mehr zu begreifen sind die Transformations- und Multiplikationsmechanismen, deren sich Hitler bedienen konnte, um ein Volk in den Abgrund zu führen.

Hitler hatte im Ersten Weltkrieg die Urkatastrophe des 20. Jahrhunderts angeblich „leicht verletzt", jedoch anscheinend physisch unbeschädigt überstanden. Er wurde im Lazarett Pasewalk nicht wegen einer behaupteten Gasverletzung, sondern von dem Marinepsychiater Prof. Edmund Forster psychiatrisch behandelt und durch Suggestion und Hypnose innerhalb weniger Tage von seiner wohl hysterischen Blindheit geheilt, die sich nach dem Erlebnis des Gaseinsatzes bei ihm eingestellt hatte.

Nach 1933 wurden Hitlers Krankenpapiere, wo immer sie greifbar waren, im Parteiauftrag eingesammelt. Hitlers Psychiater Dr. Forster verübte im Herbst 1933 Selbstmord. Fast 90 Jahre später konnten deutsche Psychiater[63] herausfinden, dass Hitler – wie viele andere Kriegsteilnehmer – an einer „posttraumatischen Belastungsstörung" gelitten hatte.[64] Es zeigten sich nach 1918 Weltkriegs- und Einsatzfolgen, an denen neben Hitler eine nicht gezählte Anzahl seiner Gefolgsleute gelitten haben musste. „Im Gegensatz zur damals allgemein anerkannten Vorstellung trug das ‚Fronterlebnis' keineswegs zur Reifung der Persönlichkeit bei. Im Gegenteil: Die Heimkehrer von der Front hatten wesentliche Entwicklungsschritte nicht vollzogen, sie waren retardiert und behielten unreife Verhaltensweisen, mit denen sie das Leben auch später bestritten. Kompromissunfähigkeit und Gewaltanwendung blieben ihre bevorzugten Konfliktlösungsstrategien.

Hitler hatte nach 1918 aus Rassismus, Nationalismus, Demokratiefeindlichkeit und anderen negativen Zeitströmungen für sich und andere ein vermeintlich schlüssiges Weltbild zusammengesetzt, das den Ängsten und der Verunsicherung vieler Zeitgenossen Rechnung trug. Er hatte die Gabe, diese Vorstellungen einer wachsenden Anhängerschaft zu vermitteln. Mit dem hypnotischen Redestil eines Menschen, der seit Pasewalk glaubte, auserwählt zu sein, erreichte er gerade die Frontkämpfer des Ersten Weltkrieges" (Ende Zitat Lankheit).

Die ehemaligen Frontkämpfer erkannten nicht die Hintergründe und die psychiatrische Relevanz der Veränderungen seines Wesens seit Pasewalk. Sie multiplizierten seine Überzeugung, weil sie die zum politischen und militärischen Massenmord bereite Brutalität seiner Lehre nicht erkannten. Sie halfen ihm infolgedessen bei einem Krieg, der 50 Millionen Menschen das Leben kosten sollte.

Welche Grundlagen aber brachte Kuhfahl mit, um als Verantwortlicher für die weltanschauliche Erziehung der Polizei bestimmt zu werden? Albert Kuh-

---

63 So vor allem der Psychiater Manfred Koch-Hillebrecht, Hitler, ein Sohn des Krieges, Herbig, München 2003
64 Klaus A. Lankheit, Hitlers Therapie, FAZ v. 9.4.2004

fahl war bei Kriegsende 1918 gerade 14 Jahre alt. Er lebte nicht traumatisiert durch den Krieg und weit ab vom Nachkriegschaos bürgerlich behütet, wenn auch in einer latent defekten politischen Gesellschaft, die am Brodeltopf der kriegsgeprägten und niedergeschlagenen Herrenmenschen saß. Er selbst fühlte sich wohl in den bündischen Jugendgruppen, eingesponnen in eine friedliche christlich bestimmte Jugendwelt. Er war und blieb unbewusst Zeit seines Lebens auf der Suche nach der „Blauen Blume", dieser von ihm romantisch erlebten Jugendzeit. Nach seinen Neigungen und Veranlagungen war er ein musischer Mensch, der glücklich war, wenn er eine Geige spielen durfte. Er war durch Hitlers Fanatismen nicht zu erreichen, weil er andere Interessen hatte und andere Prioritäten setzte. Kuhfahl ging gern ins Theater.

In Oldenburg hatte er daher so oft wie möglich den „Polizeilichen Präventionsdienst" im Theater übernommen. Er nutzte – wann immer er konnte, auch gern mehrfach – einen der beiden für die Beamten des präventiven Feuerwehr- und Polizeidienstes reservierten kostenlosen Theaterplätze. Er freute sich seiner Sparsamkeit und genoss die Aufführungen. In seinem Nachlass fanden sich Stapel von Noten (Solo-Sonaten von J.S. Bach, Duette des englischen Komponisten Purcell, Geigenschulen sowie barocke und klassische Musik für Violine und Klavier), Klavierauszüge von Bachkantaten und Oratorien, vier Bände „Alte Madrigale" für chorisches Singen. Seine viel benutzten Lieder- und Notenbücher standen 50 cm breit im Oldenburger Bücherschrank. Er sammelte die Textbücher des Reclam-Verlages, Haydns „Vierjahreszeiten", „Iphigenie in Aulis", „Die Zauberflöte", „Die Hochzeit des Figaro", „Rigoletto", „Der Troubadour", „Aida", „La Traviata", „Der Wildschütz", „Zar und Zimmermann", „Der Waffenschmied", „Undine", „Peer Gynt", Wagners „Tannhäuser", „Der fliegende Holländer", „Die Meistersinger von Nürnberg", „Die Walküre", „Siegfried", „Carmen", „Tiefland", „Die Boheme", „Die Fledermaus" u.a.m. und konnte sich an den Texten und Melodien, die er vom Blatt las, erfreuen. In der Welt der Musik, der Opern, des dramatischen Theaters fühlte er sich vorbehaltlos wohl. Er genoss die gepflegte konservierte Sprache der Bühne.

In seiner Familie wurde regelmäßig gesungen. Wenn Kuhfahl nicht dienstlich verhindert war, brachte das Ehepaar abends die Kinder gemeinsam zu Bett. Er begleitete die kindgemäßen Gute-Nacht-Lieder auf der Laute („Der Mond ist aufgegangen", „Kein schöner Land", „Gute Nacht, Kameraden", „Müde bin ich, geh' zur Ruh'", „Öwer de stillen Straten", „Weißt du, wieviel Sternlein stehen"). Für die Kinder durfte kein Tag ohne dieses abschließende gemeinsame Singen mit den Eltern enden. Die Lieder waren wie gemeinsame Nachtgebete. Sie harmonisierten den Tag und schenkten Ruhe.

Die Hausbibliothek im Übrigen umfasste alle Goethe-Bände, sämtliche Werke von Möricke, von Schiller, Hebbel, vier Bände Shakespeare, Keller, Hauff, Geibel. Conrad Ferdinand Meyer und Theodor Storm waren vorhanden und die Bücher von Stählin, Kinau und Sapper. Das „politischste" Buch war „Volk ohne Raum" von Hans Grimm, das offenbar vom betulichen Inhalt und barocken Erzählerstil her das wichtigste Buch für den Hauptmann war. Das Buch hat in seinem Haus die Zeitläufe überstanden. Sein Text ist stellenweise unterstrichen, hervorgehoben, durch eingeklebte Anmerkungen, Zettel mit Kurzfassungen wie für vorbereitete Referate aufgearbeitet. Das Buch hat gewiss beim Weltanschaulichen Unterricht in den Niederlanden eine wichtige Rolle gespielt.

Es hing in seiner Wohnung kein Hitlerbild. Hitlers Bild spielte keine Rolle im Alltag der Kuhfahls. Hitler war für die Kuhfahls nicht der alles beherrschende, jedes in jedem bestimmende Führer, sondern neben ihrer eigenen vaterländischen, evangelischen Welt ein anderer.

Der Gedanke des Volkes ohne Raum aber schien Kuhfahl zu faszinieren. Liest man das Buch von Grimm heute, so wird aus einem weiteren Grunde begreifbar, warum Kuhfahls Offizierskameraden in Nimwegen den gelassen auftretenden Mann den „Apostel" nannten. Er war der sanfte Prediger mit den runden Worten, der als gelernter Pädagoge nach Weisung und nach gewollten Vorgaben weltanschaulichen Unterricht zu erteilen hatte, der aber offenbar weit hinter den verlangten rassenkämpferischen Blut-und-Boden-Theorien zurück blieb. Er konnte nicht anders und wollte nicht anders unterrichten Dabei hielt er sich möglicherweise in der Sprache des Hans Grimm auf.

Er war schon während seiner Oldenburger Zeit (12.9.38–27.4.1943) als für die „Weltanschauliche Schulung" der Polizei im Oldenburger Land verantwortlich benannt. Auch später, bei seiner Verwendung im Stab des Befehlshabers der Ordnungspolizei der Niederlande, übernahm er diese Aufgabe bis zu seiner plötzlichen Degradierung.

Kuhfahl war seiner Natur und Ausbildung nach ein wortgewandter Lehrer, der sich ständig bemühte hinzuzulernen, wenn er merkte, dass sein verfügbares Wissen nicht ausreichte. Seine emotionalen und auf den NS-Themenkomplex bezogenen Grenzen und hier die Beschränkung seines NS-Fachwissens ließen sich an der von ihm in Oldenburg (als „Fachliteratur") benutzten Büchern erkennen. Ihm stand die Bibliothek der Schutzpolizei in Oldenburg-Stadt zur Verfügung, doch konnten ihm die von dort kommenden Informationen bei der weltanschaulichen Schulung seiner Ansicht nach nicht sehr nützlich sein.

Man hat heute aus seinem Lebenslauf heraus den Eindruck, dass gerade die sanfte Fülle und die gepflegte Hülle der ihn umgebenden bürgerlichen Kultur ihn vor dem Absturz in den weltanschaulichen Nonsens bewahrte. Bei ihm kam Hitler nicht an.

Hitler hatte unmittelbar nach dem Ersten Weltkrieg als politischer Redner die suggestive Macht des gesprochenen Wortes in Massenversammlungen und in kleinen politischen Zirkeln erlebt. Er hat bekanntlich die vor Ort an sich selbst erfahrenen Methoden der Massensuggestion bis in seine letzten Bunkerstunden hinein teils unbewusst, teils bewusst benutzt.

Er erkannte instinktiv die Magie des gedruckten Wortes, die er in seine Pläne zum psychologischen Einfangen von politisch hoffenden, führungslos verzweifelten, wirtschaftlich deprimierten Menschen oder auch vaterländisch begeisterten Bürgern einbaute und systematisierte.

Hitler war, das wissen wir heute, ein rücksichtsloser, prognoseschwacher, weil illusionär und durch Fanatismus verblendeter säkularer Autodidakt, ein totalitär denkender, nationaler Sozialist mit schwärmerisch-verschwommenen brutal darwinistischen Irrationalismen. Er hatte erkannt, wie wichtig es für die Meinungsbildung und den Glauben der Menschen ist, ihnen eine zukunftweisende Hoffnung zu vermitteln. Deshalb hämmerte er ihnen den Glauben an ein „Tausendjähriges Reich" ein. Das sollte dadurch geschehen, dass den Volksgenossen die erforderlichen Tatsachen immer wieder und wieder (und geschehe dies auch in der Einkleidung von Scheintatsachen, auch als Parolen) vorgeführt wurden. Hitler wollte die Weltsicht, die Weltbetrachtung, die Weltanschauung der Deutschen und der Menschen in einem „arischen Europa" vom Christentum losgelöst in seinem Sinne verändern.

Die Mitglieder der regimetragenden Kräfte und der machthabenden Organisationen (allen voran „seine Elite") mussten in ein einheitliches, regimekonformes, führertreues, staatstragendes Denken hineinwachsen und selbst in Stunden größter Not ohne Zweifel und Zögern an der gewonnenen wahnhaften Überzeugung irrational und fanatisch bis in den eigenen Tod festhalten. Und sie sollten als Vertreter der Herrenrasse diese Überzeugung gegenüber unterlegenen Völkern sozialdarwinistisch entschuldigt, rücksichtslos durchsetzen. Und sie mussten vor allem bereit sein, für die befohlenen Ziele zu sterben, denn „Du bist nichts, Dein Volk ist alles", wie die Kinder in der Hitler-Jugend schon lernen mussten.

In der nie definierten „Weltanschaulichen Schulung" sah Hitler ein Mittel, die Masse der ihm zunächst begeistert folgenden Deutschen zu beeinflussen. Am 8.1.1944 erließ er aus dem Führerhauptquartier neue „Richtlinien für die weltanschauliche Schulung und Erziehung der Ordnungspolizei", in denen er – unter Aufhebung seines gleichgerichteten Erlasses vom 2.6.1940 – die Intensivierung der Schulung befahl. Er sprach darin vom „erbittert und erbarmungslos geführten Krieg" und dem entscheidenden Ringen zweier völlig entgegengesetzter Weltanschauungen und dass beide Seiten sich auf dem Höhepunkt ihrer militärischen Rüstung befänden. „Entscheidend für den Erfolg bleibt aber immer der Mensch, der Soldat, der Kämpfer. Wer den reinsten Willen, den tapfersten Glauben und die fanatische Entschlossenheit in den Kampf zu werfen vermag, dem wird schließlich der Sieg gehören." Von den Truppenführern forderte er: „Der Offizier muss auch auf weltanschaulichem Gebiet aktiver Vorkämpfer sein und seine Soldaten zu überzeugten und unüberwindbaren Kämpfern für unser großes germanisch-deutsches Reich im Sinne unserer nationalsozialistischen Weltanschauung erziehen können. Diese politische Schulung ist ebenso kriegsentscheidend wie die Ausbildung an der Waffe."

Wesentliche Kerngedanken des ausfüllungsbedürftigen stimmungspathetischen Wortgeklingels der NS-Glaubenslehre, die Millionen Menschen in Tod und Vernichtung führte, tauchen in diesem Hitler-Brief auf. Auf dem Wege zu einer bedingungslos gefolgstreuen Nation wurden die jungen Führer der Hitlerjugend mit der Zeitschrift „Wille und Macht" beliefert, die Wehrmacht mit dem Informationsdienst für den Einheitsführer „Der politische Soldat". Für die Ordnungspolizei gab es die DIN-A5-großen Mitteilungsblätter für die weltanschauliche Schulung „Die Zeit und wir". Es wurde der NS-Führungsoffizier als politischer Trommelschläger in der Wehrmacht installiert. Die weltanschauliche Berieselung – insbesondere die Saga vom überlegenen nordisch-deutschen Menschen – erfasste alle Bereiche des öffentlichen Lebens. Symbolträchtige Zeichen und mythische Quellen begleiteten die Kolonnen der Hitlerjugend und die Vorstellung von Großdeutschland, vom ewigen Reich aller Deutschen, das tausend Jahre bestehen werde. Im Verhältnis zum Schicksal der Nation sollte das persönliche Einzelschicksal unbedeutend sein und keine Rolle spielen. „Unsere Fahne flattert uns voran ..., ... denn die Fahne ist mehr als der Tod", sangen die an den stolzen Eltern vorbeiziehenden Kolonnen der Hitler-Jugend.

Im Laufe des Krieges wurde die Bereitschaft zum soldatischen Opfertod zum Hauptgegenstand der weltanschaulichen Schulung. Es wurde der römische Heroenspruch wiederholt, demzufolge es süß und ehrenvoll sei, für das Vaterland zu sterben.

Geheilte Zeitzeugen wissen heute aus der zurückbesinnenden Selbstbeobachtung von der blindmachenden Indoktrination zu berichten, von den psychologischen Vorbereitungen zum furchtlosen Angriff gegen feindliche Stellungen, wenn und weil es galt, das Vaterland zu retten, das Vordringen der Feinde auf deutschen Heimatboden zu verhindern, Frauen und Kinder zu schützen und um – paradoxerweise – selbst zu überleben.

Um das vorchristliche mythische Hakenkreuz, dem Sonnensymbol, zentriert, gab es die bei Hunderttausenden akzeptierte und verinnerlichte, irrationale Überzeugung, das von Hitler versprochene Tausendjährige Reich sei nur möglich, wenn alle Juden aus der Welt verschwunden seien. Deshalb musste jeder gute Deutsche ein Judenfeind sein. Die aberwitzige Ansicht wurde durch die weltanschauliche Schulung und von allen Medien als staatstreu, richtig und notwendig verbreitet. Sie wurde eine der Hauptursachen für den Holocaust. Von daher gewann die „Endlösung der Judenfrage" ihre zentrale Bedeutung in der Strategie der nationalen Braunhemd-Sozialisten.

Georg L. Weinberg[65] bezeichnete die Entwicklung zu diesem Endziel, nämlich der Übereinstimmung zwischen Jahrtausendherrschaft und Judenvernichtung, als den „nationalsozialistischen Konsens". Diese Übereinstimmung wurde von der politischen Führung mit allen Mitteln der Indoktrination und auf allen Wegen mit dem besserwissenden Eifer blind-fanatisch überzeugter Reformatoren angestrebt.

Die Indoktrination der Volksgenossen erfolgte klein dosiert und war auf Dauer angelegt. War das Informationsmaterial bei distanzierter, kritischer Durchleuchtung noch so wirr und scheinbar nebensächlich oder abstrus: Es wurde dann als geeignet angesehen, wenn es die Menschen für die Generallinie gewann. Unter diesen Gesichtspunkten konnte auch ein erlebnisreiches, spannendes Buch von Luis Trenker die weltanschauliche Kaltbiegung und die richtige Gesinnung fördern. Deshalb wurden selbst die entspannenden, gemeinsam erlebten Stimmungen der Freizeitveranstaltungen („Kraft durch Freude") und die erhebenden, lobenden Betriebsfeiern als Methoden angesehen, mit denen sich der nationalsozialistische Konsens fördern ließ.

---

65 Georg L. Weinberg, Eine Welt in Waffen. Die globale Geschichte des Zweiten Weltkrieges, Stuttgart, 1995

Um die weltanschaulichen Lehren vertreten zu können, genügte es nicht, ein guter Lehrer und Wissensvermittler zu sein, wie Kuhfahl es war. Der weltanschauliche Gefühls- und Wissensvermittler musste selbst durchdrungen von der NS-Lehre sein und im Sinne dieser Übereinstimmung handeln und lehren. Wenn er nicht innerlich ganz von diesem Konsens erfasst war wie von einem inneren Feuer, konnte er die Menschen nicht überzeugend weltanschaulich beschulen und beeinflussen.

Kuhfahl stand nicht im Konsens mit dieser zentralen, antichristlichen antijüdischen Zielsetzung des sich überhebenden NS-Regimes. Das ergab sich aus seinem Verhalten – oder besser gesagt: aus seinem Enthalten – und seinen Äußerungen. Er hielt sich instinktiv aus dieser unfrei machenden Übereinstimmung fern, die seinem ganzen Wesen nach nicht zu ihm gepasst hätte. Er war ein grundchristlich formierter Schutzmann der Bürger und kein indoktriniertindoktrinierender Parteipropagandist. Der seinem Wesen nach stille Mann konnte keine Gewalt gegen bestimmte Menschengruppen predigen. Er wollte allen Leuten helfen.

XXIV. Die „Weltanschauliche Schulung" der Schutzpolizei

Vom Chef der Ordnungspolizei in Berlin wurde das die weltanschauliche Ausbildung grundsätzlich regelnde Führerschreiben vom 8.1.1944 (mit den Ausführungen dazu) seltsamerweise erst am 6.10.1944 bekannt gegeben. Kuhfahl hat nach diesen Richtlinien, die ihm zwangsläufig unbekannt blieben, nie gearbeitet. Der sich abzeichnende Zusammenbruch der militärischen Macht und damit des deutschen Reiches kümmerte die feldbraunen Theoretiker anscheinend nicht.

Hitler erinnerte daran, die seelische Kampfkraft des Heeres dürfe nicht nur auf blindem Gehorsam gründen, sondern auch auf einer das „Woher" und „Wofür" erkennenden Kampfentschlossenheit. Die Richtlinien forderten deshalb, dass jeder Offizier, Unterführer und Mann der Ordnungspolizei selbst eine klare und eindeutig politisch-weltanschauliche Haltung und Ausrichtung zeige und darüber hinaus in der Lage sein müsse, die Menschen seines Wirkungskreises politisch zu beeinflussen und zu führen. Die Handlungsanleitung sah vor, dass die Truppenbetreuung und die Feiergestaltung die informierende politisch-weltanschauliche Schulung ergänzen sollte. Es waren Tages-, Wochen- und Monatsschulungen und Lehrgänge vorgesehen. Selbst während des Fronteinsatzes, gerade „in ernsten und schwierigen Lagen", sollte die weltanschauliche Schulung („anfeuernde und aufrichtende Worte seines Führers") nicht versäumt werden.

Als Schulungsunterlagen sollten benutzt werden „Führungshinweise", die Wochenzeitung „Das Reich" und die SS-Zeitung „Das Schwarze Korps", Adolf Hitlers „Mein Kampf", die Mitteilungsblätter der Ordnungspolizei, die „Schriftenreihe", die „SS-Leithefte" und die vom SS-Hauptamt herausgegebenen Schriften, die Bücherei des Offiziers für weltanschauliche Schulung beim Befehlshaber der Ordnungspolizei, die Büchereien in den Standorten und „Neue Gemeinschaft".

Da Kuhfahl am 13.4.44 abgelöst wurde, kannte er die erst im Oktober 1944 an die Exekutivpolizei herausgegebenen Richtlinien nicht. Seinen Planungen lagen die „Richtlinien für die Durchführung der weltanschaulichen Schulung der Ordnungspolizei während der Kriegszeit" vom 2.6.1940 zugrunde.[66]

Die Bibliothek (Schulungsbibliothek) der Schutzpolizei in Oldenburg besaß im November 1943[67] 30 Bücher, die Gendarmerie des Landes Oldenburg weitere 55 Bücher, die für eine weltanschauliche Schulung als geeignet im weitesten Sinne angesehen wurden. Abgesehen von vier Ganghofer- und Luis-Trenker-Titel und zwei lehrreichen Büchlein über die „Süßwasserfische in unserer deutschen Heimat" und „Fischfang im Binnenwasser" waren die Bücher anscheinend erst im Laufe des Krieges angeschafft worden. Sie betrafen in der Mehrheit Abhandlungen gegen die deklarierten Reichsgegner: die Plutokraten, die Juden, die Amerikaner, Engländer, Franzosen, Russen, sowie Kampfbeschreibungen, Berichte der Waffengattungen. Sie sollten nicht nur informieren,

---

66 RFSSuCdDtPol O-Kdo. WE (1) Nr. 104/1940; zitiert nach Matthäus u.a. „Die Judenfrage als Schulungsthema von SS und Polizei" in: Ausbildungsziel Judenmord? Fischer, Frankfurt, 2003, S. 35 ff. (63)
67 Nach einer im Staatsarchiv Oldenburg Az. VI-88-71 F III/170 erhaltenen Liste

sondern einseitige Ansichten färben, Meinungen formen, Abneigungen produzieren und zum Kampf gegen die „Mächte des Bösen" motivieren. Politisch prominente Verfasser waren nur durch ein einziges Buch von Goebbels vertreten. Es ließ sich im Jahre 2004 nicht mehr feststellen, wer die Titel auswählte und diese Bücher nach und nach anschaffen ließ. Wahrscheinlich war es der Chef der Schutzpolizei selbst, der auch bei anderen Aktivitäten der weltanschaulichen Schulung deutlich dominierte.

Da die weltanschauliche Schulung offenbar auf einem weitgehend selbst zu erarbeitenden kruden, vordergründigen Sammelwissen unterschiedlichen Niveaus beruhte, konnte mit Hilfe solcher Bibliotheksinhalte das Großdeutsche Reich geistig kaum gerettet und der Sieg im intellektuellen Niedrigflug dieser Art nicht gesichert werden. Auch die „von Berlin" gelieferten Schulungsmaterialien waren nicht besser. Es genügte, wenn sie das eigenständige Nachdenken verhinderten oder fehlleiteten.

Matthäus hat in seiner ausgezeichneten Darstellung der NS-Weltanschaulichen Schulung darauf hingewiesen, dass selten mit dem Holzhammer indoktriniert wurde. Das System bediente sich in geschickter Weise subtilerer, auch vordergründig ideologieneutraler Methoden der Wissensvermittlung und Beeinflussung. Die antisemitische Propaganda bedurfte höchst selten blutrünstiger Hasstiraden, um im Massenmord zu enden. Es genügte ein oberflächliches Scheinwissen, z.B. über „den Juden" als vorangestellter Sündenbock. Es genügte die Ausnützung der Befehlsgebundenheit, die das Nachfragen unterband und die NS-Richtung angab. Für einen solchen Umgang mit Buchinhalten war der verantwortungsbewusste Kuhfahl zu sensibel und zu menschenfreundlich. Der Bucherfahrene las andere Werke.

Nach dem Ende der NS-Herrschaft waren solche Bücheransammlungen aufzulösen. Das Verzeichnis der auszusondernden Literatur, das von der Deutschen Verwaltung für Volksbildung in der sowjetischen Besatzungszone 1946 veröffentlicht wurde, umfasste rd. 13.860 Titel, die aus dem öffentlichen Bildungssystem entfernt werden mussten. Sie standen der Umerziehung der Deutschen zur Demokratie im Wege. Die bei der Polizei in Oldenburg ausgesonderten Bücher waren alle nach 1933, überwiegend in den Kriegsjahren erschienen. Über den Vollzug der Unterrichtstunden hatte die Oldenburger Polizei dem Höheren SS- und Polizeiführer in Hamburg zu berichten (ab Dezember 1941 nur noch halbjährlich). Die Berichte unterschrieb der Kommandeur der Schutzpolizei, nicht Kuhfahl. Die erhalten gebliebenen Tätigkeitsberichte im Oldenburger Staatsarchiv tragen nicht einmal Kuhfahls Diktatzeichen. Zweimal wöchentlich (Montag und Mittwoch, von 09.00 bis 19.15 Uhr) hatten reichseinheitlich die Revierführer ihre Untergebenen zu schulen. Zur Wochenschulung erhielten die Beamten Mitteilungsblätter, die „im Allgemeinen eifrig gelesen werden" (z.B. Bericht v. 30.12.41). Bei der Monatsschulung folgten die „Männer in reger Mitarbeit und Teilnahme" dem Vortrag des Offiziers der Ordnungspolizei (entweder Hauptmann Schmidt oder Leutnant Meyer, beide Oldenburg). „Sie nehmen den oder die entwickelten Grundgedanken als Wahrheit und Richtschnur mit." Als Schulungsmaterial standen das Redner- und Informationsmaterial der NSDAP zur Verfügung, ferner die Zeitung „Der Völkische Beobachter", „Das Reich", die Heimatzeitungen, die Mitteilungsblätter der Ordnungspolizei und die Mitteilungen des Rundfunks, ferner die SS-Leithefte. Im Bericht vom 25.3.1942 lobte die Polizei in Wilhelmshaven die „besonders wertvolle Tagesschulung, weil sich dann die Beamten im kleinsten Kreis mit ihrem Dienststellenleiter über die neuestens politischen und militärischen Ereignisse aussprechen und Zweifelsfragen geklärt werden können".

Die WA-Schulung wurde offenbar von den Polizeibeamten – in der Mehrzahl eingezogene Polizeireservisten – insoweit begrüßt, als die Vorträge Gelegenheit für ein paar ruhige Zuhörstunden außerhalb der Dienstlast boten. Die Gendarmerie, deren Beamten im ganzen Lande immer schon wesentlich selbständiger handeln und offenbar auch denken konnten als die Schutzpolizei in den Städten, kritisierte gelegentlich die WA-Beschulung. Die Stoffsammlungen seien zu umfangreich (Bericht v. 28.3.1942 durch den Kommandeur der Gendarmerie im Lande Oldenburg). Ein Gendarmeriehauptmann mokierte sich (am 28.3.1942) über das Lehrmaterial: „Es dürfte m.E. ganz unbedeutend sein, wie der Kommandant der amerikanischen Flotte hieß, der im Jahre 1853 vor der japanischen Küste erschien und Japan veranlasste, die Häfen zu öffnen. Der Mann (der Polizeibeamte; d. Verf.) kann sich auch keine Vorstellung machen, wenn ihm gesagt wird, dass der Pazifik 179.000.000 Quadratkilometer groß ist. Auch die ergänzende Angabe, dass alle fünf Erdteile in ihm Platz hätten, erfüllt nicht den gewünschten Zweck, weil der einfache Mann auch keine Vorstellung von der Größe der Erdteile hat." Und der nachdenkliche Berichterstatter, der gewitzte Gendarm, der den Tätigkeitsbericht „in Vertretung" unterschrieb, bot eine unterschwellig zum Nachdenken anregende Relation an: Der Referent solle zur Darstellung der Größenverhältnisse erklären, wie oft Deutschland oder Europa auf der Pazifikfläche Platz hätten (ein möglicherweise heikler Denkanstoß!). Am Ende regte der Kritiker scheinbar handzahm an, solche Sätze zu vermeiden wie: „Zu den wirtschaftlichen Reserven Japans zählen auch die in den letzten 20 Jahren erfolgten Steigerungen des potentiel de guerre". Statt dessen sollte ein auch dem nicht fachschulmäßig gebildeten Wachtmeister verständlicher Sinn gewählt werden.

Die Gendarmerie, die sich anders als die Schutzpolizei rekrutierte, war offenbar häufiger und anderenorts auch kritisch gegenüber der weltanschaulichen Schulung, wie Matthäus weiß:[68] „Appelle an die Sosnowitzer Schutzpolizisten, ihre bisherige Gleichgültigkeit aufzugeben und sich reger zu zeigen oder dem Unterricht eine stärkere kameradschaftliche Note zu geben, erzielten ebenso wenig sichtbare Effekte wie die Drohung, die Kategorie ‚Nationalsozialistische Haltung' bei Beurteilungen schärfer anzuwenden." Als 1940 die Gendarmerie von Lublin vierteljährlich – wie alle anderen Polizeieinheiten auch – über die „Durchführung der weltanschaulichen Schulung (Erziehung)" zu berichten hatte, entsprach sie dieser Pflicht, indem sie – wie auch in den folgenden drei Jahren – formelhaft-nichtssagende Inhalte „nach oben" sandte. „In schöner Regelmäßigkeit und unter Verwendung immer gleicher Floskeln wurde betont, wie wichtig die Schulung sei („wird für erforderlich gehalten", „ist nicht mehr wegzudenken", „ist Allgemeingut"). Gleichartige Verhaltensweisen und

---

68 Matthäus, a.a.O., S. 79

Inhalte zeigen die nicht vollständig erhaltenen Berichte aus dem Oldenburger Raum. Wenn dann in einem Lubliner Bericht Anfang 1942 geschrieben wurde, der Unterricht trage dazu bei, die Männer für die Durchführung ihres schweren Dienstes zu härten, dann bezog sich diese „Diensthärtung" wahrscheinlich auf die Deportation und Erschießung von 30.000 Juden im Frühjahr 1942, an der die in Organisation und Befehl eingebundenen Polizeibeamten von Lublin beteiligt wurden.

Oft waren die Vorgesetzten, die einmal im Monat 45 Minuten WA-Unterricht erteilen sollten, selbst verhindert. Die Schulungsvorträge fielen deshalb aus oder wurden verschoben. Auch fehlten Männer bei den Dienstversammlungen. Bei späteren Vollzugsberichten wurde nur floskelhaft und erkennbar unwillig auf die Berichte der Vormonate verwiesen. Das war die Zeit, in der der Slogan „Räder müssen rollen für den Sieg" die zielgerichtete Dynamik aller staatlichen und privaten Bemühungen umriss. Die WA-Schulung wurde von den exekutiven Mannschaften für nicht so wichtig gehalten. Vorsichtigerweise wurde sie aber auch von den Kritikern der WA-Schulung selbst dann noch zum eigenen Schutz gelobt, als die verlogene Darstellung der Lage offensichtlich und die idealisierten weltanschaulichen Ziele als übertrieben, unecht und verlogen erkannt waren. So schrieb das Kommando der Schutzpolizei in Oldenburg noch am 23.2.1945 mit der bekannt permanenten Aufrichtigkeit solcher Schutzpolizei-Berichte siegfriedstrahlend, aber zwergenschlau in den sich abzeichnenden Reichsuntergang hinein: „Durch die weltanschauliche Erziehungsarbeit in der Tages- und Monatsschulung, die durch die seit einiger Zeit eingehenden Führungshinweise, Ic-Nachrichten und Propagandahinweise wesentlich erleichtert wird, haben Offiziere, Unterführer und Männer eine feste Haltung erlangt, die auch durch die jetzige kritische Lage an den Fronten im Westen und Osten nicht beeinträchtigt werden konnte."

Bei der Durchsicht der Berichte und Protokolle fällt auf, dass bei Standortbesprechungen der Schulungsredner Hauptmann Kuhfahl nie anwesend war. Wenn er da war, wurde sein Auftreten besonders vermerkt. Am 9.11.42 referierte Kuhfahl über die „Atlantische Seegeltung", ab 16.12.42 über „Die lebensgesetzlichen Grundlagen der nationalsozialistischen Weltanschauung". Ab 16.1.1943 war das Thema „Der Kampf um das Reich" auf der Tagesordnung und ab 16.2. das Thema „Der totale Krieg". Zu diesem Thema wurde der Text mitgeliefert, damit das Ziel, nämlich die eloquente „Sicherstellung des Sieges", durch selbstentwickelte, unbeholfene Texte der vermutlich auch überforderten Vortragenden nicht verwirrt werden konnte. Dienstanweisungen für Schulungskräfte und das Merkblatt (vom 1.6.1942) für „Weltanschauliche Schulung" zogen die entsprechenden Stützstangen in die Argumentation ein. Danach stellte die Tagesschulung auf die „Erziehung zum politisch geschulten Willensträger ab, der besonders im Kriege aufklärend und beruhigend wirkt". Der Referent sollte vermitteln, dass „neben der Schwere der Zeit die Bedeutung und die Größe derselben erkannt und empfunden werden".

Die Wochenschulung stellte im Jahre 1942 auf die „Heranbildung des soldatischen Kämpfers" ab. Der „kämpferische Mensch" stand angesichts der Lage an den Fronten und im Luftkrieg im Vordergrund. Im Juli 1942 war zu behandeln „Das Kriegsziel der Weltplutokratie" und in Wochenschulungen „Der Osten, das Schicksal des deutschen Volkes". Am 23.7.1942 wurde verfügt, dass auch die Angehörigen der Luftschutzpolizei zu schulen seien (MBliV. S. 1566). Am 8.4. ab 08.00 Uhr sprach Kuhfahl als Schulungsoffizier zur Feuerschutzpolizei, am 6.5. erreichte er 45 Feuerschutzpolizeikräfte (und 55 Polizeibeamte am 5.5.42) mit dem vorgegebenen Thema „Der Krieg ist ein weltanschaulicher Krieg".

Er trat nach Protokolllage merkwürdig selten als Redner auf. Allerdings ist zu bedenken, dass er auch die Arbeiten des Stellvertreters des Schutzpolizeikommandeurs und die immer wichtiger werdende Präventionsarbeit der Luftschutzpolizei neben den Alltagsaufgaben zu erledigen hatte. Von allen Themen, die sich gegen Juden richteten, hielt er sich – das ist heute aus zeitlicher Distanz zu erkennen – offensichtlich fern. Er sprach nicht über Rassenpolitik und verblieb offenbar seinem Lebensentwurf entsprechend in einem vertretbaren Rahmen, der eine nachplappernde Agitation und tatsachenferne Politschwärmerei ausschloss. Seine nicht tönende, zurückhaltende Art und die Inhalte seiner Vorträge genügten erkennbar nicht voll den politischen Hochvorstellungen der Schutzpolizeiführung.

Nach 16-monatiger Zusatzleistung als weltanschaulicher Beschuler wurde er am 5.9.41 als „zur Beförderung zum Major noch nicht geeignet" beurteilt. „Voraussichtlich in zwei Jahren" sei er geeignet. Zum „Julfest 1942", wie das christliche Weihnachtsfest damals in NS-Organisationen germanisiert umbenannt worden war, wurde er durch den Kommandeur der Schutzpolizei aber tröstlich gelobt, weil er die „Weltanschauliche Schulung" in „vorbildlicher Weise und mit gutem Erfolg" durchgeführt habe. „Er hat sich um die weltanschauliche Erziehung der Ordnungspolizei sehr verdient gemacht und verdient Anerkennung." Die Schutzpolizei schenkte ihm deshalb das Buch von Haushofer, „Deutsche Kulturpolitik". Allerdings erhielten auch die übrigen an der Beschulung beteiligten Offiziere der Schutzpolizei bei dieser Gelegenheit („Pfefferkuchentermin") solche Lobsprüche und Dankbücher, die für „Soldaten der Heimatfront" psychologisch bedeutsam waren.

„Nach dem deutschen Überfall auf die Sowjetunion am 22.6.1941 gewann der europäische Krieg eine neue Dimension. Die fast zweijährige Abstinenz ideologischer Polemik zwischen Berlin und Moskau endete abrupt", schreibt Jürgen Förster.[69] Die „Waffe Weltanschauung wurde seither mehr als zuvor von der politischen und militärischen Führung als zusätzliches taktisches Mittel eingesetzt", so Förster. Es scheint, als sei die Polizei Oldenburg von den daraus resultierenden und befohlenen politischen Intensivierungsversuchen wenig berührt worden.

Leider sind die Manuskripte der wenigen Kuhfahl-Referate nicht erhalten. Er scheint immer frei anhand von vorbereiteten Stichworten gesprochen zu haben. Seine Bemühungen insgesamt aber wirken eigentümlich unbeteiligt mit Enthaltsamkeit gegenüber manchen Themen. Er mied die kirchenfeindlichen Themen und kritischen Alltagsbemerkungen, überließ die „von oben vorgege-

---

69 Historiker am Militärgeschichtlichen Forschungsamt in Freiburg und Potsdam in seiner Untersuchung „Die weltanschauliche Erziehung in der Waffen-SS" in Matthäus u.a., „Ausbildungsziel Judenmord", S. 87 ff., Fischer, Frankfurt 2003

benen" antijüdischen Referate den anderen Polizeioffizieren, respektierte nach wie vor die evangelische Kirche. Er hatte sich, wie er wohl meinte, eine eigene zugriffssichere Zuflucht geschaffen.

Es gab für den aus dem BdJ hervorgegangenen evangelischen Oldenburger Oberkirchenrat Kloppenburg (†1953), der mit der Familie Kuhfahl vertraut und befreundet war und unbeschadet der Zeitläufe auch ihr nahe blieb, keinen Anlass, mit Kuhfahl wegen irgendwelcher weltanschaulichen Tiraden Gespräche zu führen, wie die geistig und körperlich noch rüstige Witwe Kloppenburgs, 93, am 21.9.2004 dem Verfasser freundlichst erzählte. Keine bemerkenswerten parteiorientierten NS-Propagandareden Kuhfahls sind in böser Erinnerung geblieben. Auch der 80-jährige noch hellwache Zeitzeuge Jürgen Ulpts, Polizeibeamter a.D. in Oldenburg, konnte sich 2004 an keine Ansprachen, Schulungsreden oder irgendwelche politischen „Scharfmachereien" Kuhfahls erinnern. („Da war nichts!")

Der Unterschied zwischen dem vom Chef der Ordnungspolizei in Berlin befohlenen Leistungssoll in Sachen WA-Schulung und der tatsächlich in Oldenburg praktizierten Schulungsintensität scheint in der Zeit, da Kuhfahl die Verantwortung trug, beträchtlich gewesen zu sein. Es fragt sich, ob die weltanschauliche Schulung neben dem Alltagsdienst in Oldenburg ernst genommen oder nur als befohlene Pflichtübung betrachtet wurde. Die zunehmende Dienstauslastung und die wachsende Personalknappheit ließen den weltanschaulichen Unterricht zum Pflichterfüllungsappell an die jeweils Anwesenden verkümmern. Das Ziel der Beschulungen, (das insgeheim mit immer mehr heimlichen Bedenken zitiert wurde) war „unser Endsieg".

Konnten die weltanschauliche Schulung und das durch sie aufgepfropfte Wissen dem Polizeihauptmann in Weißrussland nützlich und hilfreich sein, seine Zuversicht stützen? Es gibt keine Hinweise dafür. Wahrscheinlich haben ihm die Gedanken an die Familie mehr über Ängste und Nöte hinweg geholfen als die großdeutschen Fahnen- und Germanensprüche und visionären Walhalla-Mythen.

XXV. Die Partisanenlage in Belarus

Kuhfahls zusammengewürfelte, militärisch unerfahrene Einheit, die 3. Kompanie im II. Bataillon bei Dirlewanger, lag in einem Dorf „einige Lkw-Fahrstunden von Minsk" (wie er geschrieben hatte) entfernt, mitten im russischen Partisanenland, wahrscheinlich in Sabolotje vier Kilometer südostwärts von Usda.[70] In diesem „Hinterland", nicht allzu weit entfernt von der vorderen Frontlinie, sollten die Männer militärisch geübt und kriegerisch eingewöhnt werden. Die Dienstpläne lassen erkennen, dass sie als Soldaten noch nicht einsatzfähig waren. Trotzdem sollten sie in kurzer Entfernung hinter der Front notfalls rasch zur Verfügung stehen, falls die Rote Armee durchbrechen würde.

Von „Weltanschaulicher Schulung" war dort nicht mehr die Rede. Vom Weltgeschehen erfuhren die Männer nur zufällig am Rande. Über die Invasionskämpfe im Westen wurden sie bruchstückhaft und verspätet, dazu noch zwangsläufig oder absichtlich unvollständig und falsch informiert. Vom verstärkten Luftkrieg gegen die deutschen Großstädte wussten sie aus den zensierten Meldungen und evtl. aus Minsker Zeitungen. Sie besaßen nur ungefähre, aber keine konkreten Vorstellungen, wie die deutschen Städte nach solchen Luftangriffen aussahen. Sie hätten Protest gejohlt oder wären still eingeschlafen, hätte jemand versucht – wie „der Reichsheini" (Himmler) das gefordert hatte –, ihnen weltanschaulichen Unterricht etwa hinsichtlich der rassischen Überlegenheit des deutschen Volkes über das „minderwertige russisch-asiatische Mischvolk" zu vermitteln. Soweit sie schon im Einsatz waren, hatten sie sich vom Gegenteil der weltanschaulichen Vorurteile überzeugen können. Den Männern, die in den Konzentrationslagern Jahre hindurch geistig unterdrückt und schlecht ernährt worden waren, fehlte es an Wissen und an vielen lebenswichtigen Informationen und Erfahrungen. Sie konnten nicht einmal den Wert ihrer eigenen unzulänglichen Ausrüstung richtig einschätzen, da ihnen die Vergleichsmöglichkeiten zu früheren Ausrüstungen einerseits und die Kenntnis der verbesserten Waffentechniken andererseits fehlten. Sie lebten wie im Sommermanöver zu Kaisers Zeiten, nur unter verschärften Bedingungen.

---

70 Nach Rolf Michaelis, Die SS-Sturmbrigade „Dirlewanger", Michaelis Verlag, 2003, S. 14 ff.

Beim ersten auftauchenden T 34-Panzer würden sich die meisten verkriechen, würden mit instinktivem Restverstand „volle Deckung" suchen müssen, um zu überleben. Oder sie würden sofort überlaufen. Oder sie würden noch rascher sterben. Aber russische Panzer waren „hier in der Etappe" nicht zu befürchten, höchstens Partisanen.

Die Partisanenlage musste den Männern der Brigade schon aus Selbstschutzgründen bekannt sein. War sie den Neuen in vollem Umfang bekannt? Konnten sie die Lage richtig einschätzen und bewerten? Rechneten sie mit den Tricks und der List der Partisanen? Nirgends gab es so viele Partisanen wie in Weißrussland. Nirgends gab es so hohe deutsche Verluste durch Partisanen.

Schon am 3.7.41 – alsbald nach dem deutschen Überfall auf die Sowjetunion – hatte Stalin sein Volk zu einem gnadenlosen Partisanenkrieg gegen die deutschen Invasoren aufgerufen. Er hatte gefordert: „In besetzten Gebieten sind unerträgliche Bedingungen für den Feind und alle seine Helfershelfer zu schaffen. Sie sind auf Schritt und Tritt zu verfolgen und zu vernichten, alle ihre Maßnahmen zu vereiteln." Am 31.Mai 1942 wurde der Zentralstab der Partisanen gebildet. Bis November 1942 stieg die Zahl der Partisanen auf 94.484. Im Januar 1943 gab es mehr als 100.000 und im Januar 1944 fast 200.000 kampfbereite und schon kämpfende Bauern- und Bürgerpartisanen neben versprengten Soldaten. Die meisten operierten in Weißrussland.

Dorthin wurde der unglückselige Polizist Kuhfahl in der Brigade Dirlewanger geschickt. Hier konnte er die in der weltanschaulichen Schulung hervorgehobene „Überlegenheit des deutschen Blutes" in der Praxis eines erbarmungslosen Krieges selbst ausprobieren.

Als Einheit zur besonderen Verwendung war diese Brigade in die Heeresgruppe Mitte eingefügt. In deren Hinterland standen in den Wäldern und Sümpfen nach sowjetischen Angaben abertausende Partisanen, die immer wieder einzelne Überfälle verübten, den deutschen Nachschub überfielen und die Eisenbahnschienen sprengten.

Am 2. Juli 1941 hatte der für Weißrussland zuständige Sekretär der Kommunistischen Partei bereits nach Moskau gemeldet, in den von den Deutschen besetzten Gebieten seien 3.000 Partisanen zurückgelassen worden. Außerdem entsende „die Partei nahezu täglich 200–300 Personen in die besetzten Gebiete, um die Partisanenbewegung zu organisieren".

Im ersten Kriegsjahr gab es keine zentrale Führung der Partisanen. Bis Januar 1943 stieg die Zahl der Partisanen auf mehr als 100.000, ein Jahr später auf 200.000. In Weißrussland wurden große Gebiete von Partisanen kontrolliert. Die deutschen Streitkräfte gingen aus Gründen der Kollektivhaftung und der Abschreckung gegen Partisanen mit äußerster Brutalität und Rücksichtslosigkeit vor. Partisanen galten als kriminelle Banditen. Ab 1942 verwüsteten nach Überfällen durch Partisanen die deutschen Vergeltungsaktionen ganze Landstriche, die als „bandenverseucht" galten. Wie der Historiker Bogdan Musial in seinem Buch „Sowjetische Partisanen in Weißrussland" beschreibt, brannten die deutschen Einheiten Dörfer nieder, ermordeten die Einwohner oder verschleppten sie zur Zwangsarbeit ins Reich und raubten das zurückgelassene Eigentum. Etwa 350.000 Menschen wurden in Weißrussland bei der Partisanenbekämpfung umgebracht (wobei in diesen Zahlen die Massenmorde an Juden unberücksichtigt bleiben). Die Partisanen mussten auf dem Lande leben. Sie entwickelten sich teilweise zu gefährlichen raubenden Banden, auch gegen die eigenen Landsleute. Oft wurden die Dörfer erst von Partisanen ausgebeutet und anschließend von den Deutschen wegen Partisanenunterstützung niedergebrannt.

Am 8.5.43, also elf Monate bevor Kuhfahl nach Weißrussland kam, überfielen Partisanen den Stützpunkt der von den Deutschen aufgestellten einheimischen „Selbstverteidigung" im Städtchen Naliboki, 120 km von Minsk entfernt, töteten 120 Zivilisten, auch Kinder, zündeten die Gebäude an und erbeuteten 100 Kühe und 70 Pferde. Zwei Monate später vernichtete eine deutsche Strafexpedition, was vom Ort noch übrig geblieben war, ermordeten zehn Einwohner und verschleppten 3.000 in die Zwangsarbeit.

Im November 1943 wurde die deutsche Front nördlich von Witebsk durchstoßen und eine Verbindung mit dem Partisanenraum Rossow hergestellt. Die zur Partisanenbekämpfung eingesetzten deutschen Polizei- und Sicherungsverbände wurden durch die „Sonderformation Dirlewanger" im normalen Fronteinsatz bei Dretum und Wewel verstärkt. Die Dirlewanger erlitten höchste Verluste, vor allem unter den erst im Juli 1943 eingegliederten KZlern (BVer und Asoziale). Die Einheit wurde aus dem Fronteinsatz herausgezogen und war seit dem 31.12.43 in Usda und Umgebung untergebracht.

An der Partisanenbekämpfung beteiligten sich mit starken Kräften auch die Einheiten der Geheimen Feldpolizei, die zu dieser Zeit in Weißrussland dem Leitenden Feldpolizeidirektor SS-Sturmbannführer Dr. Bernd Niggemeyer unterstanden, der nach dem Krieg als Abteilungsleiter und Beamter des höheren Dienstes dritter Mann im Bundeskriminalamt Wiesbaden (und Leiter des „Kriminalistischen Instituts") wurde. Durch Lauerspähtrupps und „gewaltsame Erkundungen"[71] wurde der Großeinsatz der kombinierten Streitkräfte flankiert.

Beim Unternehmen „Frühlingsfest" (10.4. bis etwa 12.5.1944) wurden in dem geschlossenen Partisanengebiet um Uschatschi (NNO von Minsk), das aus der Luft mit rd. 180 Versorgungsflügen allein in der Nacht zum 20.4.44 versorgt worden war, die Partisanen von allen Seiten angegriffen. Es wurden zahlreiche Dörfer „entleert", Partisanen und auch Unschuldige erschossen.

Das an die deutschen Einheiten herausgegebene „Merkblatt für die Erfassung der Landeseinwohner und Wirtschaftsgüter beim Unternehmen „Frühlingsfest" regelte sprachverschleiert eiskalt den Umgang mit dem offenen Tod in Weißrussland.[72,73] Der verdeckte Mordbefehl an die Einheiten war im Befehlsjargon der Truppen eindeutig zu verstehen. Er wurde entsprechend aufgefasst und vollzogen. In den Richtlinien hieß es u.a.: „Keine Gefangenen erschießen, bevor nicht durch die Geheime Feldpolizei eine eingehende Vernehmung stattgefunden hat."

Über den Umgang mit der Bevölkerung wurde angeordnet (und somit das befehlsgewohnte Gewissen des einzelnen Soldaten oder Polizeibeamten er-

---

71 So Dr. Niggemeyers monatliche Berichte; hier: April 1944; siehe Bundesarchiv Berlin, Zwischenarchiv Dahlwitz-Hoppegarten, ZM 868 Akte, Film 1080, Bild Nr. 01-
72 Siehe auch Dieter Schenk, Auf dem rechten Auge blind; Die braunen Wurzeln des BKA, Kiepenheuer und Witsch, 2001
73 Michaelis, Die Brigade Kaminski, Michaelis Verlag, Berlin, 1999, S. 160, 162–178

leichtert): „Keine überflüssigen Esser und lästigen Mitbewohner nach rückwärts schaffen! Aber jeden möglichen, das heißt nur gesunde und voll taugliche Arbeitskräfte für die Heimat und für den Stellungsbau erfassen." Und was bedeutet in diesem Zusammenhang für Mütter und Kinder der Befehl: „Mütter von ihren kleinen Kindern nicht gewaltsam trennen"? Als das „Frühlingsfest" abgeschlossen war, hieß es im umfangreichen Abschlussbericht: „Der Gegner wurde aufgerieben. Gefangene konnten nicht eingebracht werden, da sich der Gegner bis zum Letzten verteidigte." Die 17.000 Partisanen hatten in ihrem erbitterten Kampf sogar Schlachtflieger- und Bomberunterstützung erhalten.

Das grüne russische Land war also nicht so freundlich-friedlich, wie Kuhfahl dies im Juni bei strahlendem Sonnenschein und brütender Hitze empfand. Die Männer der erschossenen Frauen und Kinder lauerten als Rächer in den Wäldern. Noch am 26.5.44 war der Stützpunkt der Einheit in Usda in den frühen Morgenstunden von einer starken Partisanenformation angegriffen worden. Sturmbannführer Weise bei Dirlewanger organisierte die Verteidigung und den Gegenangriff, bei dem ein Pak-Geschütz nebst den Pferden und weiterem Kriegsgerät erobert wurden.

Niggemeyer berichtete, im Bereich der Heeresgruppe Mitte sei es im April 1944 zu 723 Gleissprengungen und 12 Reihensprengungen gekommen. Weitere 123 Sprengungen seien verhindert worden. Die Versorgung über die Straßen wurde durch 26 Minenanschläge erschwert. Im Raum von Lida, der kurze Zeit später für Kuhfahl scheinbar wichtig werden sollte, erhielten die polnischen Partisanen aus den in deutschen Diensten stehenden fremdstämmigen Schutzmannschaften durch 170 Überläufer ständigen Zuwachs und aus den Reihen der russischen Hilfswilligen 245 Desertierte. Die Bauern bestellten ihre Felder im Frühjahr 1944 nicht mehr, weil sie das „große Unheil" (eine durch eine Offensive in Bewegung geratene russische Befreiungsfront) vorausahnten. Sie warteten voller menschlich verständlicher Furcht und patriotischer Freude auf den großen Befreiungsschlag der russischen Armee. Sie rechneten deshalb mit weiteren „Evakuierungsmaßnahmen" und Plünderungen durch die Deutschen. Sie wollten wenigstens das wertvolle Saatgut nicht verlieren. Aus den

Westtransporten der eingefangenen Arbeitskräfte (Bauern und Frauen aus den zerstörten Dörfern u.Ä.) entwichen die versklavten „zivilen Arbeiter" zu Dutzenden in die Wälder und schufen neue Unruhe.

Die Partisanen, die von den Deutschen offiziell als „räuberische Banden" bezeichnet wurden, fühlten sich immer sicherer. Sie traten unerschrocken und teilöffentlich auf. Im April sagte ein deutscher fahnenflüchtiger Soldat nach seiner Ergreifung durch die Geheime Feldpolizei aus, den Partisanen sei es im Dezember 1943 und im Februar 1944 gelungen, für 315 Mann jeweils zehn Tage Verpflegung beim Verpflegungslager Smolowitschi zu fassen.

53 Agenten und 13 Saboteure hatte die Geheime Feldpolizei unschädlich gemacht (im Mai 42 Agenten und 43 Saboteure), und 155 Personen wurden exekutiert (im Mai 176, im Juli 265). Im Mai wurden von 7.000 überprüften Personen 453 als Banditen erkannt und erschossen.[74]

Die zentral geleiteten Partisanen waren trotz der erheblichen deutschen Anstrengungen, an denen sich die Soldaten Dirlewangers beteiligten, nicht mehr aufzuhalten. Die Unternehmung „Frühlingsfest" (10.4.–10.5.44) ließ Terror und Gegenterror wachsen. Die Unternehmung „Komoran" (25.5.–26.6.44), durch welche die bei „Frühlingsfest" entkommenen Feindkräfte vernichtet werden sollten, musste abgebrochen werden, weil alle Kräfte zur Abwehr der inzwischen ausgebrochenen russischen Großoffensive benötigt wurden.

Im Juli 1944 zählte die unter Dr. Niggemeyers Führung stehende Geheime Feldpolizei 722 Gleissprengungen, 17 Reihensprengungen, 286 Minenanschläge. Fallschirmagenten setzten die Russen im Mai bei Sluzk südostwärts von Minsk ab, wo Dirlewanger-Einheiten im Quartier lagen. Agenten landeten in Gruppen mit Lastensegler.

In diesem schönen Bauernland bewegte sich der kampferfahrene Schutzmann und Naturfreund Kuhfahl mit seiner Einheit.[75] In der Nacht vom 19. zum

---

74 Der Tätigkeits- und Ereignisbericht für Juli 1944 liegt im Archiv nicht mehr vor und war daher durch den Verfasser nicht auszuwerten.
75 Eine Mannschaftsliste des II. Bataillon Dirlewanger führt ihn als eingegliedert auf; Bundesarchiv – Militärarchiv Freiburg RS 3-36

20.6.1944 endete der halbunruhige Zustand des Landes. Es wurden schlagartig russische Eisenbahnstrecken an mehr als 10.000 Stellen gesprengt und damit die Zulieferungen von Material, Munition, Treibstoff und Soldaten an die deutsche Front unterbrochen. Eisenbahnen, Brücken, Züge flogen in die Luft. Das waren keine unkoordinierten Aktionen einzelner „Banden" mehr, sondern eine aus den unbesetzten Landesteilen heraus strategisch geleitete Kriegshandlung größten Ausmaßes. Wer halbwegs strategisch denken konnte, musste erkennen, dass dies das Präludium zu einer unmittelbar bevorstehenden strategischen Bewegung unübersehbaren Umfangs war, der dem besetzten, ausgeraubten Weißrussland die Befreiung bringen sollte. 374.000 Partisanen standen angriffsbereit.

XXVI. Der russische Befreiungsschlag

Am 6.6.1944 hatte an der Atlantik-Küste mit der Invasion der Alliierten Landungskorps die Befreiung Europas von Westen her begonnen.

Am 22.6. liefen an der Frontlinie in Weißrussland nach heftigen Artillerieschlägen russische Angriffe in Bataillonstärke an. Die vorausgegangenen nächtlichen Truppenbewegungen und Konzentrationen waren wegen ihrer meisterhaften Tarnung von der deutschen Aufklärung nicht erkannt worden. Durch das schwere Artilleriefeuer und den Motorenlärm der Panzer wurden auch die Dirlewanger auf die beginnenden russischen Angriffe aufmerksam. Die dünnen deutschen Verteidigungslinien waren den alsbald immer stärkeren Angriffen nicht gewachsen.

Nach Thielbeer[76] sollte eine „normal abgekämpfte" deutsche Division eine Frontbreite von 25–30 km verteidigen. Sie besaß eine „Grabenstärke" von 50–80 Soldaten pro Kilometer und vielleicht zwei Geschütze und ein oder zwei Sturmgeschütze zur mobilen Panzerabwehr. Pro Kilometer konnten die Russen dagegen an jeder Durchbruchstelle 180 Geschütze und Mörser einsetzen. Die Panzerüberlegenheit im Durchbruchraum betrug etwa 20 zu 1.

---

76 Thielbeer, Der Untergang der Heeresgruppe Mitte, FAZ v. 29.6.2004

Es begann die Schlacht um den Kessel von Minsk, die von dem Militärhistoriker Karl Heinz Frieser, Potsdam, heute wegen der hohen deutschen Verluste als der „Supergau der Kriegsgeschichte" bezeichnet wird. Am 23.6. wurden Angriffe mit Panzerbegleitung bei Witebsk „mit größter Wucht" geführt. Weitere Angriffe liefen bei Orscha und Mogilew „nach zum Teil infernalischen Artillerievorbereitungen, wie man sie im Kriege gegen die Sowjetunion noch nicht erlebt hatte". Am 24.6. folgte bei Brobruisk ein Zangenangriff der Russen. Die „professionell geführten sowjetischen Kräfte" hatten nach Thielbeer das deutsche Kampfprinzip des „Gefechts mit verbundenen Waffen" übernommen. Die konzentrierte, überwältigend starke Artillerie (22.000 Geschütze und Granatwerfer) zerschoss die deutschen Stellungen und zerschlug „mit einer Feuerkonzentration ungeheuren Ausmaßes" Bereitstellungen und vereitelte Abriegelungsgegenstöße. Die Angriffe an den sieben Durchbruchabschnitten von je etwa 15 km Breite stießen mit 2.700 Panzern und 1.355 Selbstfahrlafetten ohne Rücksicht auf Flankendeckung blitzkriegartig in die Tiefe des von Deutschen besetzten Raumes. Feste Plätze wurden umgangen und den nachfolgenden Truppen überlassen. 5.300 Frontflugzeuge sicherten die Luftüberlegenheit. Die Frontflieger hielten die deutsche Artillerie nieder und vereitelten eine erfolgreiche deutsche Verteidigung. Die 20. Panzerdivision, „die einzige wirkliche Reserve der Heeresgruppe", wurde aus der Luft weitgehend vernichtet.

Die deutschen Verluste waren unbeschreiblich. Während sich die Gesamtverluste auf beiden Seiten an der Invasionsfront im Westen vom 6.6. bis Ende August auf 100.000 Menschen beliefen, waren sie beim Zusammenbruch der Heeresgruppe Mitte zehnmal so hoch. Nach Frieser war die Heeresgruppe Mitte seit Frühsommer 1944 nicht mehr operationsfähig. Die III. Panzerarmee besaß keinen einzigen Panzer mehr, hielt aber 60.000 unterernährte Pferde, um überhaupt halbwegs beweglich sein zu können.

Überdies waren die deutschen Generalstäbe auf einen Schlag bei Minsk nicht vorbereitet. Sie erwarteten einen Angriff aus der Frontspitze bei Kowel. Weil aber die sowjetische Armee sich dank ihrer ungeheuren Menschen- und Materialmengen auch verlustreiche Einsätze erlauben konnte, hatte sich die sowjetische Heeresleitung zu dem aufwendigeren Angriff im Raum Minsk entschlossen. Sie hatte durch den Einsatz hochmobiler Angriffskeile ihre Taktik verändert und war damit erfolgreich. Schließlich kam Hitler selbst den Sowjets zu Hilfe, indem er jeden rettenden Rückzug von Heereseinheiten verbot oder sinnlose Gegenangriffe befahl, die zu unhaltbaren Lagen führten. Stück für Stück wurden deutsche Einheiten abgeschnitten, eingekreist und gefangen genommen.

Nach Thielbeer bewegten sich die abgeschnittenen deutschen Armeekorps noch tagelang in „Wandernden Kesseln" nach Westen und versuchten, Anschluss zu gewinnen, um nicht in Gefangenschaft zu geraten. Es bestand kaum noch Funkverbindung. Munition und Treibstoff gingen aus, Panzer, Geschütze und Fahrzeuge mussten aufgegeben und gesprengt werden. Die Fluchtmärsche steigerten sich bis zur Aufgabe der eigenen Verwundeten, ein unvorstellbares, ein schändliches Verbrechen gegen die soldatische Ehre und Kameradschaft durch Menschen, von denen jeder überleben wollte. Pure Angst und panikfördernde Verzweiflung bestimmten die Flucht und die Abwehrkämpfe. 250.000 Pferde gingen in diesen Wochen verloren, die wichtigsten Transportmittel im Krieg und in der sich abzeichnenden Endzeit.

Am 30.6. versuchte die 9. Armee hart südlich von Usda eine Sicherung aufzubauen. Am 1.7. schnitten die sowjetischen Kräfte die einzige für motorisierte Kräfte benutzbare Rückzugsstraße Beresino – Minsk ab. Am 2.7. verzeichneten die deutschen Streitkräfte einen Erfolg: Es konnten 15.000 Soldaten der aus Brobriusk ausgebrochenen Einheiten aufgenommen werden. Am 3.7. fiel Minsk. Ostwärts von Minsk stehende Gruppen versuchten sich durchzukämpfen. Es wurden Auffangstellungen aus Sicherungs- und Polizeikräften und aus den von Minsk nach Nordwesten zurückgehenden Versprengten aufgebaut, und es wurden Sperrlinien organisiert.

Wie verworren die Lage war, zeigte die OKW-Meldung vom 5.7. Danach waren Reste von – benannten – Panzer- und Infanterieeinheiten „im Raum" 40 km und 25 km südostwärts und ostwärts von Minsk „anzunehmen", die sich nach Westen zurückkämpften, aber am 6.7. waren von diesen abgeschnittenen Truppen noch keine Meldungen eingegangen. Es bestand zu ihnen keine Funkverbindung mehr, weil die entsprechende Logistik verloren gegangen war.

Am 7.7. drängte die überlegene russische Kavallerie mit einigen Panzern die schwachen Polizeikräfte und die landeseigenen Verbänden ostwärts von Lida weiter nach Westen zurück. „Südostwärts von Lida, an der Rollbahn nach Grodno" hatte Dirlewanger zu dieser Zeit aus eigenem Entschluss mit dem Aufbau einer Riegelstellung bei Wolkowicze begonnen. Wo genau diese Stellung lag, war den Heeresberichten nicht zu entnehmen und war auch aus den späteren Berichten über Dirlewanger nicht zu schließen.

Auf allen Straßen rückten sowjetische Kräfte in Richtung Wilna vor. Die Stadt wurde am 8.7. eingeschlossen. Gleichzeitig durchbrachen starke feindliche Kavalleriekräfte die dünne deutsche Sicherungsfront und drangen mit Panzern in Lida ein. Am 9.7. war die für weißrussische Verhältnisse immer noch große Stadt endgültig für die deutschen Streitkräfte verloren. Deutsche Kampfverbände setzten sich am 9.7. gegenüber dem nur langsam folgenden Feind auf neue Stellungen südwestlich und westlich von Lida ab. Am nächsten Tag trat der Feind mit starken Kräften an Bahn und Straße Lida – Grodno an, erzielte mehrere Einbrüche und zwang das Korps dadurch zum Ausweichen. Am 12.7. wurde von mehreren Einbrüchen bis zu 5 km Tiefe berichtet, deren Bereinigung oder Abriegelung nicht voll gelang. Ein Durchstoß auf Wolkowysk (kurz vor der ostpreußischen Grenze) konnte im Gegenstoß verhindert werden.

Einbrüche, Durchbrüche, Absetzbewegungen, Abwehrkämpfe, vom Feind im Rücken gefasst, eingeschlossen, umzingelt, keine Funkverbindung, keine Versorgung der Verwundeten, Verluste, Vermisste, Verschwundene. In diesen Tagen ging die deutsche Militärwelt Mann für Mann unter, zumindest die Militärwelt im Osten.

Mitten in diesem Chaos musste sich Kuhfahl zwischen den Dirlewanger-Soldaten irgendwo aufgehalten haben. Dort lief, keuchte, spähte, duckte sich der Bewährungsschütze aus Oldenburg als Zugführer, am 5.7.44 als Anführer eines Erkundungs- und Stoßtrupps. Er hatte zwei Bewährungsschützen unmittelbar zur Seite, wenn der spätere, privat geschriebene Brief-Bericht seiner Kompanie richtig ist. Ich habe keinen Anlass an der Richtigkeit der Briefangaben zu zweifeln. Irgendwohin jenseits des flachen Tales mit dem Dorf Wolkowicze, an dessen Talnordostseite die Bewährungssoldaten lagen, abseits der Rollbahn, zwischen feuchten Wiesen und mit wildem Buschwerk und Plenterwald bestandenen Hügeln ging er vorsichtig mit einem Karabiner in der Hand in Richtung Rollbahn, schlich durch „durchschnittenes Gelände" (wie der Fachbegriff aus der Heeresdruckvorschrift 130/2a für die Infanterie lautet), suchte ab und zu Deckung, lauschte, versuchte den unsichtbaren Gegner zu erkennen, ihn rechtzeitig zu orten. Zum Sterben bereit wollte er klug überleben, wollte den Kameraden tapfer helfen, wollte seine Ehre wieder gewinnen, von der er meinte, dass Himmler sie ihm genommen habe. Seine Familie sollte sich seiner nicht schämen.

Am 13.7. wurde bekannt, der Feind habe versucht, Grodno im Handstreich zu nehmen. Aber noch hielten schwache eigene Polizeieinheiten die Stadt. Grodno fiel am 16.7.[77] Inzwischen war der befohlene Ausbruchsversuch für die 3.000 in Wilna eingeschlossenen Soldaten als „voller Erfolg" gemeldet. Am 14.7. wurde die vor Ostpreußen liegende Stadt Wolkowysk aufgegeben. Die Memel wurde in diesen Tagen von den Russen an mehreren Stellen überschritten, der Njmen auf breiter Front überquert. Wo steckten die wilden Dirlewanger? Wo lag die von Dirlewanger befohlene Riegelstellung? Lebte Kuhfahl noch?

Der offenbar nicht aufzuhaltende Vormarsch der russischen Angreifer verlief in einem atemberaubenden Tempo. Die sowjetischen Infanteristen konnten sich in den massenhaft aus den USA gelieferten geländegängigen Lkw schneller nach Westen bewegen als die erschöpften, sich zu Fuß dahin schleppenden Deutschen, die nach tagelangen Eilmärschen jede Hoffnung auf Entkommen aufgegeben hatten. Marschall Schukows dynamische Durchbruchstrategie erwies sich als richtig und war den Fluchtmöglichkeiten auf deutscher Seite

---

77 In memoriam: Am 16.7.1944, gegen 10.00 Uhr, wurde der Verfasser, 18 Jahre alt, als Zugtruppführer in einer Panzergrenadierkompanie zu Beginn eines Entlastungsangriffes nahe Grodno im russischen Granatwerferbeschuss durch Kopfsplitter verwundet. Er fiel für den weiteren Einsatz aus.

gegenüber überlegen. Die gleiche Strategie verhalf zum Durchbruch an der Weichsel und schließlich im April 1945 an der Oder.

Thielbeer analysiert 60 Jahre später die russische Großoffensive und deren überwältigenden, kriegsentscheidenden Erfolg: „Innerhalb von zehn Tagen hatte die Wehrmacht die größte Katastrophe erlitten, viel schlimmer als die Niederlage von Stalingrad. Eine riesige Frontlücke von über 500 km Breite gähnte im Osten ... Eine ganze Heeresgruppe mit drei Armeen war vernichtet. 28 Divisionen mussten mit einem Schlag aus den Listen gestrichen werden. 350.000 Mann waren tot oder gefangen." Eine neue deutsche Verteidigungslinie – selbst Alarmeinheiten und Waffenschulen wurden eingesetzt – konnte nur „halten", weil bei den Russen nach einem Geländegewinn von fast 400 km Nachschubschwierigkeiten auftraten.

Am 15.7. durchbrachen die Russen plötzlich auch die deutschen Linien bei Kowel in Richtung Lublin. Am 18.7.44 überschritt die sowjetische Armee den Bug und erreichte am 23.7. bereits Lublin.

Für das panikgetriebene Chaos in und hinter den deutschen Linien ist kennzeichnend, dass von rückwärtigen Diensten Waffen, Munition und Ausrüstung in großen Mengen in den Quartieren zurückgelassen wurden, wie Niggemeyer der Heeresleitung berichtete. Wichtige Akten seien nicht vernichtet worden. Selbst die Aufzeichnungen über deutschfreundliche Kollaborateure und Mitteiler fielen in russische Hände, mit entsetzlichen Folgen für die, welche der deutschen Schutzmacht vertraut hatten.

Die aus dem Raum Mogilew, Brobriusk und Minsk „versprengten" deutschen Soldaten (16.000 an der Zahl) mussten in einer „Auffangbewegung" der Geheimen Feldpolizei aufgehalten, angehalten und den Frontleitstellen zum erneuten Einsatz an der Front zugeleitet werden. 69 Fahnenfluchtfälle durch Angehörige von Strafkompanien wurden durch die Geheime Feldpolizei, die Gestapo der Wehrmacht, bearbeitet. In dieses Bild der Demoralisation und des furchtbedingten Verfalls der Disziplin passt die Feststellung der Geheimen Feldpolizei, „bei den zurückgehenden Truppentrossen war die Anzahl der Trossweiber beträchtlich".

Nach ihren Parforce-Angriffen mussten die Russen zunächst einmal innehalten. Sie hatten am 30.7.44 die Weichsel 8 km vor Warschau erreicht und verhielten dort unter ständigen deutschen Gegenangriffen vor der polnischen Hauptstadt. In der Stadt war am 1.8. der nationalpolnische Aufstand der Untergrundarmee Armija Krajowa in den Stadtteilen Wola und Zoliborz ausgebrochen, dem die Rote Armee aus politischen Gründen offenbar nicht zu Hilfe kommen wollte. Die Russen eroberten Brest-Litowsk, nahmen Wilna und Kaunas und erreichten die Ostsee, aber vor Warschau warteten sie auf den Zusammenbruch des nationalpolnischen Aufstandes.

Die sowjetische Armee war den deutschen Streitkräften überlegen. In der Mannschaftsstärke betrug das Verhältnis 2,5 zu 1, bei den Panzern 4,3 zu 1 und bei der Artillerie 3 zu 1. Das waren mehr oder weniger bekannte Tatsachen, welche die deutsche politische und militärische Führung bei allen Planungen hätten berücksichtigen müssen. War es auf den germanischen Hochmut oder auf die Verblendung der Verantwortlichen zurückzuführen, dass die daraus entstehenden Konsequenzen nicht erkannt oder doch nicht richtig eingeschätzt wurden? War diese Fehleinschätzung ein Erfolg der „Weltanschaulichen Schulung" (sprich „Indoktrination"), wie sie Hitler gewollt hatte?

XXVII. Der Rückmarsch der Verdammten

Stalin genoss die deutsche Niederlage, die größer war und schneller eintrat als im Kampf um Stalingrad. Er ließ schon am 17. Juli 1944, also noch während seiner Offensive, fast 58.000 ehemalige Soldaten der Armeegruppe Mitte als Kriegsgefangene – nach Frieser „wie in einem antiken Triumphzug" – durch Moskau marschieren. Nach dem Marsch ließen die sowjetischen Generäle die Straßen mit Wasser spritzen und durch Besenkolonnen demonstrativ wirksam reinigen. Viele der deutschen Elendsgestalten litten an Durchfall, der ihnen während des Marsches aus den Hosenbeinen gelaufen war.

Es fehlen zuverlässige Berichte über die Umstände, unter denen die Dirlewanger – mit ihnen der Oldenburger Polizeihauptmann – nach dem Zusammenbruch der Front in die Kämpfe einbezogen worden sein könnten. Nach Michaelis[78] war das Regiment am 26.6. aus seinen Unterkünften in Richtung Lida abgerückt. Die Bewährungssoldaten hatten bis dorthin 250 km zurückzulegen. Keiner von ihnen wollte in Gefangenschaft, denn sie wussten, was ihnen als Partisanenbekämpfer im Falle der Gefangennahme bevorstehen würde. Unter ihnen marschierte der als „Politischer Häftling" deklassierte Polizeihauptmann Kuhfahl. Er hatte in den Tagen zuvor an Durchfall gelitten.

Die Berichte der 4. Armee[79] lassen die Erbarmungslosigkeit und die Aussichtslosigkeit der Abwehrbemühungen erkennen, wenn z.B. über das Schicksal eines Regiments geschrieben wurde, das am 27.6. „umfassend von 60 Panzern angegriffen" und „in zwei Teile aufgesplittert" wurde. „Nur schwache Teile konnten sich der Umfassung entziehen oder sich nach Südwesten durchschlagen…" Der Regimentskommandeur verlor jede Verbindung zu seinen Bataillonen.

Zu der immer wieder in den OKW-Berichten genannten „Kampfgruppe von Gottberg"[80] gehörte die Einheit Dirlewanger. Noch am 2.7. wurde dieser Kampfgruppe befohlen, das „Vorrücken des Feindes auf Minsk und die Wegnahme der Stadt möglichst lange zu verhindern" und „Im Falle einer notwendig werdenden Absetzbewegung sind die verbliebenen Trossteile zu schützen". Am 1.7. hatte die Heeresgruppe das Einverständnis zur Zerstörung der Stadt erbeten, aber als sie am 2.7. dazu die Erlaubnis erhielt, drangen am 3.7. vormittags russische Kräfte in Minsk ein und verhinderten weitere Zerstörungen.

Das Armeekommando funkte um 17.10 Uhr „Minsk in Feindeshand. Günstigste Durchbruchrichtung Stolpce. Halbtägliche Standortmeldung. Armee versucht, mit zwei Panzerdivisionen entgegenzukommen." Der Kampfgruppe v. Gottberg wurde um 17.35 Uhr per Funk befohlen, mit allen Mitteln das

---

78 Michaelis, Die SS-Sturmbrigade Dirlewanger, a.a.O., S. 15
79 Kriegstagebuch Nr. 24 vom 22.6.–3.7.1944; Bundesarchiv/Militärarchiv Freiburg RH 20-4/554, Aktenblätter 64 231 ff.
80 Benannt nach dem Partisanenbekämpfer – siehe den Bericht über das Unternehmen „Cottbus" vom 22.6. bis 3.7.1943 – SS Brigadeführer und Major der Polizei Curt von Gottberg

Vorgehen des Feindes von Minsk auf der Landbrücke beiderseits Wolozyn zu verhindern.

Die Kampfgruppe, in der sich das Sonderregiment Dirlewanger bewegte, berichtete um 18.30 Uhr, die Verteidigung von Minsk sei zusammengebrochen. Die Straße nach Rakuw sei völlig verstopft. Es werde eine Aufnahmestellung auf der Linie Rakuw – Zaslaw angestrebt. Zu dieser Zeit befand sich eine Angriffsspitze von 30 Feindpanzern bereits 5 km südostwärts von Kosakowo. Der Befehl an die Kampfgruppe von Gottberg lautete: „… geht aus Minsk in nordwestlicher Richtung zurück. Ende der Marschkolonnen 12.00 Uhr halbwegs Minsk, Zaslaw und Minsk, Rakuw."

Die 4. Armee sollte das Vorstoßen des Gegners aus Richtung Minsk so verzögern, dass „das Abfließen aller aus Richtung Minsk kommenden Kolonnen und Züge sichergestellt und Zeit für den Aufbau einer Sicherungslinie zwischen dem Sumpf südl. Wolozyn und der Beresina gewonnen wird." Als Versorgungsbasis der Armee wurde der Raum Lida bestimmt. Zwischen den dünnen Verteidigungslinien der 3. Armee und den weiter nördlich kämpfenden Resten der 4. Armee klaffte eine Frontlücke von rund 3o km Breite, durch die die russischen Truppen nach Westen vordrangen.

Das Kriegstagebuch der 4. Armee bleibt schon früh hinter der chaotischen Wirklichkeit zurück, bevor es am 3.7.44 völlig abreißt. Hinze beschreibt in seinem Buch über den Zusammenbruch der 4. Armee[81] einen militärhistorischen Augenblick vom 4.7.44 aus dem Rückzug der „Brobriusk-Rückmarschierer" über Stolpce nach Nordwesten, der die wahre Großlage ahnen lässt:

„Fahrzeuge von etwa einem Dutzend Divisionen schmolzen zu einem wüsten Haufen zusammen, selten mehrere Fahrzeuge einer Einheit oder auch nur einer Waffengattung beisammen. Dazwischen drängten sich Flüchtlings- und Panjewagen. Hinzu kamen in ungeordneter Marschfolge schwere Panzer und Kraftfahrzeuge der Pioniere mit Brückengerät. Auf den Wehrmachtsfahrzeugen hockten sowjetische Zivilflüchtlinge, andererseits auf Flüchtlingswagen

---

81 Rolf Hinze, Das Ostfrontdrama, Motorbuchverlag, Stuttgart, S. 60

verwundete deutsche Landser. Hinzu kamen zahlreiche Fußmarschierer, teilweise mit völlig zerschlissenem oder ohne Schuhzeug."

Aufschlussreich sind auch die Gefechtsberichte der 9. Armee (24.6.–10.7.44) über die „Schlacht in Weißruthenien (Auszug, S. 14)[82] „In diesen Tagen erwuchs der Armeeführung neben der eigentlichen Kampfaufgabe eine ständig an Umfang zunehmende zweite Aufgabe durch die nicht-kämpfenden Teile der Armee, die sich seit dem ersten tiefen feindlichen Durchbruch in einer an Zahl laufend wachsenden Rückwärtsbewegung befanden, untermischt mit langen Zügen einheimischer Trecks. Es handelt sich dabei nicht nur um die notwendige verkehrstechnische Leitung, Überwachung und Versorgung der fast endlos scheinenden Kolonnen, die trotz mancher Stockungen und Hemmnisse im Allgemeinen doch verhältnismäßig reibungslos abflossen, sondern es ging vor allem um die Ausnutzung dieses Stromes an Menschen, Fahrzeugen und Waffen zur Gewinnung neuer Kampfeinheiten durch Aussonderung aller einsatzfähigen Soldaten und Waffen. Hier traten bedenkliche Schwierigkeiten auf. Fälle von Desorganisation, die in den ersten Tagen noch selten gewesen waren, häuften sich jetzt infolge des Nichtvorhandenseins der normalen Führungsorgane. Tagsüber aufgestellte Alarmeinheiten wiesen am nächsten Morgen nur noch einen Teil ihrer Kopfzahl auf, da ihre Angehörigen, die sich weder untereinander kannten noch ihren Führern einzeln bekannt waren, in ihrem Drang nach rückwärts über Nacht verschwanden, um sich erneut als Versprengte den nach Westen flutenden Kolonnen anzuschließen. Bedauerlicherweise wurden auch Fälle bekannt, in denen selbst zu Alarmeinheiten abgestellte Offiziere ihre Truppen verlassen hatten."

Diese katastrophale Entwicklung hat Kuhfahl nicht als Einzelwesen betroffen. Aber die Ereignisse sind für sein Ende bedeutungsvoll. Sie lassen ahnen, welche Gedanken möglicherweise während seiner letzten Stunden ihm durch den Kopf gingen und von welchen Vorstellungen der ihn begleitende Bewährungsschütze aus dem Oberpfälzer Wald geleitet sein konnte.

---

82 Bundesarchiv – Militärarchiv, Freiburg, RH 20-9 Aktenband 636 (Karte mit Lage von Anfang Juli)

Dirlewanger hielt seine wilde Einheit mit starker Disziplin nach innen zusammen. Er handelte wie immer schon eigensinnig und eigenmächtig „aus eigenem Entschluss" (wie es dann in der Begründung des Antrages zur Verleihung des Ritterkreuzes hieß). Er blieb dabei aber operativ im Rahmen der vorgegebenen Strategie und verhielt sich richtig: Auf dem Marsch nach Lida blieb er am 5.7.44 südostwärts der Stadt in gehöriger Entfernung (in der Nähe von Novogrudok) stehen, grub sich ein, bezog Stellung.

Es kam an diesem Dirlewangerschen Sperrriegel nach zwei Tagen zu einem ersten heftigen Kampf mit starken, regulären Infanterieeinheiten der Roten Armee, wenn man dem hier anzuführenden Brief des Sturmmanns Andorfer an Anni Kuhfahl glauben darf.

Nach Klausch[83] wurde die Einheit Dirlewanger nach Aufgabe des von ihr gehaltenen Sperriegels nach Lyk/Ostpreußen zurückverlegt. Sie erreichte den Bestimmungsraum Treuburg – Lyk kämpfend über Grodno.

Dirlewanger richtete auf dem Rückmarsch, der eine regulierte Flucht war, am 5.7.44 mit Teilen seines bis dorthin zurückgeführten Regiments „südostwärts Lida" eine Riegelstellung ein, wegen deren Organisation und Halten er später gelobt – und auch wegen anderer Einsätze – mit dem Ritterkreuz belohnt wurde.

Das Gebiet um Lida ist einer besonderen Erinnerung wert, weil hier die letzten Kämpfe gegen die vordrängende Rote Armee außerhalb des Reichsgebietes, kurz vor Ostpreußen geführt wurden. Diese Landschaft war 1941 nach dem deutschen Angriff gegen Russland verwaltungsmäßig der Provinz Ostpreußen (unter dem berüchtigten Gauleiter Koch) zugeschlagen worden. Die Bevölkerung bestand überwiegend aus Polen, 40 % der Stadteinwohner in Lida waren Juden. Lida wurde Rayonstadt (Bezirksmittelpunkt; d. Verf.), in der die Juden aus den Landgebieten zunächst konzentriert wurden. In den Städten waren schon durch deutsche Fronttruppen in geringer Zahl Juden erschossen worden, so in Lida etwa 20 jüdische Einwohner. Wehrmacht und Polizeieinheiten

---

83 Klausch, a.a.O., S. 97

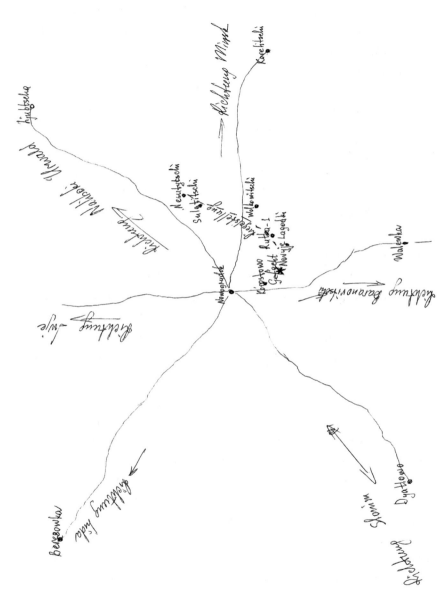

Handskizze der Riegelstellung Dirlewanger ab 4.7.1944 bei Wolkowicze Nähe Novogrudok (gezeichnet von Frau Tamara Vershitskaya; 2005)

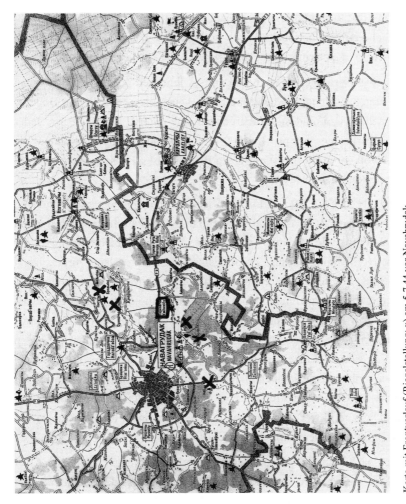

Karte mit Frontverlauf (Riegelstellung; x) am 5.7.44 vor Navahrudak
◻ = Wolkowicze

streiften immer wieder übers Land bei Lida und erschossen tausende so genannter Landjuden. Die 707. Infanteriedivision meldete für die Zeit zwischen dem 1.10. und 15.10.1941 „2.721 Gefangene, davon 2.053 erschossen" und für die Zeit vom 11.10 bis 10.11. „Gesamtzahl der Gefangenen: 10.940, davon 10.431 erschossen". Gerlach[84] beschreibt das unvorstellbare Grauen dieser

---

84 Gerlach, a.a.O., S. 688 ff. (695)

Massenmorde bei Lida. Die „nützlichen Juden" (Handwerker) hatten eine lediglich zeitweilige Überlebenschance in der durch massive deutsche Luftangriffe etwa zu zwei Drittel – fast so stark wie Minsk – zerstörten Stadt.

Mit den später gruppierten ca. 6.000 antisowjetischen polnischen Partisanen in der Umgebung hatte die deutsche Sicherheitspolizei und SD ein Bündnis geschlossen, das zumindest vorübergehend eine relative Ruhe sicherte. Jeder polnische Partisan erhielt pro Tag 500 g Fleisch und 150 g Fett, während die übrige Bevölkerung (in Brest) mit 135 g Brot und 14 g Fleischwaren pro Kopf und Tag auskommen musste.

Hierhin hatte sich im Mai 1944 der russische Stalingegner, Ing. Kaminski, mit seiner Einheit RONA (3.000 Bewaffnete, 3.000 Familienangehörige und weitere 24.000 zivile Mitläufer) nach einer verlustreichen Beteiligung an der Partisanenvernichtungsaktion „Frühlingsfest" in Weißrussland zurückziehen dürfen. Seine Horden hatten zuvor durch Plünderungen, Erschießungen und Vergewaltigungen Jahre hindurch bei Briansk und Smolensk größtes Entsetzen verbreitet. Am 17.6.1944 wurde diese Einheit ein Teil der Waffen-SS („Waffen Sturmbrigade SS (russ.)"). Ab 4.8.44 beteiligten sich Kaminskis Horden neben Dirlewangers Einheit an der Bekämpfung des Aufstandes in Warschau. Die dabei verübten Grausamkeiten überstiegen jedes Maß. Wahrscheinlich auf Befehl des SS-Obergruppenführers von dem Bach-Zielewski wurde daher Kaminski in seinem Pkw kurzerhand (angeblich nach einem Feldgerichtsverfahren) durch Soldaten der Waffen-SS erschossen.

Der stark nachdrängende Gegner wurde durch Dirlewangers Sperrriegel für einige Tage aufgehalten, so dass der eigene Gesamttross des Regiments und die Trosse anderer Einheiten auf der Rollbahn Lida – Grodno ohne Verluste durchgeschleust werden konnten. Zurückliegende Teile des Regiments Dirlewanger konnten aufschließen.[85] In der Stellungnahme zum Ritterkreuzantrag konstatierte der Chef der Bandenkampfverbände am 10.9.1944, dass durch die am 7.7.44 (richtig ist „ab 5.7.44"; d. Verf.) errichtete Riegelstellung die zurückliegenden Teile des Regiments nachgezogen werden konnten.

---

85 Klausch, a.a.O., S. 97

Über Dirlewanger schreibt Klausch, indem er das zeitgenössische Heroenbild des wilden Landsknechts und freirechtlichen Legionärs weitergibt: „An der Spitze seiner Männer kämpfend, gab er diesen ein Vorbild an Einsatzfreudigkeit und Entschlusskraft und spornte diese an, sich gegen zahlenmäßig weit überlegene Feindkräfte zäh und verbissen zu verteidigen. Starker feindlicher Druck und heftiger Artilleriebeschuss zwangen ihn jedoch, um größere Verluste zu vermeiden, sich abzusetzen. Der Zweck, die noch zurückliegenden Teile des Regiments nachzuziehen, war durch dieses kühne Handeln voll erreicht, da sie anderenfalls der Umklammerung und sicheren Gefangenschaft nicht entgangen wären."

Der intime Sachkenner Klausch' schätzt, dass zu den zurückliegenden Trosseinheiten vermutlich auch die nahezu unausgebildeten 700 Rekruten aus den Konzentrationslagern zählten, die an den Kämpfen südostwärts von Lida nicht beteiligt worden seien. Wie der Vorgang Kuhfahl zeigt, ist diese Annahme nur zum Teil richtig.

Außer bei diesen Kämpfen traten während des Rückmarsches einige Ausfälle durch gelegentliche Partisanenüberfälle, aber auch durch die zu Beginn und während des Rückzugs durchgeführten Exekutionen ein. Verschiedentlich wurden delinquente Regimentsangehörige vor angetretener Einheit aufgehängt oder wegen unerlaubter Entfernung von der Truppe („Herumstreunen") bei der Einheit erschossen. Fluchtversuche wurden dadurch gestoppt. Die Disziplin war auch in diesem Landsknechtshaufen notwendig. Die Befehlsgewalt forderte bedingungslosen Gehorsam.

Nach Michaelis[86] gab es in diesem feindlichen Land (aus Angst vor den Partisanen) keine Desertionen. Gleichzeitig mit dem allgemeinen Verfall der soldatischen Kampfmoral hatte sich jedoch das Binnenklima der Truppe verschlechtert. Die Exekutionen durch den Strang zeigten dies an. Dirlewanger war schon zuvor „als oberstem Gerichtsherrn" offiziell eine nahezu schrankenlose Macht über seine Truppe eingeräumt worden, und er hatte davon wiederholt Gebrauch gemacht.

---

86 Michaelis, Die Sturmbrigade Dirlewanger, a.a.O., S. 97

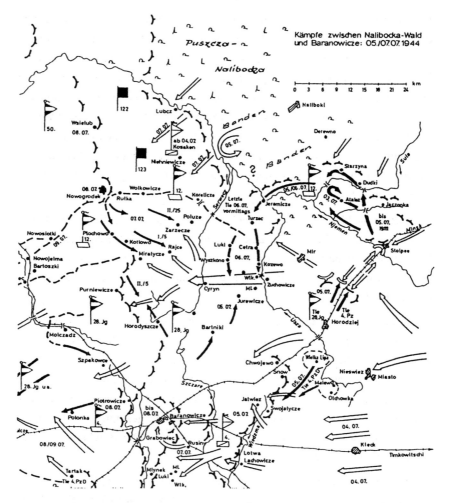

Frontlage in Weißrussland westwärts von Minsk südlich des Nalibocki-Waldes am 4.7. bis 10.7.1944

Himmler griff in seiner Rede auf der Gauleitertagung am 3.8.1944 die Wehrmacht wegen des Verlustes der ganzen Heeresgruppe scharf an. Für den Rückzug „seines Sonderregiments" fand er lobende Worte: „Der dritte Verband, den wir zurückbrachten, war der Verband Dirlewanger ... Dieses Regiment kam aus diesem sagenhaften Zusammenbruch (der Front; d. Verf.) mit 1.200 Mann. Durch die Russen marschierend, kamen sie, die sechs Wochen vorher im KZ waren, brav zurück, mit allem ausgestattet." Dirlewanger erhielt das Ritterkreuz des Eisernen Kreuzes.

Am 7.7.44 stand in den Tagesmeldungen des O.K.H. zur Lage an den Fronten u.a.: „Bei Gruppe Weidling wurden die schwachen Polizei- und landeseigenen Verbände ostwärts von Lida von überlegenen feindlichen Kavaleriekräften mit einigen Panzern weiter nach Westen zurückgeworfen und dadurch dem Gegner das Heraustreten aus dem Naboliki-Wald ermöglicht." Ab jetzt verschmolzen die dortigen Partisaneneinheiten mit den regulären Truppen.

Am 9.7. hatten die weiterhin ungestüm drängenden russischen Verbände bereits die Stadt Lida erobert, die vom Sperrriegel Direlwanger bei Wolkowicze aus gesehen in nordwestlicher Richtung kurz vor Ostpreußen liegt. Der Sperrriegel wurde um diese Zeit von Dirlewangers Männern geräumt. Vor diesem Sperrriegel entschied sich Kuhfahls Schicksal.

Nach Lyk wurde das Sonderregiment Dirlewanger am 5.8. mit Lkw von Modlin, wo es zuletzt in der „Ruhe vor dem Sturm" untergezogen war, nach Warschau transportiert. Beim Häuserkampf ab 6.8. erlitt die Einheit hohe Verluste. Das II. Bataillon, etwa 500 Mann stark, traf im Laufe des 6.8. in Warschau ein, wurde sofort eingesetzt und erlitt ebenfalls große Verluste. Waren die Männer schon allgemein infanteristisch nicht genügend ausgebildet, so wussten sie mangels Erfahrung erst recht nicht, wie sie sich im Häuserkampf und gegenüber feindlichen Barrikaden, Keller- und Dachschützen und Minensperren verhalten mussten.

Noch während dieses Einsatzes wurde die ausgeblutete Einheit durch 450 Häftlinge aus dem Wehrmachtsgefängnis Anklam aufgefüllt und durch ein ca. 200 Mann starkes aserbeidschanisches Infanteriebataillon ergänzt.

Nach harten, erbarmungslosen Kämpfen kapitulierte ein Teil der polnischen Freiheitskämpfer. Im Stadtteil Zoliborz gingen die Kämpfe weiter. Von 1.400 Angehörigen des Sonderregiments Dirlewanger, die am 3.9.44 zum Angriff auf die Altstadt angetreten waren, blieben am Ende 300 Soldaten übrig.[87]. Vom 29.9. bis 2.10. zählte die Einheit etwa 1.000 Verluste. Kuhfahl befand sich während des Warschau-Einsatzes gewiss nicht mehr bei Dirlewanger. Wer aber wusste, was aus ihm geworden war?

Wenige Tage später wurde das Sonderregiment zur Niederkämpfung des slowakischen Nationalaufstandes beordert, der Ende August 1944 begonnen hatte. Der Einsatz des Sonderregiments begann dort am 18. Oktober.

---

87 Michaelis, Die Sturmbrigade Dirlewanger, a.a.O. S. 39 ff.

Kuhfahls Ermordung (C)

XXVIII. Gefallen „südostwärts von Lida"

In Oldenburg ging kein Brief des Vaters mehr ein. Die Furcht der Familie und die Angst um den Vater wuchs angesichts der heftigen russischen Offensive von Wehrmachtsbericht zu Wehrmachtsbericht. Ein Brief vom KL Buchenwald vom 19.7.1944, vom Leiter der Verwaltung des Konzentrationslagers an Frau Kuhfahl, sorgte für Aufregung. Eine Taschenuhr mit Kette, die „erst nachträglich hier eingegangen ist", da „sich Ihr Mann seit 4.6.44 im Fronteinsatz befindet", lag bei. Woher die Uhr kam, wer sie zwischenzeitlich aufbewahrt hatte, wurde nicht gesagt.

Von ihrem geliebten Mann gab es keine Post. Anni Kuhfahl saß wie hunderttausende Mütter und Ehefrauen in dumpfer Erwartung eines drohenden, nicht aufzuhaltenden Unheils vor dem Volksempfänger, hörte auf die Stimme des Nachrichtensprechers, las in der Zeitung die Katastrophenmeldungen von der Westfront, vor allem aber die nicht zu verbergenden Untergangsmeldungen von der Ostfront. Sie wurde fast krank vor Angst, wenn sie das Vorrücken der russischen Angriffslinien verfolgte, auch wenn sie sich – dank der glatt gestellten und geschönten Wochenschauen – das fürchterliche Leiden der durch die Front betroffenen Menschen und das Fluchtchaos der einst schneidigen deutschen Armee nicht im vollen Ausmaß vorstellen konnte.

Die durch Kuhfahls Schweigen, das Ausbleiben seiner Briefe, höchst beunruhigte Frau suchte brieflich Trost bei ihren nächsten Verwandten und Bekannten. Die Freundin Brunhild Gr. in Berlin versuchte alles, was ihr brieflich möglich war, um Frau Kuhfahl abzulenken. Sie erzählte ihr in einem langen Brief, ihre eigene Tochter Gundel Gr. sei als BdM-Mädchen im Kriegshilfsdienst bei Schanzarbeiten in Pommern eingesetzt, ihr Bruder Heinz sei an der Kanalküste mit seiner Kampfeinheit eingeschlossen, ihr Chef, der General, sei (offenbar wegen Korruption) in München inhaftiert und sie habe eine neue Dienststelle bei der Ordnungspolizei gefunden, ihr Bruder Armin sei „im Glauben an Deutschland" gefallen. Sie wusste auch, dass Frau Kuhfahls Bruder Helmuth als 30-jähriger „Kommandeur von 500 Artilleristen" gefallen war. Aus ihren handschriftlichen Briefen ließ sich eine furchterfüllte Betroffenheit über die heimatnah herangerückte Ostfront herauslesen und das Entsetzen über die Luftlandungen der alliierten Truppen in den Niederlanden über wohnungsnah gefallene nächtliche Bomben. Sie hoffte – und versuchte damit die aufkommende Hoffnungslosigkeit ihrer Freundin Anni Kuhfahl wegzuzaubern – „auf einen segenreichen baldigen Ausgang des Krieges". Der Gebrauch des Begriffes „Endsieg" wurde im täglichen Umgang seltener. Der Begriff verschwand aus den persönlichen Briefen. „Der Führer" wurde nicht mehr erwähnt und als Heilsgröße immer seltener beschworen. Ein Freund aus Aussig/Elbe wollte Frau Kuhfahl brieflich beruhigen mit dem für durchschnittliche Russlandkenner zweifelhaften Trost: „Die Hoffnung, dass er noch (in Gefangenschaft) lebt und einmal heimkommen wird, dürfen wir nicht aufgeben. Es werden ja nicht alle gleich gefallen sein, die in die Katastrophe von Minsk hineingerieten."

Frau Kuhfahl trug sich zu dieser Zeit mit dem Gedanken, mit den Kindern aus Oldenburg abzureisen, alles hinter sich zu lassen und in einen ganz kleinen Ort zu flüchten, wo die Familie vor Luftangriffen sicherer wäre. Aber wohin sollte sie? Angesichts der Verschärfung des Luftkriegs war kein Ort, kein Dorf mehr sicher. Die tief fliegenden Lightnings und die kleinen Jagdbomber begannen auf alles zu schießen, was sich auf den Straßen und Schienen bewegte. Kein Ochsenkarren, kein Auto, keine alte Lok waren sicher vor den Kanonenblitzen vom Himmel, aus den Wolken, aus der Sonne. Die Feindflieger waren überall. Niemand konnte Anni Kuhfahl helfen, dieser Bedrohlichkeit zu entkommen. Kein Freund, kein Verwandter konnte ihr in dieser Zeit einen verlässlichen, sinnvollen Rat geben. Jeder litt unter seinen persönlich bewerteten, gemeinsamen Ängsten.

Wenn die Leute in ihrer Angst nachdachten, konnten sie Anzeichen der bevorstehenden Götterdämmerung erkennen, über die sie nicht zu sprechen wagten. Der Beschuss mit Bordwaffen, die Einzelangriffe der Jagdbomber regten zum Nachzittern und zum besorgten Grübeln an. Dachte damals aber irgendeiner mit schlechtem Gewissen an die verschwundenen jüdischen Nachbarn, die vor drei oder vier Jahren „in den Osten verbracht" worden und dort wortlos, spurlos verschwunden waren?

Bei Frau Kuhfahl ging ein am 17.10.44 geschriebener maschinenschriftlicher Brief, unterschrieben von SS Untersturmführer Böttcher als Kompanieführer im II. Bataillon der Brigade Dirlewanger ein, in dem ihr mitgeteilt wurde, dass „Ihr Gatte, der Poliz.Hauptmann Albert Kuhfahl, am 5. Juli 1944 den Heldentod fand". Er habe „sein Leben für Deutschlands Größe und Zukunft geopfert." „Ihr Gatte galt bei der Truppe seit der Absetzbewegung im Raume Minsk im Juli 1944 als vermisst. Durch den Kameraden, den SS Sturmmann Andorfer, welcher vor kurzer Zeit aus dem Lazarett zurückkehrte, erfuhr die Einheit, dass Ihr Gatte bei der Nachhut während der Absetzbewegungen durch Kopfschuss gefallen ist. Er war sofort tot. Die Beisetzung fand auf einem Friedhof bei Wolkowischen unter allen militärischen Ehren statt. Die Kompanie verliert in Ihrem Gatten das Vorbild eines stets hilfsbereiten Kameraden und tapferen Soldaten, und Sie dürfen versichert sein, dass Er stets im Gedenken seiner Kameraden weiterleben wird. Ich spreche Ihnen nochmals, auch im Namen der 3. Kompanie, meine aufrichtigste Teilnahme aus." Der floskelreiche, stereotype Brief schloss mit dem obligatorischen Gruß, mit der (noch) zeitgemäßen Heil- und Beschwörungs- und Selbstsicherungsformel „Heil Hitler".

Unter dem 18.10. erhielt der Vetter Hermann Kuhfahl in Barby/Elbe einen gleichlautenden Brief, auf derselben Schreibmaschine geschrieben, im selben Duktus und Layout, unterschrieben von einem Unterscharführer und Btl.-Adj. Geipel (?). Es war nicht zu erkennen, warum dieser Vetter, zu dem Albert Kuhfahl keine Beziehungen unterhielt, über Kuhfahls Tod unterrichtet wurde. Vetter Hermann Kuhfahl bat den Zeugen Andorfer deshalb zehn Tage nach Eingang des Briefes um nähere Auskunft, aber er erhielt keine Antwort. Angesichts der militärischen Lage war eine Antwort nicht zu erwarten.

Inzwischen schoss sich das Sonderregiment Dirlewanger mit slowakischen Aufständischen herum, kämpfte durch weitere KZler, auch durch politische Häftlinge, aufgefüllt, in der Slowakei und in Ungarn.

In der Tageszeitung von Oldenburg erschien am 31.10.44 in der Rubrik „Es starben für Führer, Volk und Vaterland" eine Todesanzeige in der üblichen Größe von 3,5 zu 4,5 cm, durch die Frau Anni Kuhfahl (mit ihren Kindern Jürgen, Helga, Almut, Peter und Hartmut) für alle Angehörigen (auch für die noch lebende Mutter Kuhfahls) bekannt gab, dass „mein über alles geliebter Mann und glücklicher Vater unserer Kinder, unser einziger Sohn und Bruder, im Alter von 40 Jahren im Osten" gestorben sei. Der Kommandeur der Schutzpolizei in Bremen kondolierte mit Schreiben vom 7.11.44 mit den üblichen Worten.

Sohn Jürgen wurde in der Napola Ballenstedt/Harz verständigt. Die Heimmutter – so schrieb der Schulleiter, SS Obergruppenführer Heißmeyer – tröstete ihn in seinem großen Schmerz. Der Sohn Jürgen erlebte ein eigenes Bedrohungsszenario, da die Kette der Erziehungsanstalten (Napola) in diesen Wochen auseinander fiel, wie sich einem Bericht des Schulleiters vom 19.9.44 an Himmler entnehmen lässt. Die Reichsschule Valkenberg, Udlande, sei geschlossen, die Jungmannen seien z.T. im Fußmarsch in der Napola Bensberg angekommen. Das „Juwel aller Anstalten" in Guatrecht/Flandern musste überstürzt geräumt werden. „Die Anstalt wurde den Flammen übergeben." Die Jungmannen wurden mit 40 Familienangehörigen der Erzieher von der Napola Ballenstedt aufgenommen. Die Jungen seien beim Schanzen, die Anstalten Bensberg und Haselünne in die Gefahrenzone eingetreten. Beim Näherrücken der Front wurden die in der Nähe liegenden Jungmannen mit ihren Sachen nach Hause entlassen, die anderen zur nächsten Anstalt geschickt. Die Götterdämmerung hatte auch für die jüngsten Kindmänner begonnen.

Die Freunde der Familie, soweit sie bei den immer mehr zerreißenden Postverbindungen noch erreicht werden konnten, schrieben der Witwe Kuhfahl nach und nach von überall her, nachdem Kuhfahls Tod bekannt geworden war. Alle versuchten mit mehr oder weniger starken Worten zu trösten und zu helfen. Die Männer schrieben aus den unterschiedlichsten Ecken des kleingeschrumpften Großdeutschen Reiches, die Frauen unterwegs mit Handgepäck zu Verwandten auf dem Lande, einige von ihnen schon auf der Flucht vor Russen oder den Bomben, die letzte Habe im Rucksack.

Am 5.1.1945 wurde in Weimar-Buchenwald durch einen Justizinspektor ein letzter beim Amtsgericht hinterlegter handschriftlicher Brief des Hauptmanns Kuhfahl eröffnet, der zugleich sein Testament war. Darin bedankte sich Kuhfahl bei seiner Frau für ihren Brief vom 25.5., der ihn am 1.6. erreicht hatte. Er teilte ihr mit, dass es „nach zehn Tagen Quarantäne schon heißt: A.K. geht mit einem Transport ausgesuchter deutscher Lagerinsassen nach dem Osten mit. So unterblieb die Einweisung in einen Rüstungsbetrieb". Er datierte die nächsten zu erwartenden Abläufe und schrieb dann: „Samstagnacht soll unsere SS-Einkleidung, Sonntagfrüh unsere Verabschiedung durch die Lagerkapelle u. Verladung in die Militär-Waggons erfolgen, u. damit haben wir dann den Stacheldraht zunächst hinter uns und die Bahn der Bewährung vor uns. Wie froh ich darüber bin, das weißt Du, mein Lieb! Mag mich dann eine Bombe oder eine Kugel treffen, so bin ich auf dem Felde der Ehre gefallen und nicht im Kz.L. verstorben." Er hatte nicht nur seine Absetzung, sondern vor allem die demütigende Einweisung in ein Konzentrationslager als bedrückende Schmach empfunden.

Kuhfahl blieb auch in den Stunden, in denen er sein Testament verfasste, der wache, beobachtende und lernende Pädagoge, der Neues aufnahm, die Erlebnisse verarbeitete und für die Zukunft aufbereitete. Er schrieb ihr: „Vielleicht habe ich auch Gelegenheit, Dir in stiller Stunde von diesen Ereignissen das menschlich und völkisch Wichtigste zu erzählen; ich hoffe es; denn nutzlos waren diese Wochen bestimmt nicht. Von der Kameradschaft, der selbstlosen Hilfe und Beratung durch Gutgesinnte als schönstem Erlebnis schrieb ich Dir schon." Immer weniger besaß er, immer mehr Eigentum an kleinen notwendigen oder liebenswerten Dingen ging ihm verloren. „An eigenen Sachen habe ich 1 br. Hemd, 1 gr. Unterhose, den Trainingsanzug, 3 P Strümpfe und 1 kar. Hemd behalten, viel im Vergleich zu manchem der meisten Kameraden."

Über seine künftige Verwendung hatte sich herumgesprochen, dass sie „im Rahmen der Abt. ‚Dirlewanger' (SS-Standartf.) bei Litzmannstadt erfolgen soll". Kuhfahl wusste offenbar mit diesem Namen nichts anzufangen, denn er meinte ironisch: „Mir wäre eine harte, zielbewusste Schulung auf unsere

Aufgabe recht lieb als Unterbau des ‚Soldatenglücks', für dessen Wunsch ich Dir herzlich danke. Die beiden Bilder (die seine Frau dem Päckchen beigelegt hatte; d. Verf.) haben mir den ganzen Reichtum meines Lebens gezeigt, sei bedankt. Grüße bitte Helmut und Jan (die Brüder der Ehefrau; d. Verf.), vielleicht führt uns ein Geschick im Osten mal zusammen trotz aller Raumweite." In seiner Sache wolle er nichts mehr unternehmen, „bis mir keiner mehr Feigheit vorwerfen kann".

Im Konzentrationslager Buchenwald durfte er nur einen Brief im Monat schreiben, aber „bald fällt die Postbegrenzung gottlob ja völlig". Er hatte Sehnsucht nach seiner Frau, die für ihn immer noch seine „liebste Deern" ist. Aber er wusste auch, dass sie ihn nicht würde besuchen können, wie er sich das erträumt hatte. Und er erinnerte sich: „Unser schönes Ostertreffen wird der Born sein, der mir in schweren Stunden Kraft gibt, letztlich also Deine Lieb und Treue und der Gedanke an die deutsche Zukunft unserer Kinder. Dass Du meine einzige Erbin bist, erkläre ich hiermit ausdrücklich. Die Sorge für unsere Fünf und ihre Erziehung zu guten Deutschen wird Deine natürliche Aufgabe und mein Vermächtnis sein, falls es ein Höherer will."

Kuhfahl nahm in diesem Brief Abschied aus dem Leben und von seiner Frau und den Kindern, als ob er ahnte, dass er an der Front sterben werde. Er schrieb mit einer für ihn seltenen, dichten Wärme: „Lass Dir, Liebste, innig danken für alles reichlich Gute und Schöne, was Du mir geschenkt hast, und verzeih mir bitte mancherlei selbstsüchtiges Fehlen. Du bleibst meine Vertraute und froh gehe ich meinen Weg. Dir und den Kindern alles Lebensglück im Erfüllen der Tagespflicht für Deutschland. Frohe und liebe Grüße auch allen Freunden, herzlichst Dein Albert."

Mit Schreiben vom 9.1.1945 teilte der Reichsminister des Innern (Pol O-Kdo) der Witwe mit, durch Kuhfahls Heldentod sei die Verfügung vom 5.5.1944 über seine „Zurruhesetzung usw." gegenstandslos geworden. Frau Kuhfahl habe Anspruch auf Sterbegeld sowie das Witwen- und Waisengeld. Kuhfahl hat die Entscheidung des Reichsinnenministers, mit der er in den Ruhestand versetzt werden sollte, nie gelesen. Es war dem kriegsbedrängten Verwaltungsapparat nicht mehr möglich gewesen, den an General der Polizei von Gottberg erst am 21.6.1944 nach Minsk abgesandten Erlass zuzustellen.

Am 5.9.1944 fragte der Chef der Ordnungspolizei beim Chef der Sicherheitspolizei an: „Der Zustellungstag der Urkunde über die Versetzung in den Ruhestand ist noch nicht angezeigt." Das SS-Hauptamt meinte im Antwortschreiben vom 20.10., der Brief sei wohl mit Schriftstück verloren gegangen. Es werde erneut nachgeforscht.

Der Chef der Ordnungspolizei verfügte „Wiedervorlage am 10.11.1944" und dann noch einmal „WV zum 5.12.1944". Es gibt kaum ein schöneres Dokument für den Glauben der Schutzpolizeiführung an den Endsieg, als diese Wiedervorlageverfügungen. Der (aus vielen Gründen an sich schon fehlerhafte) Erlass war infolge unmöglicher Zustellung nach dem guten deutschen Beamten- und Verwaltungsrecht nicht rechtskräftig geworden. Kuhfahl starb als aktiver Schutzpolizeihauptmann. Das willkürliche Himmler-Spiel mit Kuhfahl war durch die russische Offensive vorzeitig verwirrt worden.

Am 28.11.1944 fragte der Regierende Bürgermeister von Bremen als beamtenrechtlich zuständige Heimatdienststelle beim Reichsminister des Innern an: Er kenne die Umstände nicht, die zur Abstellung Kuhfahls aus einem Rüstungsbetrieb der Konzentrationslager zur kämpfenden Truppe geführt habe. Es sei ihm auch unbekannt, ob es in diesem Falle Bewährungs- oder Rehabilitationsmöglichkeiten für Kuhfahl gebe und ob der Heldentod die Entscheidungen ändere und welche Bedeutung der Heldentod vor Inkrafttreten der Ruhestandsversetzung habe. In Bremen stellte man sich naiv, klein und dumm, offenbar um den Zorn des auch im Untergang noch mächtigen Ministers nicht zu reizen. Eine Antwort liegt nicht in den Akten. Das Kriegsende kam schneller, als die Aktenordnung erlaubte.

Kuhfahls Berufsfreunde betrieben unverdrossen als gute Kameraden seine Rehabilitation. Der Chef der Ordnungspolizei verschickte mit Schreiben vom 21.1.1945 einen Rehabilitationserlass vom 9.1.1945, der nicht aktenkundig wurde, es sei denn er meinte das Benachrichtigungsschreiben vom 9.1.1945, das die Witwe Kuhfahl aus Berlin erhielt. Dieses Schreiben betraf die im Gesetz vorgesehene wirtschaftliche Versorgung der Witwe und der Kinder. „Chef O." schickte das Schriftstück – Ordnung muss sein – auch an den Fürsorgeoffizier des Chefs der Ordnungspolizei beim Rasse- und Siedlungshauptamt, das inzwischen in Prag saß. Der letzte Krakel auf diesem Schreiben datiert vom 30.1.1945.

Zu dieser Zeit hatte der Kampf um die Reichshauptstadt bereits begonnen. Die russischen Einheiten, die am 20./22.6.44 in Belorus aufgebrochen waren, hatten die Oder erreicht. Am 16.4. stürmten sie mit unerhörten Verlusten auf beiden Seiten die Seelower Höhen am Westufer des Flusses.

XXIX. Der dubiose Grußbesteller

Am 31.10.1944 erschien, durch die Familie veranlasst, die Todesanzeige Kuhfahl in der Oldenburger Zeitung. Die Zeitung wird auch in den Dörfern der Umgebung gelesen. Am 10. November 1945 schrieb ein der Familie Kuhfahl unbekannter Alwin Fr. aus einem kleinen Bauerndorf südlich von Oldenburg, er sei „am letzten Mittwoch aus russischer Gefangenschaft gekommen". Er möchte ihr etwas über ihren Mann berichten. Die schockierte Witwe las: „Ich und Ihr Mann waren beide im Lager in der Nähe bei Moskau. Ach, was müssen die Gefangenen alles mitmachen. Viele werden in die Heimat nicht zurückkehren. Sollte Ihr Mann auch nicht wieder heimkehren? Leider muss ich die traurige Mitteilung machen, dass Ihr l. Mann und guter Vater am 7. oder 8. März 45 abends im Lazarett gestorben ist. Ich war auch das letzte Jahr im Winter an Lungenentzündung erkrankt, und wir waren Bettnachbarn im Lazarett. Er hat mich gebeten, wenn er sterben sollte und ich die Heimat wieder sähe, Ihnen Nachricht zu geben, denn wir beide waren nur als Oldenburger dort. Damit nehm' ich an, dass Sie noch nichts wieder von Ihrem Mann gehört und nur Vermisstenmeldung erfahren haben. Da mir die Adresse auf der Reise verloren gegangen ist, habe ich nur den Namen behalten und nicht die Straße. Hoffentlich ist die Anschrift richtig und Ihnen diese Zeilen erreichen. Möge Euch diese Nachricht nicht zu schwer treffen. Bin zu jeder mündlichen Aussprache bereit. Gebt bitte Nachricht, ob dieses Schreiben an die richtige Adresse gelangt ist. Zunächst herzliches Beileid."

Im Nachsatz hieß es: „Die Stadtverwaltung hat auf Anfrage mir mitgeteilt, dass Sie am Mühlgraben 2 dort gemeldet sind. Dieser Brief ist vor längerer Zeit wieder zurückgekommen, wie Sie auch ja sehen. Ist Ihr Mann gefallen gemeldet oder noch vermisst? Die Stadtverwaltung schreibt ja Witwe. Oder sollte es Verwandte von Ihnen sein. Bitte teilen Sie mir Näheres darüber mit, wenn Sie Angaben machen können. Nochmals herzlichen Gruß."

Der Brief enthält mehrere leicht erkennbare Unstimmigkeiten und Widersprüchlichkeiten. Die Witwe schwankte nach Eingang des primitiven, wenig intelligenten Textes zwischen freudiger Hoffnung und Skepsis. Nur wenig misstrauisch, vermutete sie nicht, dass der Verfasser einer der in den ersten Nachkriegsjahren nicht seltenen betrügerischen „Grußbesteller" sein könnte, die anhand von Todesanzeigen erfundene Letztgrüße mit Standardinhalt den trauerblinden Witwen überbrachten, um dann von den dankbaren Frauen aus dem Nachlass des Toten mit Bekleidung und aus der Speisekammer beschenkt zu werden. Der einschleimende Ton, die Ausdrucksweise im Brief und die augenscheinlichen Lügen mussten sie warnen. Frau Kuhfahl lud den Briefschreiber trotzdem ein. Welche Frau hätte diesen Versuch nicht unternommen? Am Gespräch der Mutter mit dem Informanten durfte der Sohn Jürgen nicht teilnehmen. Die Mutter erzählte ihm nichts über den Inhalt des Gespräches, meinte jedoch, der angebliche „Kamerad" habe manches Richtige gewusst, was er nur von Vater erfahren haben konnte. Notizen zum Gesprächsinhalt hatte sie nicht gemacht. Sie hat die Angaben auch nicht weiter verfolgt und hat den Informanten sowie dessen Angaben nicht überprüft, weil sie ihm wahrscheinlich letztlich doch nicht glaubte.

Als der Verfasser der Vita Kuhfahl im Oktober 2004 diesen Hinweisen nachging, war der angebliche Lazarettzeuge inzwischen gestorben. Seine Familienangehörigen – von der nur noch beschränkt kommunikationsfähigen, über 80 Jahre alten Witwe über den Sohn bis zum Neffen auf dem stammelterlichen Bauernanwesen – wussten nichts von und über die Kriegszeit ihres Ehemannes und Onkels. Sie kannten weder Einheit noch Waffengattung, noch wussten sie etwas über die angebliche „Gefangenschaft in Russland" noch darüber, ob er überhaupt in Gefangenschaft gewesen war. Dieser „Zeitzeuge" hatte aus einer Kriegs- und Militärzeit keine Briefe, Bilder, Notizen oder Zeitungsausschnitte hinterlassen. Er war „spurenlos" und urkundenlos gestorben. Er hatte in seiner Familie über seine angebliche „Moskauer Lazarettzeit" nichts erzählt. Die Familienangehörigen wussten daher nicht, ob er auch bei anderen Familien „Kameradengrüße aus der Gefangenschaft" bestellt hatte. Er hinterließ keine schriftlichen Unterlagen, wie sein Neffe und sein Sohn dem Verfasser versicherten.

Wahrscheinlich war der Grußbesteller einer der damals vermehrt auftretenden kleinformatigen Alltagsbetrüger auf Zechprellerniveau mit zeitgemäßer Lug- und Trugmasche und einer bauernschlauen, schlichten Gesprächsmethodik. Seine Annäherungsmethode reichte aus, um den trauernden Witwen im Gespräch alle Informationen zu entlocken, die er dann anschließend zusammen mit Standardinformationen neu verpackt als eigenes Wissen „verkaufte".

XXX. Die Andeutungen des „Kopfschusszeugen"

Der ausführliche und geschmeidige Brief des Teilzeugen Andorfer vom 23.1.1945 schien dagegen mehr Gewicht zu haben. Die Witwe Kuhfahl hatte den Bewährungsschützen Andorfer, der in der Todesnachricht der Kompanie genannt worden war, umgehend angeschrieben. Sie hatte Näheres über den Tod ihres Mannes von ihm erfahren wollen.

Andorfer[88] entschuldigte sich mit Brief vom 23.1.1945 für seine verzögerte Antwort: „Wir stehen ständig im härtesten Einsatz." Er schilderte sein gutes Verhältnis zu Kuhfahl: „Ich habe Ihren Gatten seit seinem Eintreffen bei unserer Einheit gekannt und habe mich mit ihm oft unterhalten. Wir lagen auf einem Stützpunkt, wo wir nur die Möglichkeit hatten, die Post alle zehn Tage zu befördern. Daher ist auch der schlechte Posteingang von Ihrem Mann zu-

---

88 Andorfer teilte der Witwe Kuhfahl die Heimatanschrift seines gleichzeitig mit Kuhfahl gefallenen „guten Kameraden Oug." mit. Da im Heimatort dieses Mannes heute noch Familienangehörige des Toten leben, werden identifizierende Angaben hier unterlassen. Andorfer ist in einer Liste vom 14.4.44 als Teilnehmer des Unternehmens „Frühlingsfest" unter lfd. Nr. 18 als SS-Grenadier aufgeführt; Bundesarchiv – Militärarchiv Freiburg RS 3-36, Aktenband Nr. 16.

rückzuführen, hinzukommt die ständige Feindberührung, wo auch viel Post verloren ging. Ihr Gatte wurde bei uns sofort als Zugführer eingesetzt und leitete eine Ausbildungsabteilung. Am 28. Juni 44 begannen wir uns abzusetzen. Trotzdem bekam Ihr Mann von Ihnen noch mehrere Briefe, welche ich ihm teilweise persönlich überbrachte. Ich weiß, dass sich Ihr Mann über den Inhalt der Briefe von seiner Familie außerordentlich gefreut hat. Er hat mir viel von seinen Privatverhältnissen und von seinen lieben Kindern erzählt. Für mich war es immer eine besondere Freude, weil ich wusste, dass er mir sein Vertrauen schenkte. Am 4. Juli 1944 zogen wir mit unserem Regimentstross auf der Rollbahn Minsk – Lida. In der Nähe des Dorfes Wolkowischen wurden wir zur Bildung einer neuen Auffangstellung herangezogen[89]. Ihr Mann hatte als Führer unseres Stoßtrupps einen Auftrag auszuführen, in dem er an der Spitze seiner Männer im Kampf gegen reguläre Truppen den Heldentod fand. Ihr Gatte wurde durch die feindliche Kugel in den Kopf tödlich getroffen. Mit ihm fiel ein guter Kamerad von mir und zwar der SS-Grenadier Oug. Wir schafften es beide zurück. Da ich zur Stellung zurück musste, konnte ich an der Bestattung nicht teilnehmen. Die Privatsachen Ihres Mannes wurden seinerzeit von SS-Unterscharführer Netterdam in Empfang genommen, welcher leider später auch den Heldentod fand. Meine sämtlichen alten Kameraden sind bei den schweren Rückzugsgefechten u. bei den darauf folgenden Straßenkämpfen in Warschau ausgefallen, d.h. sie sind teils tot, teils verwundet. Und so kommt es, dass ich der einzige Überlebende des Stoßtrupps Ihres Gatten bin. Leider wurde auch ich mit einer schweren Schädelverletzung ins Lazarett eingeliefert. Ich konnte daher die sofortige Verlustmeldung Ihres Mannes und der anderen toten Kameraden an das Batl. verspätet machen. Unser derzeitiger Kompanie-

---

89 Diese „Riegelstellung ist durch verschiedene Tatsachen verbürgt. Sie wurde u.a. im Antrag v. 15.6.44 auf Verleihung des Deutschen Kreuzes in Gold (Verleihung am 17.9.44) an SS-Sturmbannführer Weise wegen wiederholt gezeigter persönlicher Tapferkeit genannt. Diese Stellung wurde am 7.7.44 „anlässlich der allgemeinen Absetzbewegungen von starken infanteristischen Kräften angegriffen". Weise vereitelte durch eine entschlossene Abwehr den Erfolg des russischen Angriffs. Diese Riegelstellung in ihrem heutigen waldüberwachsenen Zustand wurde für diese Untersuchung relativ mühsam ermittelt, von Beauftragten aufgesucht und fotografiert (siehe die von Frau Werschiskaya gefertigte Lageskizze der Ortschaften am Sperrriegel).

führer war SS-Obersturmführer Böttcher, der allerdings beim Stoßtrupp nicht dabei war, da der Führer des Stoßtrupps, wie anfangs bereits mitgeteilt, Ihr Gatte war und infolgedessen Dr. Böttcher keine Auskunft geben kann, zumal Dr. Böttcher erst nach meiner Rückkehr aus dem Lazarett vom Heldentod Ihres Mannes von mir erfuhr. Dr. Böttcher war seinerzeit Oberscharführer und ich vermute, dass Sie diesen Offizier meinen. Seine Adresse ist SS-Obersturmführer, Btl.Kommandeur, Feldpost 00512b.

Ihr Gatte war für uns kameradschaftlich ein Vorbild. Er war ein schneidiger Soldat u. aufrichtiger Mensch u. heute wird noch viel von ihm in der Kompanie gesprochen.

Nehmen Sie bitte, gnädige Frau, mein und aller Kameraden aufrichtiges Beileid entgegen. Wir wissen, von welchem schweren Verlust Sie betroffen sind, weil wir Ihren lieben Gatten kannten. Wir verloren nicht nur unseren umsichtigen Führer, sondern auch den guten Kameraden. Sie haben dem Vaterland ein großes Opfer gebracht, u. so sind wir im festen Glauben, (dass; d. Verf.) der Sieg unserer Waffen bald kommen möge, damit die Kinder unserer gefallenen Kameraden eine bessere Zukunft haben." Er sei bereit, ihr mit weiteren Auskünften zur Seite zu stehen Wenn er einmal Urlaub habe und die Möglichkeit bestehe, sie zu besuchen, werde er dies gern tun.

Damit verschwand der freundliche Briefverfasser, nach eigenen Angaben zeitnaher Zeuge der letzten Stunden Kuhfahls, aus dem Blick der Familie. Frau Kuhfahl war sicher, dass ihre weiteren Briefe an ihn deshalb nicht beantwortet wurden, weil er – wie sie vermutete – in den schweren Kämpfen seiner Einheit während der letzten Kriegsmonate in der Slowakei, in Ungarn, an der Oderfront oder im Kessel von Halbe gefallen ist. Die Witwe glaubte seinen Angaben. Zahlreiche Fragen blieben offen. Die Familie grub sich still in die Trauer um den geliebten Vater und Ehemann ein.

Bei Andorfer schien es sich um einen wohlerzogenen Menschen mit guten Umgangsformen zu handeln, der persönliche Briefe selbst unter Kriegsbedingungen zivil-höflich beantwortete. Die klare, schreibgeübte Handschrift des (kaufmännisch gebildeten?) Briefschreibers ließ einen gewandten Mann vermuten, der die deutsche Rechtschreibung fast fehlerfrei beherrschte, der imstande war, seine Gedanken im sinnvollen Aufbau höflich, lebenserfahren und geschickt zu formulieren, der eher ein Betrüger als ein Gewaltverbrecher war. Er hatte offenbar zu Kuhfahl während der kurzen Zeit in Weißrussland eine auf Sympathie und vergleichbarem Bildungsstand beruhende mitmenschliche Beziehung aufgebaut. Das Überbringen der Post durch diesen Mann an Kuhfahl konnte für eine Funktioner-Position sprechen, in der die Einheit ihm trauen konnte. Andorfer schien ein umgänglicher Bayer zu sein, der mit dem menschenfreundlichen und nicht misstrauischen Immer-noch-Christen Kuhfahl aus dem deutschen Norden gut auskam.

Dass er die vor allem den Angehörigen gegenüber üblichen Trostfloskeln der aufgeblasenen Heldenprosa verwendete („an der Spitze seiner Männer den Heldentod fand"), sprach für eine militärische Erfahrung und seine subkulturelle Einpassung als Soldat. Der Hinweis, dass Kuhfahl durch Kopfschuss gestorben sei, war nicht wörtlich zu nehmen. Diese nicht seltene Trostformulierung wurde verwendet, um den Angehörigen vorzutäuschen: „Er hat nicht gelitten, sondern war sofort tot." Als sozialer Trostversuch musste auch die Anmerkung verstanden werden, dass „heute noch viel von ihm in der Kompanie gesprochen wird". In einer solchen zusammengewürfelten, immer wieder leer geschossenen, dann wieder aufgefüllten Einheit gab es im Januar 1945 nur noch wenige Soldaten aus der weißrussischen Einsatz- und Fluchtzeit der Kompanie. Die Gespräche der Männer drehten sich gewiss nicht um einen nur noch wenigen bekannten Soldaten, der vor Monaten gefallen war, es sei denn, dessen Tod habe sich durch besondere Umstände von den anderen Todesfällen unterschieden. Nur dann konnte er zur repetierbaren Kompanielegende gehören, die abends bei einer Zigarette weiterzuspinnen war.

Gewisse Unstimmigkeiten im Brief stehen neben erkennbarem Wohlwollen und der Freundlichkeit des Verfassers. Sie fallen als Gegensätze auf. Mir kam es vor, als ob der Verfasser des Briefes der Witwe eine weiter reichende, verdeckt gehaltene Information zu geben versuchte, deren volle Bekanntgabe ihn gefährden würde. Er wollte „waschen, ohne selbst nass" zu werden. Er wollte los werden, was ihn bedrückte. Hatte er ein schlechtes Gewissen, das ihn zu den versteckten Andeutungen zwang? Gab es eine Wirklichkeit hinter der beschriebenen Wahrheit? Sollte diese wirkliche Wahrheit durch Frau Kuhfahl gefunden werden? Wie konnte diese Wahrheit gefunden werden? Wie sah sie aus? War die verdeckte Information die eigentliche Nachricht des Briefes? Es kam darauf an, durch den Vordergrund der bloßen Worte hindurch zu schauen. Der Brief war m.E. doppelbödig. Er meinte etwas anderes, als wörtlich ausgedrückt wurde. Von dieser Arbeitshypothese ausgehend, versuchte ich weitere Überlegungen zu entwickeln.

Eingangs sprach ich getrennt mit zwei alterfahrenen, „durch die Ohren gebrannten" Kriminalisten, Vernehmungspraktikern mit jahrzehntelanger Erfahrung, ließ sie ohne Vorinformation zur Sache den Brief lesen und bat sie den Text auf sich wirken zu lassen. Beide meinten unabhängig voneinander und ohne meine Arbeitshypothese zu kennen, der Verfasser des Briefes wolle der Witwe etwas ganz anderes mitteilen, als was er vordergründig ausgeführt hatte. Ein von mir befragter über 80-jähriger, berufserfahrener Rechtsmediziner und Diplompsychologe dagegen konnte sich trotz der durch mich nachgeschobenen Phantasiehilfe selbst theoretisch nicht in den von mir gesehenen Briefhintersinn einfühlen.

Der Polizeipsychologe Rein Karm, Bremen, versuchte eine „Textanalyse mit verzögerter Bewertung". Nach seiner Ansicht wirkt der Brief aufgesetzt und unecht. Das Schriftbild sei akkurat, doch wirke der Ausdruck unehrlich. Die Chronologie des Briefes weise Verwerfungen auf. Diese mögen dadurch gefördert werden, dass der Verfasser sich auf zwei Ebenen äußert, nämlich a) auf einer formalen und b) auf einer eigentlichen, der sachbezogenen. Auf der formalen Ebene beschreibe er die Umstände, die zum Tode des Ehemannes der Empfängerin des Feldpostbriefes geführt haben. Die eigentlichen Botschaften beinhalten rechtfertigende und anbiedernde Selbstdarstellungen des Verfassers. Karm nimmt dem Verfasser des Briefes nicht ab, dass seine Beziehungen zum gefallenen Ehemann der Witwe Kuhfahl herzlich und freundschaftlich gewesen waren. Vielmehr sei eine freundschaftliche Beziehung zu dem als gefallen bezeichneten guten Kameraden Oug. anzunehmen, der gleichzeitig mit Kuhfahl aus der Frontszene verschwand und als gefallen galt. Soweit Karm. Einige Stellen des Briefes ließen Unwahrheiten erkennen, nämlich dort, wo zeitgemäße Klischees, Wortwendungen und Stereotypen verwendet wurden. Die waren jedoch für die Erhärtung oder Ausräumung meiner durch kombinierte Indikatoren gestützten Hypothese relativ belanglos.

Welche Umstände aber ließen sich im Sinne meiner Überlegungen als Indikatoren oder sogar als Indizien für eine bedeutungsvolle, hintergründige zentrale Information und damit zumindest für einen möglicherweise wegweisenden Arbeitsansatz verwerten?

Die psychologischen interessanten Verstärkungsformeln zum Beispiel lassen aufmerken.[90] Sie lassen vermuten, dass die in diesem Zusammenhang genannten Sachverhalte nicht oder nicht so wie beschrieben abgelaufen waren, dass aber der Berichter diese Begriffe als Vergrößerungs- und Verstärkungsfaktoren für seine Behauptungen benötigt. Eine solche „Übertreibung" (Verstärkung) ist z.B. die Erwähnung des zweiten Soldaten O., der gleichzeitig mit Kuhfahl gefallen sein soll. Die Erwähnung dieses Soldaten gegenüber einer Witwe, die diesen Mann nicht gekannt hatte, konnte vielleicht bedeuten, dass Andorfer die Witwe um mitleidendes Bedauern („Sehen Sie, mir geht es ähnlich wie Ihnen. Ich trauere auch") bitten wollte. Ich nahm nicht an, dass er, der im Gewaltmedium KZ abgehärtete ehemalige Dachinierer aus Straubing, eine tröstende, wechselseitige Anteilnahme auslösen wollte.

Der zweite Mann namens Oug. wurde vom Briefschreiber als „guter Kamerad" apostrophiert. War also der Gefallene von der subjektiven Bewertung her (d.h. nach der inneren Gefühlslage) im Vergleich zu Kuhfahl doch kein so „guter" Kamerad des Briefeschreibers? Wollte Andorfer im Brief nur einen glaubwürdigen Anlass anführen, warum er den Oug. erwähnte? Hatte Oug. sich in einer unverzeihlichen Weise nicht wie ein guter Kamerad verhalten?

---

90 Siehe hierzu als Beispiel für die Aufdeckung der tatsächlichen Hintergründe bei Verwendung von Verstärkungsformeln („Basta"-Wörter) Herbert Schäfer, Pfeiffer contra Barschel, Bremen, 1991, S. 110 ff. (115)

Als Berufs- und Gewohnheitsverbrecher war Oug. gewiss wesensmäßig anders, härter und rücksichtloser als der von seiner primären Sozialisation her bürgerliche Verfasser des Briefes, das ist mit einiger Sicherheit anzunehmen. Dieser musste bei seiner absichtsvollen Erwähnung wegen der innerlich bestehenden tatsächlichen Distanz zwischen den beiden sich gerade und besonders auf eine gute Kameradschaft berufen.

Warum sollte die Qualität der Beziehung zwischen zwei Soldaten die ferne Witwe Kuhfahl interessieren? Welche Rolle spielte bei Andorfers Andeutungen die behauptete Gleichzeitigkeit des Soldatentodes? Ist der gute Kamerad in Wahrheit nicht gleichzeitig mit Kuhfahl gefallen? Ist er überhaupt gefallen? Was sollte dieser Hinweis – ob er nun der Wahrheit entsprach oder eine Lüge war – eigentlich besagen? In welcher Richtung sollte dadurch etwas angedeutet werden? Welche Aktivitäten oder Fragen sollten ausgelöst werden?

Ist Oug.s Verschwinden (Tod?) ein Vermisstenfall, der beim Vorgang Kuhfahl meldemäßig mit Legende „untergebracht" wurde, um die Kompaniepapiere nach außen honorig glatt zu stellen? In dieses Bild gehört dann die vier Wochen später als die erste Meldung aus der Kompanie an die Witwe des Oug. geschriebene Meldung, ihr Mann sei in Warschau beim Häuserkampf gefallen.

Was sollte in diesem Zusammenhang Andorfers Hinweis, die Einheit sei am 5.7.44 – dem angegebenen Todestag Kuhfahls – in Kämpfe mit „regulären russischen Truppen" verwickelt gewesen? Ein solcher Kampf war am 7.7.44 abgelaufen. Wieso sollte der Hinweis auf den Kampf mit „regulären Truppen" die Witwe Kuhfahl im fernen Oldenburg interessieren, die doch kaum den Unterschied zwischen Partisanen und regulären Truppen gekannt haben dürfte, ein Unterschied, der sich überdies in diesen Wochen immer mehr verwischte? Anni Kuhfahl konnte den Sinn und den Hintersinn dieses Hinweises und die Sachzusammenhänge nicht erkennen. Sie konnte nicht wissen, dass die Partisanen aus dem riesigen, stets partisanendurchsetzten Nabolickiwald inzwischen zu Großverbänden angewachsen waren, die sich nach und nach in die regulären offensiv vordringenden russischen Armeeverbände eingliederten.

Dieser militär-logistische Entwicklungsstand war aber am 5.7.44 dem Todestag von Kuhfahl noch nicht erreicht.

Am meisten auffällig ist die Weitergabe der Anschrift der Witwe Oug. an die Witwe Anni Kuhfahl. Warum wurde die familiäre Heimatanschrift des „guten Kameraden" der unbekannten Witwe Kuhfahl gegenüber preisgegeben? Die Ehefrau des Oug. erhielt keinen gleichartigen Adressenhinweis auf Frau Kuhfahl. Musste die Frau des „guten Kameraden" nicht auch getröstet werden?

Die heute noch lebende betagte Tochter des Oug., die ich im Sommer 2004 ermittelte und ansprach, fand im elterlichen Nachlass zwar einige wenige Briefe das Vaters aus dem Konzentrationslager, aber keinen Brief des ihr auch nach dem Krieg unbekannt gebliebenen Andorfer. Ein solcher Anschriftenhinweis an die Familienangehörigen anderer gefallener Soldaten ohne bereits bestehende Zwischenverbindungen war ungewöhnlich. Der Hinweis half der Witwe weder in ihrer Trauer noch war ein sonstiger Nutzen zu erkennen. Könnte dieser Adressenhinweis einen über sich hinausreichenden Sinn haben? Sollte er zur Kontaktaufnahme auffordern? Warum aber? Sollte der Hinweis eine dauerhafte, auch später noch nachprüfbare Spur legen? Die Spur wessen, warum, wohin? Verhielt sich hier der Arbeitsscheue vom Elbufer gegenüber dem „rabiaten" guten Kameraden versteckt anders, als erwartet werden durfte? Distanzierte er sich innerlich von dessen Verhalten (etwa von der Fahnenflucht des „guten Kameraden"?).

Nichts war in diesem Stadium der Überlegungen bewiesen, aber alles blieb wahrscheinlich. Die rücksichtslosesten Abweichungen vom militärischen und menschlichen Normalverhalten können normal werden, wenn durch die Regelverletzungen Leben gerettet werden sollen. Dann implodiert der tradierte Sitten- und Ehrenkodex selbst überschaubarer Gefahrengemeinschaften. Atavistische Neigungen gewinnen die Oberhand.

Anni Kuhfahl ist seinerzeit diesem Fingerzeig im Brief – wenn es denn einer war – nicht nachgegangen. Sie hat zu der Frau des angeblich gleichzeitig mit ihrem Mann gefallenen Bewährungsschützen aus dem Oberpfälzer Wald keinen Kontakt aufgenommen.

XXXI. Ein kriminalistischer Ansatz

Im Herbst 2004 griff ich das Indikatorenpuzzle, den vagen Anscheinsverdacht zwischen den deutbaren Hinweiskrümeln auf. Ich entdeckte 60 Jahre nach Kuhfahls Tod konkret eigenartige Umstände, die darauf schließen ließen, dass Kuhfahl am 5.7.1944 nicht gefallen sein konnte. Er starb – wenn überhaupt damals – unter dubiosen Umständen. Dem Anschein nach wurde er als verantwortlicher Gruppenführer auf dem Rückzug der Einheit ermordet, weil er dem zum Überlaufen entschlossenen Oug. den Weg zu den russischen Linien frei machen musste.

Auch die Ehefrau des Oug. hatte – wie mir die noch lebende Tochter im Gespräch mitteilte – ein Schreiben des Kompanieführers vom 5.10.1944 erhalten, dessen Ablichtung mir die Tochter zur Verfügung stellte. Dem Schreiben zufolge sei ihr Vater bei den „Straßenkämpfen in Warschau am 21.9.1944" gefallen. Der Kompanieführer schrieb der Witwe: „Die ununterbrochenen schweren Straßenkämpfe, die erst mit der Kapitulation der Aufständischen ihr Ende gefunden haben, machten es unmöglich Sie früher zu benachrichtigen. Ihr Mann gehörte noch nicht allzulange meiner Kompanie an. Er hat als Soldat und Kämpfer für Großdeutschland tapfer und mutig gekämpft. Seine Beisetzung erfolgte unter militärischen Ehren auf dem Heldenfriedhof in Warschau. Nehmen Sie bitte geehrte Frau Oug. die Anteilnahme meiner ganzen Kompanie entgegen. Die Nachlasssachen werde ich Ihnen in den nächsten Tagen durch die Post zugehen lassen." (Unterschrift: Mißmann als Kompanie- und Kampfgruppenführer, Feldpostnr. 00512 C).

Die Ehefrau des Soldaten Oug. aus dem kleinen Walddorf verschickte die ortsüblichen Todesanzeigen mit einem Foto ihres erblondeten Mannes, das ihn, den Dunkelschopf, verblüffenderweise mit blondgefärbten Haaren in einer Uniformjacke der Wehrmacht zeigte. Der Hoheitsadler ist ordentlich auf der rechten, oberen Brustseite aufgenäht und nicht auf dem linken Oberarm wie bei Uniformjacken der Waffen-SS. Auf dem rechten Kragenspiegel sind aber SS-Runen auf schwarzem Grund zu sehen, ein atypisches Mixtum. Der linke Kragenspiegel zeigt ein schwarzes, leeres Feld.

Die Witwe ließ für ihren toten Mann ein Seelenamt in der Kirche lesen. Kurze Zeit später traf bei ihr ein weiterer Brief vom 18.10.1944 ein (Feldpostnr. 00512 A) ein. Der Brief hatte den gleichen Wortlaut wie die Todesmitteilung in Sachen Kuhfahl. Auch hier wurde – jetzt unter Bezug auf die Angaben des Sturmmannes Andorfer – als Todesursache ein Kopfschuss angegeben. Der Tod sei beim Einsatz für die Nachhut am 5.7.44 eingetreten, die Beisetzung sei „auf einem Friedhof bei Wolkowischen" unter allen militärischen Ehren erfolgt.

Die Schlüsselperson der Ereignisse, die mein Misstrauen hervorrief, war der Bewährungsschütze Oug. aus dem Oberpfälzer Wald. Dieser am 24.2.1909 in einem kleinen Dorf in der Oberpfalz geborene, stämmige Soldat wurde – nicht überprüfbaren mündlichen Angaben aus seiner früheren dörflichen Umwelt zufolge[91] – 1938 festgenommen, als Rückfalltäter verurteilt und eingesperrt. Die Leute im Dorf wussten von „Schweren Diebstählen" des aus einer kinderreichen Familie stammenden Mannes, für den sie aber in den Gesprächen mit mir eher Verständnis zeigten („Damals herrschte große Not und viele hier waren sehr arm").

Er wurde nach der Strafverbüßung als Berufs- und Gewohnheitsverbrecher in das Konzentrationslager Sachsenhausen in Oranienburg bei Berlin eingewiesen (Häftlingsnr. 51960 Block 15). Dann folgte (ab 20.10.1941) harte Zwangsarbeit im Steinbruch des KL Flossenbürg. Im Jahre 1943 bot sich ihm die Chance, der „Ermordung durch Arbeit" durch Freiwilligenmeldung zur Brigade Dirlewanger zu entkommen, die damals zum ersten Mal in Konzentrationslagern werben durfte. Am 14.4.44 kam er mit 69 anderen KZlern zu Dirlewanger. Oug. nahm an dem letzten Einsatz der Brigade gegen Bauern und Partisanen im April 1944 in Weißrussland teil.

---

91 Als einzige Informationsquelle standen anfänglich nur die in der oral history so wichtigen „Zeitzeugen über 80" zur Verfügung, die sich gut an den von Natur aus dunkelhaarigen Athleten Oug. erinnern konnten. Die Verläßlichkeit dieser Zeitzeugen, die namentlich mit Rücksicht auf ihre Lebensgemeinschaft in einem altrustikal, hierarchisch geordneten Dorf auf keinen Fall genannt werden wollten, wurde durch Gespräche mit Auskunftspersonen gegengeprüft.

In seiner Heimat war er dem dörflichen on dit zufolge als „brutaler Hund" bekannt gewesen, dem der Durchschnittsdörfler lieber aus dem Wege gegangen war. In Wirtshäusern erzählte er nach dem Krieg seinen Zechkumpanen von einer „Messerstecherei im Riesengebirge", nach der er festgenommen worden sei. Diese Straftat ist nicht gerichtsaktenkundig. Entsprang die Geschichte seiner Phantasie oder wurde darin eine Wahrheit zeitverändert und ortsverlagert erzählt?

Seine kriminelle Laufbahn konnte im Februar 2006 anhand der bei der Staatsanwaltschaft Straubing geführten Nachkriegs-Sammelakte (Ds 41ab/48; DLs 4 a-j/48)[92, 93] rekonstruiert werden. Am 26.7.1948 verurteilte ihn das AG Neunkirchen wegen Beihilfe zum Diebstahl von Föhrenstämmen zu einer Geldstrafe von 20,– Reichsmark, ein regionales, zeitgemäßes Kavaliersdelikt für lange Finger.

Oug. war „ein bekannter Dieb, der noch keine Tat – auch wenn er schon überführt war – zugegeben hat".[94] Er. war am 22.9.1927 – achtzehnjährig – wegen eines fortgesetzten Verbrechens des Diebstahls etc. zu einer Gefängnisstrafe von einem Jahr und vier Monaten verurteilt worden, war also schon als Jugendlicher als Dieb bereits bekannt. Am 22.6.34 wurde er erneut durch das Amtsgericht Straubing wegen etlicher Diebstähle zu einer Gefängnisstrafe von einem Jahr und zehn Tagen verurteilt.

Die Große Strafkammer des LG Straubing hatte ihn am 5.7.1938 wegen eines Verbrechens des schweren Diebstahls im Rückfall (u.a. geschnitzte Heiligen-Figuren aus einer Feldkapelle in der Tschechoslowakei) und eines Betruges (mit gestohlenen Fahrrädern) zu einer Gesamtstrafe von 3 Jahren und 3 Monaten Zuchthaus verurteilt. In Nachkriegslebensläufen gab er (z.B. am 3.6.1948)

---

92 Bayer. Staatsarchiv in Landshut/Burg Trausnitz) 520-1sNS+Sch, – Akten AG Neukirchen Rep 165 St., Nr. 2447 u. 2930, Spruchkammer Kötzing Rep. 241/8 Nr. 113, mit seinen Angaben, er sei wegen Schmuggel und Wilderei verurteilt worden.
93 Bericht der Gendarmerie-Station Eschelkam vom 16.9.1936 an das AG Neukirchen Hl. Bl.
94 Die freundliche Mitteilerin untersucht die Befreiung ihrer Heimat im Verlauf der hier beschriebenen großen russischen Offensive. Sie hat auf Anregung durch den Verfasser die durch seinen Fragebogen vorbereiteten Gespräche mit Zeitzeugen begonnen.

an, er sei wegen Schmuggel und Wilderei vom 26.11.1936–15.4.1944 im KZ Flossenbürg eingesessen.

Man kann sich vorstellen, mit welchen Vorbehalten und mit welch gegenseitigem Widerwillen sich Kuhfahl und Oug. begegneten. Bis zum 5.7. hatten sie sich nur während einzelner Ausbildungsvorgänge oder im Rahmen der Absetzbewegungen gesprochen. Am 5.7.1944 ging ein von Kuhfahl angeführter (stehender?) Spähtrupp mit Oug. und dem Bewährungsschützen Andorfer auf Erkundung, wenn man dem späteren Brief Andorfers folgen darf.

Es ist heute nicht mehr zu ermitteln. ob und wie es schon am 5.7.44 zu einem Zusammenstoß mit russischen Soldaten gekommen sein soll und auf welche Weise Andorfer aus der Kampfhandlung, über die er nichts berichtet, herauskommen konnte. Von Andorfer liegt keine Beschreibung des Zusammentreffens mit russischen Soldaten vor.

Die Direktorin des heutigen Geschichtssmuseums in Navagrudak berichtete mir im Dezember 2005 auf Grund ihrer Gespräche mit einem ehemaligen Partisanen und einem 73-jährigen Zeitzeugen, dass bei dieser Riegelstellung zunächst (ab 5.7.44 und vorher) nicht gekämpft worden sei. Am 7.7. habe aber ein ortskundiger einheimischer Bauer eine reguläre Armeeeinheit gegen die Flanke der Riegelstellung geführt. Die Deutschen seien überrascht worden und es sei zu einem heftigen Kampf gekommen, an dessen Ende sich der sowjetische Verband zurückziehen musste.

Dieses erste Gefecht bei Wolkowicze fand seinen Niederschlag in einem Antrag auf Verleihung des Deutschen Kreuzes in Gold[95] an den SS Sturmbannführer Weisse, der seit Juni 1943 in der Brigade eingesetzt war und der im Juli 1944 das erste Bataillon führte. In diesem Antrag heißt es u.a.: „Am 7.7.44 anlässlich der allgemeinen Absetzbewegungen im Mittelabschnitt konnte Sturmbannführer Weisse wiederum einen beachtlichen Erfolg erzielen. Als der Gegner mit

---

95 Siehe hierzu undatierten Antrag eines SS Oberführers und Kommandeurs an das Oberkommando, Chef der Bandenkampfverbände, den kommandierenden General des Raumes Warschau, der dem Verleihungsvorschlag wegen des besonderen mehrfach tapferen Verhaltens von Weisse am 22.8.1944 zustimmte. (Bundesarchiv, Außenstelle Ludwigsburg, B 162/16570).

starken infanteristischen Kräften die neu angelegte Riegelstellung bei Lida angriff, setzte Sturmbannführer Weisse, die Gefahr erkennend, aus eigenem Entschluss mit einer Kompanie zum Flankenangriff an. Durch sein schneidiges Vorgehen gab er den Männern ein Vorbild an Einsatzfreudigkeit. Durch seinen rücksichtslosen persönlichen Einsatz und seine Entschlossenheit wurden die Männer mitgerissen und es gelang durch den gut geführten Flankenstoß, den Feind unter erheblichen Verlusten zum Rückzug zu zwingen. Durch das Zurückschlagen des Gegners war die Voraussetzung geschaffen, große Teile der Trosse verschiedener Einheiten auf der Rollbahn durchzuschleußen, die anderenfalls dem Abgeschnittenwerden und der damit verbundenen Vernichtung nicht entgangen wären."

Am 7.7.44 war Kuhfahl schon tot, weil er wahrscheinlich ermordet worden war.

Die von Kuhfahl geführte Einheit (wahrscheinlich eine kleine Gruppe) konnte am 5.7. nicht weit voneinander getrennt vorgegangen sein oder in Deckung gelegen haben, wenn sie sich an die infanteristischen Bewegungsregeln in Feindesland hielt. Sie musste in diesem fremden Gelände[96] dicht in abgesprochenen Abständen zusammenbleiben. Jeder musste normalerweise im Interesse eines koordinierten Vorgehens und des gegenseitigen Feuerschutzes die anderen sehen und decken können. Jeder musste daher wahrnehmen, was mit dem nächsten Nebenmann geschah oder was ihm drohte. Wenn dieses taktische Regelverhalten fehlte oder mit Absicht ignoriert wurde, war irgendetwas nicht in Ordnung. Im einfachsten Falle war das Vorgehen militärisch absichtlich oder fahrlässig fehlerhaft.

Kuhfahl und der Bewährungsschütze Oug. kamen – so Andorfer – beide vom Einsatz am 5.7. nicht zurück. Die Frage bleibt ungeklärt, wo Andorfer war, als die beiden Männer angeblich ihr Leben verloren! Als die dann (wahrscheinlich wie üblich) eingesetzten eigenen Leichensucher nach Andorfers Angaben z w e i tote Soldaten vor der bezogenen Verteidigungslinie gefunden hatten,

---

96 Oug. soll nach dem Krieg im Wirtshaus erzählt haben, die Ereignisse hätten sich in einem Roggenfeld abgespielt.

wurden diese („w i r haben s i e zurückgebracht", wie Andorfer in seinem Brief angab) in Richtung des Dorfes Wolkowiczen zurückgetragen. Sie wurden vor dem Dorf („mit allen militärischen Ehren") – also unter den Personalien des Oug. und des Kuhfahl; (mit eigenen Erkennungsmarken?) bestattet, wenn wir die Angaben des Zeugen Andorfer als wenigstens teilweise richtig unterstellen dürfen.

Andorfer war – wie er der Witwe Kuhfahl schrieb – bei der Bestattung nicht anwesend, weil er nach Ablage der Leiche(n) wieder „nach vorn in die Stellung" zurückgekehrt sein will.

Wenn aber Oug. nicht gefallen, sondern unter für ihn günstigen Umständen verschwunden, abgetaucht und zum Russen übergelaufen ist, dann konnte bei Wolkowicze der Körper des angeblichen Oug. nicht unter dem Namen Oug. bestattet worden sein. Es konnte stattdessen der richtige Kuhfahl mit zerschnittenem Gesicht (mit der Erkennungsmarke des Oug. und unter dessen Namen) bestattet worden sein. Wenn Andorfer die Frontflucht seines „guten Kameraden" decken sollte, dann konnte – da die Flucht augenscheinlich gelang – zwar ein Soldat unter dem Namen Kuhfahl offiziell bestattet worden sein, dessen Corpus jedoch mit der Erkennungsmarke des Oug. ausgewiesen wurde. Dieser Zustand müsste heute noch festzustellen sein, da das Grab von „Kuhfahl" bis heute noch nicht gefunden wurde.

Dem verwegenen, polizeilich als lügen- und trickreicher Schwerverbrecher eingestuften Mann von der deutsch-tschechischen Grenze, eingeblondet wie im Passbild Kuhfahl, stämmig und körpergewandt, war in seiner Lage vom 5./6.7.1944 jeder Trick und jede Gewalt zuzutrauen. Der Mann wollte überleben. Er war clever. Der Überlebenswille beseitigte letzte Hemmungen, hob Grenzen auf und setzte Energien frei.[97]

---

97 Frau Ludmila Katschanowitsch, Vertretung des Deutschen Volksbundes für Krieggsgräberfürorge, Minsk, wies am 5.4.2005 freundlicherweise darauf hin, dass Zeitzeugen in Wolkowicze zu den hier angedeuteten Abläufen evtl. Angaben machen könnten. Nähere oder weiterführende Angaben waren von ihr nicht zu erlangen.

Das vertiefte Untersuchen der „Spur Andorfer" konnte wahrscheinlich weiteren Aufschluss geben. Der Mann aus Straubing war ein bunter Vogel. Der am 10.9.1905 in Straubing als der fünfte Sohn eines Speditionskaufmanns geborene Andorfer war beim Tode des Hauptmanns Kuhfahl der zweite Mann in der spähenden Gruppe. Er konnte unmittelbarer oder mittelbarer Zeuge beim Tod des Hauptmanns gewesen sein. Andorfer kehrte 1946 sehr krank aus russischer Gefangenschaft in sein Elternhaus zurück („Er litt an einem furchtbaren Husten" berichtete mir im Januar 2005 eine familienvertraute Zeitzeugin). Der unverheiratete und kinderlose Mann verstarb am 5.5.1951, wurde also nicht ganz 45 Jahre alt. Er hatte sich bei der Witwe Kuhfahl nach 1946 nicht mehr – wie er als Möglichkeit im Brief vage angedeutet hatte – blicken lassen und hatte ihr auch nicht mehr geschrieben.

Der aus guter Familie stammende Bürgersohn war seit 1927 in Hamburg wohnhaft (also mit 18 Jahren, wie der Stadtklatsch noch Jahrzehnte später zu berichten wusste), nachdem er „mit den Lohngeldern der Spedition seines Vaters dorthin verschwunden" war. In Hamburg hatte er das Geld durchgebracht „und hatte seither nichts mehr gearbeitet, sondern sich lieber auf den Deichwiesen am Elbufer in die Sonne gelegt und schönen Frauen hinterher geschaut" (wie Zeitzeugen sich erinnern können). Alte Straubinger erzählten mir (2004): „Bei seinem Charme flogen ihm die Frauenherzen nur so zu". Er sei „zwar faul, aber kein Verbrecher gewesen" verteidigte ihn heute noch lächelnd und verzeihend eine betagte Verwandte. Eines Tages, so erinnert sie sich, wurde er dann in ein Konzentrationslager eingewiesen. Wahrscheinlich geschah dies im Zusammenhang mit der am 13. und 18. Juni 1938 durchgeführten Aktion „Arbeitsscheue Reich", die sich gegen als asozial eingestufte Personen richtete. Mehr als 10.000 Menschen dieser Klassifikation wurden eingesperrt und in die KZ verbracht. Nach dem Grunderlass vom 14. Dezember 1937 „Vorbeugende Verbrechensbekämpfung" konnte „wer ohne Berufs- oder Gewohnheitsverbrecher zu sein, durch sein asoziales Verhalten gefährdet" mittels kriminalpolizeilicher Verfügung in Vorbeugungshaft genommen und in ein Konzentrationslager eingewiesen werden, mit der von Heydrich stammenden generellen Begründung, dass „das Verbrechertum im Asozialen seine Wurzeln hat." Diese Häftlingsgruppe trug an der KZ-Bekleidung braune, später schwarze Winkel. (Andorfer trug nach eigenen, von Zeugen bestätigten, Angaben den grünen Winkel des Berufsverbrechers an seiner Sträflingskleidung.) Nach einer Durchführungsverordnung von 1938 galt als asozial, wer „durch gemeinschaftswidriges, wenn auch nicht verbrecherisches Verhalten zeigt, dass er sich nicht in die Gemeinschaft einfügen will". Als asozial wurden auch Personen eingestuft, welche „durch geringfügige, aber sich immer wiederholende Gesetzesübertretungen sich der in einem nationalsozialistischen Staat selbstverständlichen Ordnung nicht fügen" wollten. Gerichts-, Polizei- oder KZ-Akten, die über Andorfer Auskunft geben könnten, sind heute nicht mehr zu finden.

Durch mehrere Zeugen wurde 1946 bestätigt, dass er den „Grünen Winkel" der Berufsverbrecher an seiner gestreiften KZ-Bekleidung getragen habe, dass er aber „ein sehr umgänglicher Mensch gewesen sei, der sich vor allem mit den politischen Häftlingen gut verstanden" habe.

Nach seinen (falschen) Nachkriegsangaben vor der Spruchkammer Straubing wurde er 1936 wegen „Heimtückevergehens" zu zweieinhalb Jahren Zuchthaus verurteilt, anschließend unter Polizeiaufsicht gestellt und bei Kriegsbeginn ins KZ verfügt. Nach seinen Erzählungen innerhalb der Familie ist es ihm aber im Konzentrationslager „nicht schlecht" gegangen, weil er immer „gute Verbindungen zur Küche" gehalten habe.

Andorfer kam im September 1939 in das KZ Oranienburg, am 9.3.40 in das KZ Dachau (bis Ende Mai 1940), und dann zum Aufbau und Inbetriebnahme des als Massenvernichtungslager organisierten neuen Konzentrationslagers Auschwitz, wo er bis Juli 1943 blieb. Er wurde als Capo einer Arbeitsgruppe polnischer politischer Häftlinge bei Kanalisationsarbeiten im Frauenlager eingesetzt. Er war wegen seiner Hilfsbereitschaft beliebt.

Am 1.3.1923 war er Mitglied der NSDAP (und der SA) geworden und bis zum Verbot dieser Partei im November 1923 geblieben. (Am 9.11.1923 scheiterte bekanntlich Hitlers Aufstand vor der Feldherrnhalle in München im Gewehrfeuer einer von Freiherr von Godin, [98] geführten Einheit der Bayerischen Landespolizei). Die NSDAP wurde danach verboten. 1924 trat er in die Kommunistische Jugendorganisation ein, wurde aber nicht aktiv.

1943 erfasste ihn im KZ zwangsweise die Bewährungsbrigade Dirlewanger.[99] Im Verlauf der letzten Einsätze (Frühjahr 1945: Kessel von Halbe) gefangen, arbeitete er in einem russischen Bergwerk (angeblich in Kasachstan) und wurde von dort als „arbeitsunfähig krank" nach Straubing entlassen. Seine Mutter, die ihn bis 1959 überlebte, hatte seine Briefe und Aufzeichnungen zunächst aufbewahrt. Nach ihrem Tode wurden diese Erinnerungsstücke als für die Familie wertlos verbrannt. (Die Spruchkammer reihte ihn in die Gruppe der „Entlasteten" ein).

Der Bürgersohn Andorfer schien weder die Arbeit erfunden noch den Fleiß gepachtet zu haben. Im Konzentrationslager hatte er – wie er in Nachkriegsvernehmungen angab – anfänglich das Pech, deshalb immer wieder „aufzufallen"[100] Im März 1939 wurde er für eine Stunde „an den Pfahl" – mit auf den Rücken gebundenen Händen – gehängt, weil „ich während der Arbeitszeit einen Zigarettenstummel in der Tasche hatte". Noch im März „erhielt ich 25 Stockhiebe, weil ich während der Arbeitszeit die Hände in der Tasche hatte, was als Faulheit ausgelegt wurde," wie er in Nachkriegsvernehmungen aussagte.

Ich halte es für möglich, dass Andorfer von seiner Neigung zur Bequemlichkeit und zum Nichtstun nicht wirklich durch die ihm auferlegten Nachteile befreit wurde. Wäre es dann nicht vorstellbar, dass er die anderen Soldaten der Erkundungsgruppe, die mit ihm das russische Bauernland durchsuchen soll-

---

98 Von Godin wurde im April 1946 der erste Präsident der neuen Bayerischen Landpolizei (Nachfolgerin der Gendarmerie); der Verfasser – 20 Jahre alt – arbeitete damals als Übersetzer für die Landpolizei in Schwabmünchen.
99 Akten Andorfer (insbesondere aus der KZ-Zeit) gibt es nicht mehr, sodass nur diese spärlichen Informationen zusammengetragen werden konnten. (Aktenbestand aus Vernehmungen ehemaliger Dirlewanger im Bundesarchiv Ludwigsburg (s.Verf. gegen Steinbrenner u.a.); s. auch Spruchkammerakten Straubing A 71, StA Landshut.
100 Wie er in den Verfahren StA München II, Da 12 Js 277/48, Da 12 Js 2102/48, (Ks 9+10/51) und 8 Js 7217-7214/47 gegen Steinbrenner, Unterhuber und andere als Zeuge aussagte (Bundesarchiv Ludwigsburg, 410 AR 230/84).

ten, allein gehen ließ? Vielleicht legte er sich hinter einen Busch in die heiße Julisonne, rauchte genüsslich eine „Sport" und nickte eine halbe Stunde weg. Dann konnte er nicht wahrnehmen, was zwischen Oug. und Kuhfahl ablief – und einen lautlosen Spatenschlag oder einen stillen Dolchstich hätte er trotz Aufmerksamkeit nicht hören können. Ihm musste aber dann eine Leiche als Kuhfahls Leiche gezeigt worden sein, als sich der „gute (lebende) Kamerad" Oug. von ihm und der großdeutschen Wehrmacht verabschiedet hatte. Woher kam jene Leiche – wenn es sie gab –, welche den guten Kameraden darstellte? Wer war der zweite Gefallene?

Oder ging Oug. ohne Wissen und Abschied von Andorfer in die Büsche? Oder war seine Selbstbefreiung und Fahnenflucht mit Andorfer abgesprochen? Vielleicht mit dessen Unterstützung durchgeführt? Andorfer konnte abgesprochene Unterstützungs- und Deckungsaufgaben haben. Ist das daraus resultierende, unmittelbare Tatwissen des Straubingers eine der Quellen seines mutmaßlich schlechten Gewissens, das er durch seinen Brief an Frau Kuhfahl erleichtern wollte, indem er ihr eine kryptische Spur zur Wahrheit andeutete?

Ich durfte in dieser Phase des Brainstorming und der Hypothesenentwicklung annehmen, dass der Bewährungssoldat Oug. nicht „gleichzeitig mit Kuhfahl" gefallen war. Er war in den letzten Minuten von Kuhfahls Leben offenbar mit Kuhfahl allein unterwegs. Und er war am selben Tage wie Kuhfahl aus dem militärischen Potential der Dirlewanger-Einheit verschwunden. Sein Tod wurde zunächst weder offiziell erfasst noch „nach oben" gemeldet, vielleicht sogar wegen der unklaren Umstände verschwiegen. Später wurde der Vorgang bei den Vermißtenfällen erfasst. Wie sollte ihn die Kompanie berichtsmäßig erklärend in der Mannschaftsstärke abbuchen?

Für die Zeit vom 1.7. bis 10.7. ist bei Dirlewanger ein einziger Abgang verzeichnet. Es existiert aus dieser Zeit eine Verlustmeldung über den namentlich genannten, spurlos verschwundenen, von der Reichspost abgestellten[101] Funker

---

101 Die von der SS vereinnahmten Postbediensteten – meist Männer – des SS-Postschutzes wurden am 24.4.1944 zum Stammpersonal der Dirlewanger-Einheit abgestellt, wo sie als Funker eingesetzt wurden, nachdem am 15.4.44 in Krakau eine Ersatzkompanie für Dirlewanger eingerichtet worden war.

Franz Baier (also Nicht-KZler), der – ohne dass besondere Kampfhandlungen als Ursache für das Verschwinden in der Riegelstellung genannt worden wären – ohne Aufhebens plötzlich fehlte.[102] Desertierte der „Mann von der Post" namens Franz Baier, von dem nichts weiter bekannt ist, als dass er aus Außig im Sudetenland stammte, aus dem Bataillongefechtstand, wo sich das Funkgerät wahrscheinlich befunden haben dürfte? Ich halte dies für unwahrscheinlich. Wurde Baier von den eigenen Leuten umgebracht, da er nicht zur Subkultur der KZler gehörte und er vielleicht noch als Postler einen interessanten Nichtkombattantenausweis besaß?[103]

Es konnte nach meinem Erkenntnisstand in dieser Phase der Untersuchungen – hypothetisch – davon ausgegangen werden, dass Oug. am 5./6.7.1944 nicht fiel, sondern weiterlebte.

Tatsächlich überlebte Oug. den Krieg und tauchte im September 1945 aus russischer Gefangenschaft entlassen in seinem Heimatdorf auf, wie mir seine Tochter, eine inzwischen betagte Siebzigerin, auf telefonische Anfrage zu meiner größten Überraschung erzählte. Er wurde – wie sich einige der inzwischen weit über 80-jährigen Männer im Dorf erinnern können – durch die amerikanische Militärpolizei („Da war sogar ein Neger dabei!") nach einer Woche „wieder eingefangen" und in Regensburg im „Camp 22" aufbewahrt. Aus dem „Prisoner of War Enclosure Nr. 22 Regensburg" durfte nach einem Befehl des US-Hauptquartiers grundsätzlich kein Waffen-SS-Angehöriger freigelassen werden. Angehörige der Waffen-SS galten den Amerikanern als gefährlich und kollektiv als Kriegsverbrecher. Die im August 1945 angeordnete allgemeine Entlassung der deutschen Kriegsgefangenen galt nicht für sie. Mit 11.049 Gefangenen war das Camp im Frühjahr 1946 das drittgrößte amerikanische SS-Lager in Deutschland und Österreich. Darüber hinaus gab es am 6.12.1945

---

102 Mitteilung der Deutschen Dienststelle für die Benachrichtigung der nächsten Angehörigen von Gefallenen der ehemaligen deutschen Wehrmacht vom 24.3.2005.

103 Leider war es während der Suche nach lebenden Verwandten von Franz Baier 2005/06 nicht möglich, eine einzige lebende „Baier-Adresse" aus der zahlreiche Baier-Namen umfassenden Liste der Namensträger aus Außiger Quellen zu erhalten. Der Sachwalter der Informationen berief sich bei seiner Verweigerung von Baier-Adressen auf seine Verpflichtung zum „Datenschutz".

in der gesamten US-Zone insgesamt 117.512 Internierte. Die amerikanischen Internierungslager unterstanden dem amerikanischen Geheimdienst (Counter Intelligence Corps; CIC), der die Befragung und Ausforschung und die Suche nach Kriegsverbrechern betrieb, bis im Laufe des Jahres 1946 die Lager den deutschen Behörden übergeben wurden.[104]

Vernehmungsniederschriften über die während dieser Zeit von Oug. gemachten Aussagen gibt es weder im Bayerischen Hauptstaatsarchiv noch in dessen Außenstellen noch im Nationalarchiv in Washington. Diese Protokolle hätten vielleicht Auskunft geben können über den eventuellen Umgang mit Kuhfahls Namen. Am 21.5.1946 entließ das US Amerikanische Discharge Center Oug. als „discharged from the army SS" endgültig. Er litt an Zwölffingerdarmgeschwüren und hatte offene Geschwüre an beiden Beinen und an den Hüften. Der arbeitsunfähige Mann („limited duty") kehrte in sein Dorf zurück, wo seine Familie ihn aufpäppelte. Die Einwohner, die zahlreichen Verwandten und seine Kinder nahmen ihn ohne Vorwurf (und hinsichtlich seiner Vergangenheit kaum informiert) wieder auf. Die toleranten Dorfbewohner meinten, jetzt habe der Mann, der nach seiner Rückkehr dem Dorfwissen zufolge auch später nicht mehr straffällig[105] wurde, genug gelitten.

Obwohl viele ihn scheuten und ihm nicht recht trauten, nahmen ihn die Biertische der Heimat an. Seit 1954 war er Mitglied der örtlichen Kriegerkameradschaft. Nach dem Tod seiner Frau heiratete er erneut. 78-jährig starb er am 28.2.1987 und wurde am 3.3.1987 feierlich unter Mitwirkung des Veteranenvereins, mit Fahne und Musik, beerdigt. Alle sangen an seinem Grab aus Überzeugung das Lied vom „Guten Kameraden".

---

104 Rainer Ehm, 93.839 Meter Stacheldraht, Zur Geschichte des Barackenlagers für Kriegsgefangene und Internierte in Regensburg, in: Regensburg 1945–1949. Der Bericht wurde von Herrn Dr. Ehm freundlicherweise zur Verfügung gestellt, wofür ich ihm sehr herzlich danke.
105 Nach Hans-Peter Klausch, Antifaschisten in SS-Uniform, Temmen, Bremen, 1993, sind durch die Staatsanwaltschaft aus verschiedenen Anlässen 27 ehemalige Asoziale und Berufsverbrecher nach dem Krieg vernommen worden. Dreizehn davon seien in erheblichem Maße wieder straffällig geworden und z.T. mit Zuchthausstrafen und Sicherungsverwahrung bestraft worden.

ФЕДЕРАЛЬНОЕ АРХИВНОЕ АГЕНТСТВО

Государственное учреждение

Российский государственный военный архив

РГВА

125212, Москва, ул. Адмирала Макарова, 29
Телефон: 159-8091, факс: 159-8091, 159-8504

01.02.2006 № И-2302

на № _____ от _____

Dr. jur. Herbert Schäfer

Dietrich-Bonhoeffer-Str. 84
28327 Bremen

Уважаемый г-н Шефер!

Сообщаем вам, что в Российском государственном военном архиве на хранении имеется только учетное дело на Куфаля Альберта, сына Фердинанда, 1909 г.р., уроженца г. Магдебург, который был взят в плен 10 июля 1944 года в г. Минске и умер 7 марта 1945 года в спецгоспитале №3732, Вологодская область. Копия этого документа была направлена по Вашему запросу в Ludwig Boltzmann-Institut в декабре 2005 года. Возможно, что биографические сведения и особые приметы, указанные в опросном листе, помогут вам сопоставить известные Вам факты и подтвердить или не подтвердить выдвинутую гипотезу относительно судеб Куфаля Альберта и Аугустина Антона. Другой информации, которая помогла бы восстановить события, произошедшие в бригаде СС Дирлевангер в Белоруссии в 1944 году, в документах архива не имеется.

Для сведения сообщаем, что Куфаль Альберт, сын Фердинанда, 1909 г.р., был похоронен на кладбище спецгоспиталя №3732, располагавшемся в 1 км севернее поселка Вожега, Вологодская область, квадрат №6, могила №8. На хранении имеется схема расположения этого кладбища по состоянию на 1947 год. Сведениями о современном состоянии кладбища архив не располагает.

Зам. директора Российского
государственного военного архива   В.И. Коротаев

Зам. начальника отдела
информационного обеспечения   О. А. Зайцева

Auskunft vom russischen Militärarchiv v. 1.2.2006 (Hinweis auf Gefangennahme und Ableben eines Deutschen namens „Kuhfahl Geburtsjahr 1909")

Staatswappen Russlands

FÖDERALE ARCHIVAGENTUR
Staatliche Anstalt
**Russisches Staatliches Militärarchiv
RSMA**
125212 Moskau, Admiral Makarov Straße 29
01. 02. 2006 № И -2302

an Herrn Dr. jur. Schäfer
Dietrich-Bonhoeffer-Str. 84
28327 Bremen

Sehr geehrter Herr Schäfer,

hiermit teilen wir Ihnen mit, dass im Russischen Staatlichen Militärarchiv die Registrierakte von Albert Kuhfahl (Sohn von Ferdinand), geboren 1909 in Magdeburg, vorhanden ist. Er wurde am 10. Juli 1944 in Minsk gefangen genommen und am 07. März 1945 im Spezialhospital № 3732, Gebiet Wologda, gestorben. Die Kopie von diesem Dokument wurde auf Ihre Anfrage ins Ludwig Boltzmann-Institut im Dezember 2005 versandt. Eventuell können Ihnen die im Fragebogen angeführten Lebenslaufdaten und besondere Merkmale helfen die Ihnen bekannten Tatsachen gegenüberzustellen und die aufgestellte Hypothese betreffs der Schicksale von Albert Kuhfahl und Ou. bestätigen oder widerlegen zu lassen. Es gibt in den Archivbestandunterlagen keine andere Information, betreffs der Ereignisse in der Dirlewanger-SS Brigade in Weißrussland im Jahre 1944.

Zu Ihrer Kenntnis teilen wir Ihnen auch mit, dass Albert Kuhfahl (Sohn von Ferdinand), geboren 1909, wurde am Friedhof des Spezialhospitals № 3732, Abschnitt 6, Grab 8, begraben. Der Friedhof lag 1 km nördlich von der Siedlung Woshega, Gebiet Wologda. Im Archiv ist das Schema von diesem Friedhof zum Jahre 1947 verwahrt. Es gibt keine Angaben über den derzeitigen Zustand des Friedhofes.

Stellvertretender Leiter
des russischen Staatlichen Militärarchivs   gezeichnet   W. I. Korotajew

Stellvertretende Leiterin
der Informationsabteilung   gezeichnet   O. A. Sajzewa

Bis zu seinem Tode hatte er – besonders in Bierlaune – an seinem furchterregend schlechten Ruf gearbeitet, auf den er stolz zu sein schien. Die sensationelle Geschichte seines Überlebens inmitten der russischen Großoffensive, die im Dorf weitererzählt wurde, faszinierte mich am meisten. Der Schlüssel zu meinen arbeitshypothetischen Überlegungen scheint in dieser Geschichte zu liegen. Die Arbeitshypothesen schienen sich darin als richtig zu bestätigen.

Nach seinen selbstlobenden Eigendarstellungen im Kreise der Biergenossen hatte er sich „geschickt angestellt", um zu überleben. Er habe – wie er mehrfach erzählte und wie seine Veteranenfreunde aus verschiedenen Gasthäusern kolportierten – am 5.7.1944 in der Sperrriegelstellung südostwärts von Lida „auf dem Schlachtfeld" einen toten deutschen Infanteristen gefunden, dessen Gesicht durch Verletzungen völlig entstellt und unkenntlich gewesen sei. Er sei „in ein Loch gesprungen und da lag d e r schon drin."

Er habe des toten Mannes Uniformjacke mit seiner Uniformjacke getauscht, habe auch das Soldbuch und die Erkennungsmarke des Toten an sich genommen. (Über den Ehering, die Familienfotos und die Armbanduhr des Toten gibt es keine Angaben). Seine eigenen Identitätsnachweise (Soldbuch, Erkennungsmarke) habe er in die Uniformjacke des Toten gesteckt. Oug. verbarg sich ab sofort hinter den Personalien Kuhfahl, Kuhfahls Leiche wurde zu Ougs. Leiche.

Mit dem Identitätswechsel hatte Oug jede Verbindung zur Einheit Dirlewanger abgebrochen. Die Russen würden ihm nicht – was gefährlich für ihn gewesen wäre – nachweisen können, bei welchen Einsätzen gegen weißrussische Bauern und deren Familien und Dörfer er beteiligt war. Sie würden ihm nicht einmal die Zugehörigkeit zur Brigade Dirlewanger beweisen können. Der Kameradenmord war für ihn ein Akt erlaubter Notwehr. Nichts konnte ihn danach verraten. Als KZ-Häftling trug er unter dem linken Oberarm nicht einmal die verräterische Blutgruppentätowierung der Waffen-SS. Er hatte von da an eine Überlebenschance.

Dann habe er sich, so bramarbasierte er weiter, noch sein „Gesicht, Kopf und Hals und die Uniform mit dem Blut des Toten vollgeschmiert". An dieser Stelle seiner Dirlewanger-Geschichte ekelten sich die braven Stammtischfreunde der Jahre nach 1946 immer und am meisten und sie bewunderten die Radikalität seiner Handlungen.

Diese (überflüssige) oberflächliche Vortäuschung einer eigenen Verwundung und die Tarnung mit Fremdblut lassen erkennen, dass er um die Person des „Wehrmachtsinfanteristen" ein Märchen erzählte. Es gab in diesem Abschnitt kein „Schlachtfeld", auf dem schon gekämpft worden war. Es gab keine leeren „Löcher", in denen sich ein Soldat hätte verkriechen können. In den Deckungslöchern, die vom 5.7.44 an das Dorf Wolkowicze im Rücken durch die Bewährungsschützen bedarfsangepasst – pro Mann ein Schützenloch – gegraben wurden, konnte kein frischtoter Heeresangehöriger liegen. Es hatte dort keine Heeressoldaten gegeben und niemand konnte dort in noch „blutfrischer Zeit gefallen" sein.

Nach der Zustandsbeschreibung müsste der Tod des angeblichen Infanteristen kurz vor dem behaupteten Entdecken seiner Leiche eingetreten sein. Das Blut des Toten war nämlich noch nicht zersetzt. Die Autolyse, d.h. die Selbstzersetzung der Blutzellen und des Gewebes hatte – das lässt sich aus der Art der Verwendung des Blutes schließen – noch nicht eingesetzt. Das Blut war offenbar – nach der Darstellung von Oug. – noch nicht zerfallen; die Fäulnis hatte trotz der sommerlich heißen Tage und warmen Juli-Nächte an der Leiche noch nicht begonnen.

Zum Tod des Infanteristen müsste es also kurz vor dessen Auffinden gekommen sein. Es wurde an der Fundstelle – die im Einzugsbereich der „Riegelstellung" liegen musste – nach Einnahme der Position durch die Dirlewanger – vom 4.7. nachts an bis zum 7.7. nicht gekämpft. Es konnte dort keinen einsamen, einzelnen, tot in einem vergessenen Erdloch liegenden Heeresangehörigen geben.

Oug. erzählte, er habe sich nach dem Identitätswechsel „abseits im Gebüsch versteckt". Er sei zwei oder drei Tage in seinem Versteck geblieben, bis russische Soldaten im Gelände streiften. Er wusste nicht mehr genau nach wievielen Stunden er sich aus seinem Versteck gewagt hatte. Er habe sich dann den Russen ergeben.

Er erwähnte an seinem Friedensstammtisch nie seinen Gruppenführer Kuhfahl, den Anführer der Gruppe Kuhfahl, auch nicht seinen guten Kumpel Andorfer aus Straubing. War der „berufsfaule Bürgersohn" Andorfer aus seiner Sicht doch nicht ein so „guter Kamerad"? Im Dorf und in der Familie ist nichts darüber bekannt, dass beide nach dem Krieg versucht hätten Verbindung zueinander aufzunehmen. Anscheinend wollte keiner vom anderen etwas wissen. An den Rundfunk-Suchaktionen der Sendung „Kamerad, wo bist Du?" beteiligten sich beide offenbar nicht. Wäre ein Wiedersehen für beide peinlich oder gefährlich gewesen? Das gemeinsame Wissen um einen verübten und oder gedeckten Kameradenmord konnte eine unerträgliche Belastung werden, zumal in der Nachkriegszeit eine Strafverfolgung wegen nicht verjährter Mordtaten beim Bekanntwerden der Tat drohte.

Der Oberpfälzer war bei seiner Gefangennahme am 9.7.1944 (nach eigenen Angaben) bzw. am 10.7.1944, (nach russischen Unterlagen, als er nachweislich der heute noch existierenden Gefangenenlisten registriert wurde), ein Deserteur. Das Überlaufen war ihm nicht zu verdenken. Er haßte begreiflicherweise Hitlers Regime, er hasste Dirlewangers Zwang, er hasste jeden ihm befehlenden Vorgesetzten. In der Riegelstellung vor Wolkowicze praktizierte er – vermutlich erstmals bei Dirlewanger – ein lebenserhaltendes Verhaltensmuster, wie es bei den Dirlewanger-Soldaten bis dahin kaum möglich und nicht üblich war. Im Partisanenkampf überzulaufen war deutschen Soldaten nicht zu empfehlen. Der Überläufer wäre – falls er nicht sofort von einer der beiden Seiten erschossen worden wäre – in einen Truppenkessel gesprungen, dessen Inhaltsvernichtung durch die deutschen Einheiten nur eine Frage der Zeit war. Das Überlaufen war nur dann erfolgversprechend, wenn reguläre russische Truppen gegenüberstanden, hinter denen sich ein befreites Hinterland ausdehnte und wenn eine regulierte Kriegsgefangenschaft dem Überläufer wenigstens theoretisch eine Überlebenschance bot. Hatte Andorfer aus diesem Grunde in seinem Brief an Frau Kuhfahl erwähnt, dass die Dirlewanger „im Kampf mit regulären Truppen" standen? Wollte er auch durch diese Anmerkung in seiner Situationsbeschreibung andeuten, dass Oug. in eine nicht mehr militärisch lebensgefährliche Freiheit übergelaufen sei?

Die Chance für ein Überleben war dann größer, wenn der Überläufer über seine Zugehörigkeit zu Dirlewanger hinwegtäuschen konnte. Es ist nicht bekannt, ob der Uniformpedant Kuhfahl immer noch die Jacke seiner grau-grünlichen Polizeiuniform trug, die aus einem feineren Stoff und von besserem Zuschnitt war als die allgemein an die Infanteristen ausgegebenen Uniformjacken. Sie war außerdem tailliert geschnitten. Möglicherweise trug er sogar die Uniformjacke ohne die von ihm nicht geschätzten Kragenspiegel-Zeichen. Auch im „Landstorm Nederland" und danach in Nimwegen hatte er sich von seiner Polizeiuniform nicht getrennt und sie wohl auch nach seiner Festnahme am 13.4.44 noch anbehalten. Seine Polizeischirmmütze hatte er bei der Bewährungsbrigade so lange getragen, bis ihn die Männer, die er ausbildete, zu einem normalen „Schiffchen" als Alltagskopfbedeckung überredeten, sodass er sich insoweit nicht mehr von den übrigen unterschied.

Dann hätte der Tausch der Uniformjacken für den Kameradenmörder einen Sinn gemacht, erst recht aber der Tausch der Erkennungsmarken und der Soldbücher. Kuhfahl war, wie dies bei einem Wechsel der Einheit üblich war, im Besitz seiner alten bei der Polizei erhaltenen Erkennungsmarke geblieben. Dieses logistische Extra machte ihn für einen Dirlewanger-Überläufer besonders interessant.

Die psychologische Stimmung der nur durch brutale Disziplinierung und die Furcht vor den Russen gefestigten Dirlewanger-Einheit im Juni 1944 kann nur mittelbar nachempfunden werden, da es authentische Aufzeichnungen aus diesem verzweifelt kämpfenden Haufen nicht gibt. Im Februar 1944 war die Einheit auf eine Stärke von 1.000 bis 1.200 Männern gebracht worden. Ein laufender Zustrom von Vorbestraften aus allen Straflagern (auch der Wehrmacht) und von als Berufsverbrecher klassifizierten Personen aus den KZ war notwendig, um die Einheit trotz ihrer ungeheueren Verluste bei der Partisanenbekämpfung kampfstark zu halten. Gleichzeitig mit Kuhfahl stießen im Juni 1944 fast 800 neue Bewährungsschützen (KZler) zur Brigade.

Im Herbst 1944 – also nach dem Beginn der Russischen Großoffensive – wurde erstmals mit der Aushebung auch von politischen KZ-Insassen begonnen.

Die „politische Prominenz", die meisten ehemalige Mitglieder der Kommunistischen Partei Deutschlands (KPD), wurde umworben – und die Männer meldeten sich – nach Absprachen untereinander – zu Dirlewangers Einheit. Bis zum 16.11.44 wurden auf diese Weise weitere 1.910 Häftlinge aus den KZ rekrutiert. Diese wurden[106] zunächst als III. Bataillon beim Dirlewanger Tross in Bugmünde zusammengehalten und nicht auf die anderen Bataillone verteilt. Das war ein schwerwiegender Fehler, wie sich bald zeigen sollte, der den geheimen Plänen der „Freiwilligen KZler für Hitler" allerdings sehr entgegen kam.

Nach dem für die Direlewanger verlustreichen Niederschlagen des nationalpolnischen Auftandes in Warschau und einer sehr kurzen Organisations- und Regenerationspause begann zwischen dem 12. und 18. Oktober 1944 der nächste Kampfeinsatz. Die Dirlewanger sollten nicht überleben, sondern sich bewähren und verschleißen. Nach personeller Verstärkung durch die „Politischen" wurde die jetzt als „Sonderregiment" bezeichnete Bewährungseinheit in die Slowakei zur Bekämpfung der dort ausgebrochenen Aufstände verlegt.

Einer der Bewährungsschützen (BVer) konnte sich später an einen Kampftag während dieses Einsatzes besonders erinnern, an dem sich das Bild des Sonderregiments völlig veränderte: „Es war wohl der 12. Dezember 1944, als der Iwan vor Tagesanbruch mit Panzern und aufgesessener Infanterie gegen unseren Abschnitt aufbrach. Als die Russen in Hör- und Rufweite waren, erschossen die Bewährungsschützen des III. Bataillon (politische KZler; d. Verf.) ihre Gruppen- und Zugführer, die zwar genauso wie sie ehemalige KZler, aber eben keine Kommunisten waren. Das III. Bataillon lief plötzlich rufend und schreiend geschlossen auf die Russen zu, ohne einen Schuss abzugeben und ergab sich."[107]

---

106 Wie im Jahre 1980 Karl Jochheim-Armin, Überlebender bei Dirlewanger und Organisator der Traditionsgemeinschaft D berichtete; Bundesarchiv – Militärarchiv Freiburg, Bestand N 756 Aktenband 2o7.
107 Wo immer sie konnten, liefen danach die rekrutierten politischen Häftlinge zur sowjetischen Armee über, nachdem sie ihre eigenen Gruppen- und Zugführer ermordet hatten.

Der geringste Versuch sich von der Einheit zu entfernen, wurde bei Dirlewanger normalerweise durch Erschießen oder Erhängen geahndet. Trotzdem gingen bei jenen „Außenfront-Einsätzen" gegen reguläre Truppen in der Slowakei zahlreiche Bewährungssoldaten fahnenflüchtig, liefen zur sowjetischen Armee über. Im Dezember wurden die Männer an der Ungarnfront eingesetzt.

Die hart gewordenen „Politischen", orthodoxen, im politischen Kampf erfahrenen, leidgeprüften Kommunisten, blieben diszipliniert und nachkriegsbereit zusammen. Sie kehrten aus der Gefangenschaft in die entstehende deutsche Ostrepublik zurück und nahmen in den folgenden Jahren hohe und höchste Dienstränge in staatlichen Organisationen der DDR ein, so vor allem als Offiziere im Ministerium für Staatssicherheit (z.B. der Major L., Jahrg. 1909, der die Passkontrolle der DDR leitete; der Oberst J., Jahrg. 1907, der für die Sicherheitsüberprüfungen zuständig war; der Generalmajor M., Jahrg. 1911, der für die Kader und Schulung verantwortlich wurde; der Generalmajor B., Jahrg. 1913, und viele andere mehr). In den im Internet veröffentlichten Lebensläufen dieser Männer wird ausdrücklich auf das Überlaufen vom Sonderregiment Dirlewanger zur Sowjetarmee hingewiesen.

Der Bewährungsschütze Oug. aus dem Oberpfälzer Wald praktizierte als einer der Ersten (wenn nicht als Allererster) nach diesem Rezept seine erfolgreiche Flucht zum Gegner nach Ermordung seines Gruppenführers. Zum Handlungsbild gehört, dass vor dem Überlaufen der eigenen Sicherheit wegen immer die Capos, die Aufpasser, also die Gruppen- und Zugführer, ermordet wurden, die sich sonst ihnen in den Weg gestellt hätten. Wurde Kuhfahl als Anführer des Spähtrupps von diesem „rabiaten Kerl" Oug. umgebracht? Wurde zur Irreführung der Leichensucher sein Gesicht durch Messerschnitte oder Spatenhiebe ohne viel Lärm unkenntlich gemacht?

Das klingt alles schlüssig und logisch und wahrscheinlich, ist aber letztlich nicht bewiesen. Es entsteht nur ein hoher Grad an Wahrscheinlichkeit, dass der Vorgang des Überlaufens des Oug. zum russischen Gegner so oder so ähnlich ablief, wie hier angenommen.

Viele Fragen bleiben noch offen, viele Zweifel bestehen weiterhin. Wie lange steht das Blut während eines sehr heißen Juli-Tages nach einer großflächigen tödlichen Verletzung am Kopf, am Hals, im Gesicht streichfähig (d.h. nicht vertrocknet und nicht verfault) für die Tarnung einer anderen Person zur Verfügung? Nach welcher Zeit gerinnt oder vertrocknet es und kann nicht mehr verwendet werden? Die von mir befragten Rechtsmediziner und Bundeswehrärzte konnten mir seltsamerweise diese Fragen nicht annähernd beantworten.

Zuletzt gelang es mir doch noch, kriegsarchivalische Zeugnisse für datierte Vorgänge beim „Sperrriegel südostwärts von Lida" zu finden. Dadurch ist der Beweis zu erbringen, dass vor dem Aufbau der Riegelstellung und vor dem Auftreten der Dirlewanger durch Wehrmachtseinheiten dort noch nicht gekämpft worden war.

Die Dirlewanger-Soldaten waren nach eigenen Angaben in der Nachhut immer die Letzten („Hinter uns kam nur noch der Russe"). Das bedeutet, dass vor ihnen in Fluchtrichtung Westen niemand kämpfen musste und dass auch am 5.7. in dem Sperriegel-Gebiet niemand gekämpft haben konnte. Es war ruhig dort. Daher konnte wohl kaum die Leiche eines einsamen Wehrmachtsinfanteristen auf dem „Schlachtfeld" (das es nicht gab) abseits der Rollbahn so herumliegen, wie wenn der Soldat kurz vorher gefallen wäre, denn es war dort nicht gekämpft worden. Die russische Armee folgte zwar dicht auf, blieb vorsichtig und bedacht mit einem Abstand von ein oder zwei Tagen und nach entsprechender Aufklärung.

Es waren vor der Einrichtung der Riegelstellung keine Schützenlöcher, Einmanndeckungslöcher und MG-Stellungen vorhanden, in denen eine frische Leiche liegen konnte. Die Dirlewanger zogen nach Westen ab und kämpften verteidigend in Richtung Osten. Von dort wurden sie bedroht und bedrängt. Sie waren ein Teil des hinhaltenden Kampfes der 4. und 9. Armee zwischen Njemen und den Pripjet-Sümpfen. Als sie standen und ihren Rückzug am Sperriegel für ca. vier Tage unterbrachen und schanzten, starb dort Kuhfahl.

Nach den aktuell gezeichneten Frontverlaufskarten – insbesondere den Karten Nr. 24–26[108] – wurde am 5.7., dem Todestag von Kuhfahl, am oder vor dem nach Lida benannten Sperrriegel noch nicht gekämpft, wie der Gefechtsbericht der 9. Armee für die Zeit vom 24.6. bis 10.7.44 erkennen läßt. Am 4. und 5.7 tobte noch weit ab vom Sperriegel der Kampf um die Landenge bei Baranowice. Am 6. bis 11.7. sind Abwehrkämpfe bzw. Durchbruchversuche bei Baranowice und Slonim verzeichnet.

Die Rote Armee begann – vermutlich am 9. oder 10.7. – die Riegelstellung der Dirlewanger zum zweiten Mal anzugehen. Dirlewanger zog sich nach relativ kurzen Abwehrgefechten mit seinen Leuten zurück. Die Trosse waren durchgefahren und gerettet und damit die auf den Panjewagen sitzenden Menschen, die Verwundeten, die Ausrüstung, Verpflegung, die Frauen und die Beute. Der Endsieg wurde nun ein Stück weiter westwärts fortgesetzt.

XXXII. Sechzig Jahre später: Die hartnäckige Suche nach Kuhfahls Grab

Die Leiche Kuhfahls wurde nach meiner bisher unbewiesenen Annahme unter den Personalien des Bewährungsschützen Oug. vor dem Dorf Wolkowiczen verscharrt. Wurde dort auch der Post-Funker Baier aus Aussig beerdigt, der über Nacht verschwunden war? War er der zweite Tote, der bei dieser Gelegenheit beerdigt wurde? Baier war kein Bewährungssoldat, sondern Postbeamter, der zum SS-Postschutz im Funkdienst gehörte. Er war kein Soldat, sondern Postfunker, der zu Dirlewangers Schreckenseinheit abgestellt worden war. Es fehlte ihm der richtige „Stallgeruch". Wahrscheinlich besaß er weiterhin seine Personalpapiere als Angehöriger dieser fast unbekannten Postorganisation.

Der Postschutz war vom Reichspostminister Dr. Ing. Ohnesorge 1933 eingerichtet worden. Das Personal rekrutierte aus ehemaligen Soldaten der Reichswehr. Es hatte posteigene Anlagen von besonderer Wichtigkeit zu schützen. Nach Ausbruch des II. Weltkrieges übernahm das SS Hauptamt (Abt. A I 2f) den Postschutz, der ab 1940 „SS-Postschutz" hieß. Zum Postschutz gehörten

---

108 Gefechtsbericht der 9. Armee über die Schlacht in Weißruthenien (24.6. – 10.7.44) a.a.O.

auch die Funkabhörstellen. Die ca. 5000 Angehörigen des Postschutzes trugen die feldgrauen Uniforn der Waffen-SS mit dem Ärmelband „SS-Postschutz" und besaßen entsprechende Soldbücher. Postschutz und Funkschutz wurden im März 1942 in die Allgemeine SS eingefügt.

Die Suche nach den Einzelheiten der zunächst noch völlig unbekannten Dirlewangerschen Riegelsstellung anhand der Frontkarten und Lageberichte war zeitraubend und zunächst erfolglos. Im Sommer 2005 beantwortete der Pfarrherr der Russ.-Orthodoxen Kirche in Wolkowicze meine Anfrage vom Herbst 2004 und einige der von mir an ihn in deutscher und russischer Sprache mit kyrillischer Schrift gestellten Fragen nach Soldatengräbern. Sehr hilfsbereit und offenbar in Übereinstimmung mit den mir vorliegenden deutschen, russischen und englischen Frontverlaufskarten schilderte er den operativen Verlauf des russischen Vorrückens im Juli 1944 bei Wolkowicze, aber konkret konnte er nicht weiterhelfen. Er hatte die Gemeindeverwaltung befragt, weil er selbst kein Zeitzeuge ist.

In den russischen Archiven, die allgemein wegen ihrer sorgfältigen Ordnung und Hilfsbereitschaft gelobt werden, musste der Kriegsgefangene Kuhfahl (alias Oug.) verzeichnet sein. Meine ersten direkten Anfragen blieben ohne Antwort. Im Sommer 2005 schrieb ich einen russischen Archivar direkt an, dessen Adresse mir durch Kontakte mit dem Archiv der protestantischen Kirche in Bremen bekannt wurde. Darauf antwortete mir einige Monate später der sehr hilfsbereite Leiter der Russischen Hauptarchivverwaltung Wladimir Manykin in Moskau durch einen auf meinem Anrufbeantworter technisch etwas verstümmelt ankommenden Anruf, dann durch ein gefaxtes Schreiben und schließlich liebenswürdigerweise durch einen deutsch-russischen Brief vom 15.9.[109] Danach wurde ein Albert Kuhfal (ohne „h" in der zweiten Worthälfte), Geburtsjahrgang 1909 (das Geburtsjahr des mordverdächtigen Oug.!!!), geboren in Magdeburg (wie der echte Kuhfahl!), Sohn eines Ferdinand Kuhfal (so lautete der Vorname des Vaters des richtigen Albert Kuhfahl!) „am 10.7.1944

---

109 Die hilfsbereite Antwort war nützlich. Sie bewies, dass meine Hypothese richtig zu sein scheint.

in Minsk" gefangen genommen. Allerdings sei dieser deutsche Kriegsgefangene am 7.3.1945 im „speziellen Hospital Nr. 3732 im Gebiet Wologda" gestorben und im Grab Nr. 8, im Abschnitt 6, beerdigt worden.[110] Der heute seit langer Zeit aufgelassene Friedhof lag 1 km nördlich der Siedlung Woshega.

Meine Nachfragen beim Standesamt und im Einwohneramt Magdeburg ergaben, dass eine zweite Familie Kuhfahl (oder Kufahl oder Kuhfal), in der 1909 oder zeitnah ein männliches Kind geboren und auf den Namen Albert angemeldet wurde, in Magdeburg nicht existierte.

Hatte der Doppelgänger Oug. wie bei Alexander Dumas den „Graf von Monte Christo"-Trick im Hospital zu Wologda durchgespielt und erneut seine Identität mit der eines anderen toten Kameraden getauscht, der statt seiner beerdigt wurde und dessen Namen uns nicht bekannt ist? Wurde dadurch eine Person unter dem Namen Kuhfahl bestattet, während sich Oug. alias Kuhfahl unter den Personalien X, also eines dritten Mannes als tatsächlich krank und arbeitsunfähig im Sommer 1945 entlassen ließ? Unter welchen Personalien überschritt er die Grenze zum deutschen Reichsgebiet? Wo durfte er wieder der „echte Oug." sein? Die Nachsuche nach den Akten des Discharge Center in oder bei Regensburg führte zu der Auskunft durch das National Archiv in Washington, dass alle Unterlagen über entlassene deutsche Soldaten an die deutschen Archive abgegeben worden seien.

Das um Hilfe bemühte Bolzmann-Instituts zur Erforschung der Kriegsfolgen in Graz übersandte mir freundlicherweise den Lageplan des Lazarettfriedhofs von Wologda und den Plan seiner späteren Umgestaltung. Der Friedhof wurde inzwischen aufgelassen und wird heute landwirtschaftlich genutzt.

Die Deutsche Kriegsgräberfürsorge war erstmals 1991 durch den Kuhfahlsohn Jürgen angeschrieben worden. Sie besaß keine Informationen zu Kuhfahl und konnte nicht helfen, weil der deutsch-russische Staatsvertrag über die Anlage deutscher Kriegsgräber zwar abgeschlossen sei, seine Unterzeichnung aber noch fehle. Die Deutsche Kriegsgräberfürsorge in Minsk, so erfuhr ich

---

110 Auskunft des russischen staatlichen Militärarchivs, Moskau, (Nr. 2302) vom Februar 2006, (W. I. Korotajew).

bei meinem späteren Schriftwechsel, verhalte sich daher abwartend, arbeite an großen Entwürfen und versuche Einzelgräber zu registrieren. So seien ihr während unseres Schriftwechsels im Frühjahr 2005 eine „bis dahin unbekannte Grablege mit sieben Soldatengräber vor Wolkowicze" berichtet worden. Im Mai 2005 werde man diese Gräber besichtigen und erfassen. Tatsächlich konnte der sehr kooperative Minsker Ausgrabungsleiter Hartmut Winterfeld am 31.10.2006 eine durch befragte Zeitzeugen, Oberflächenfotos und Ortsbesichtigungen gut vorbereitete Umbettungsgrabung bei Wolkowicze mit Hilfe russischer Soldaten vornehmen. Spuren von Bestattungen deutscher Soldaten waren nicht zu entdecken. Die von einem Zeitzeugen angegebene wahrscheinliche Grabstelle war während der letzten zehn Jahre durch eine Verbreiterung eines Weges überbaut worden.

Ein weiterer Ermittlungsansatz bot sich durch die Einschaltung der an einer Aufklärung des Vorganges sehr interessierten Minsker Rechtsmediziner, vermittelt durch die Fachkollegen in der Deutsch-russischen Rechtsmedizinischen Gesellschaft. Entsprechende Gesichtsknochen-Untersuchungen und DNA-Analysen wurden in Aussicht gestellt.

Die Betreuerinnen von tschernobylgeschädigten Kindern versprachen mir anlässlich einer ihrer Reisen in Deutschland und bei späteren telefonischen Rückfragen in Minsk aktive Hilfe und nützliche belorussische Kontakte zu Zeitzeugen in Wolkowicze.

Die gleichzeitig in Deutschland fortgesetzte Zeugensuche (anhand der alten Transportlisten, Einsatzlisten etc. mit Stichproben aus den Dirlewanger-Listen), das Suchen nach noch lebenden Bewährungsschützen oder deren Angehörigen der zweiten Generation, die Durchsicht von Vernehmungsniederschriften der Bewährungsschützen in Strafverfahrensakten der frühen 60er-Jahre verliefen zeitraubend, aufwendig und ohne weiterhelfende Ergebnisse. Der aus Bremen stammende, als berufskriminell erfasste ehemalige „SS-Schütze" W. P. fuhr zwar gleichzeitig mit Kuhfahl im selben Transport nach Weißrussland, aber die beiden lernten sich offenbar nicht kennen. W. P. ist am 9.12.1944 in der Slowakei nach einer schweren Verwundung gestorben. Familienangehörige in

Bremen unter seinem sehr häufig vorkommenden Allerweltsnamen konnten nicht ermittelt werden. Das Standesamt Bremen berief sich trotz Kenntnis vom Sachverhalt bei seiner Auskunftsverweigerung (Frage nach Verwandten) auf den eine Auskunft verhindernden Datenschutz.

Angesichts solcher wohlgeordneter gesetzlich begründeter Such- und Denkhindernisse gibt es einen Trost: Gäbe es noch Zeugen aus dieser Zeit, so wären sie heute im günstigsten Falle 85 bis 95 Jahre alt. Ihre Kinder – etwa 70 bis 80 Jahre alt – aber auch ihre Enkelkinder könnten Erinnerungen an die Abenteuer ihrer Großväter nur dann besitzen, wenn die Großväter ihnen jemals davon erzählten oder wenn sie Aufzeichnungen hinterließen. Die Suche in dieser Richtung führt praktisch in alle Sackgassen.

Zuletzt bleibt die Frage: Wurde Kuhfahl ermordet oder hat sein Nebenmann Oug. nach einer tödlichen Verletzung Kuhfahls die Lage nur blitzschnell ausgenutzt? Die beschriebenen verstümmelnden Gesichsverletzungen konnten (nur?) durch einen relativ nahen Granatwerfereinschlag bei einem liegenden oder aus einem Deckungsloch heraus schauenden Menschen entstehen. Aber wer sollte so weit hinter der Front in einer (noch) partisanenfreien Gegend eine einzelne Werfergranate auf eine kleine Soldatengruppe abfeuern? Wieso schreibt der wortgewandte und offenbar auch phantasievolle Andorfer nichts über einen anschaulich darzustellenden Granatwerferschlag, über einen Überfall mit mehreren Granatwerfern? Oder wurde die Verstümmelung durch eine in Kopfnähe explodierende Hand- oder Gewehrgranate verursacht? Zu welcher Einheit sollte der in die Geschichte eingefügte tote Wehrmachtsoldat gehört haben, wenn er nicht ein Dirlewanger war? Starb der im Gesicht Verstümmelte – was viel wahrscheinlicher ist und außerdem einem an Nahkampf gewöhnten Soldaten des harten Typs wie Oug. mehr liegt – durch lautlose Schläge mit der scharfen Kante eines angeschliffenen Infanteriespaten? Oder durch einen stillen, schnellen Stoß mit dem Nahkampfdolch und anschließender Gesichtsverstümmelung, um das Erkennen zu verhindern? Jedenfalls musste derjenige, der seine Personalnachweise mit denen des Toten tauschte, ein Interesse daran haben, dass der Tote vom Gesicht her nicht als Kuhfahl, sondern anhand der

Erkennungsmarke als Oug. „erkannt" werden konnte. Wurde deshalb das Gesicht des Toten absichtlich entstellt? Cui bono? Ich gehe von einer Absichts- und Vorteilslage aus, deren Einzelheiten auf Oug. weisen.

Viele Fragen bleiben im Augenblick unbeantwortet. Arbeitshypothesen sind keine Beweise. Wir werden uns damit abfinden müssen, dass das letzte Geheimnis um das Sterben des Polizeihauptmanns ungelöst bleibt und dass keine lückenlose Indizienkette für den Mord durch Oug. vorgelegt werden kann.

Vielleicht wissen die Zeitzeugen in Wolkowicze noch einiges zu berichten, falls sie angesprochen werden. Der Rektor der Volksschule hat Such- und Motivationshilfe zugesagt. Vielleicht finden seine Kinder noch Koppelschlösser mit der Aufschrift „Meine Ehre heißt Treue"? Vielleicht haben aber auch die Zeitzeugen im Oberpfälzer Wald noch nicht alles zur Methode der „Fluchtdeckung durch einen toten Soldaten" erzählt, was ihnen von Oug. über sein Verhalten vorgeprahlt worden war. Erneute Nachfragen Anfang 2006 bei Familienangehörigen ergaben allerdings eher Gedächtnisverluste als verbesserte, bemühte Erinnerungen. Die alt gewordenen Söhne und Töchter wollten offenbar in dieser Angelegenheit nicht mehr mitarbeiten. Sie haben genug von den elenden Kriegszeiten.

Zu der Geschichte, die der als brutal eingeschätzte Mann aus dem Wald erzählt hatte, meinten im Dorf die mittelbaren „Zeitzeugen über 85" spontan, unbefragt und ohne Vorhalt, als ich sie angesprochen hatte: „Den (den „auf dem Schlachtfeld gefundenen Toten"; d. Verf.) hat er (d.h. Oug.) doch selbst erschlagen". Sie trauten ihm diese Tat zu.

XXXIII. Vor Ort

Der freundlich-hilfsbereite Pfarrer Pawel Schuglinski aus Wolkowicze, der sich auf die mündliche Überlieferung im Ort stützt, wusste 2005 brieflich zu berichten, dass die russischen Truppen um den 10.7.1944 (genau weiß man den Tag nicht mehr) „kampflos durch die Orte marschiert" seien, also auch durch Wolkowicze. Hinter den russischen Einheiten seien dann deutsche Panzer der 12. Panzerdivision erschienen. Die russischen Kampfverbände überschritten in der Nacht vom 10. zum 11.7.44 das Flüßchen Szcara und am 12.7. frühmorgens den kleinen Fluß Zelwianka.

Im Herbst 2005 lernte ich – vermittelt durch die deutsche „Kriegsgräbergruppe" in Minsk – die hilfsbereite und sehr gut Deutsch sprechende und schreibende Direktorin des Geschichtsmuseums in Novogrudok/Belorus, Frau Tamara Vershitskaya, kennen. Die an der Thematik „Befreiung Weißrusslands" arbeitende Historikerin nahm nach meinen zahlreichen Fragen Kontakt zum Rektor der Schule in Wolkowicze auf und besprach sich mit einem 86-jährigen, kranken ehemaligen Bauernpartisan. Mit einem der wohl letzten Zeitzeugen, dem 1944 zwölf Jahre alten Nikolai Skok, entdeckte sie die Dirlewangersche Riegelstellung. Die Deckungslöcher, Laufgräben und Maschinengewehrstellungen sind zwischen den Bäumen und Sträuchern noch zu erkennen. Sie sind durch einen 60-jährigen Baumbestand und wildes Buschwerk überwachsen und geschützt, wie die von Frau Tamara Vershitskaya gefertigten Fotos zeigen. Skok erinnerte sich: „Ins Dorf sind die Deutschen damals nicht gekommen."

Novogrudok war bis zum 7.7.1944 nicht besetzt oder umkämpft. Die historische Stadt in der Nähe von Wolkowicze wurde am 8.7.44 durch die sowjetischen Truppen befreit.

Die Riegelstellung, welche die durch Wolkowicze führende, unbedeutende, aber als Rollbahn wichtige Straße abschirmen und beherrschen sollte, reichte nach Angaben der Historikerin am 7.7. mit ihren Laufgräben und Schützenlöchern über die Höhe von Nesutytsche über Suljatytsche und dicht vorbei an Wolkowicze bis Rutka. „Zwei oder drei Kanonen waren da eingestellt. Beim Abzug blieb viel Munition liegen, 122 und 82 mm" wie sich Skok erinnert. Er meint wahrscheinlich Granatwerfer-Munition.

Die Historikerin weiß aus Gesprächen mit Ortseinwohnern, dass am 8.7.44 frühmorgens in Wolkowicze ein russischer Spähtrupp auf Motorrädern auftauchte und Erkundigungen über Lage, Ausstattung und Besatzung der Riegelstellung einholte. Die russischen Einheiten (vermutlich in Regimentsstärke) bei Korelitschi wurden informiert. Der Verband teilte sich in Richtung der Ortschaften Walewka und Llubtschta. Als die Dirlewanger merkten, so wird erzählt, dass die Russen sich nicht mehr direkt auf Novogrudok zubewegten, verließen sie – ohne Feindberührung – die Riegelstellung und zogen sich am 9.7. zurück. Es folgten in den nächsten Tagen weitere deutsche Verbände, die im Wald von Lagodi auf russische Kräfte stießen. Es kam zu einem Kampf, in dem die Deutschen – wie die Dorfbewohner heute berichten – 400 Soldaten verloren.

Der Zeitzeuge Skok berichtete 2006 der Musumsdirektorin, er habe in der unmittelbaren Nachkriegszeit Kühe im Gelände der Riegelstellung gehütet. Jungen, die mit ihrem Hund durch das Gelände stöberten, hätten ihn dabei auf eine Leiche hingewiesen, die der Hund hervorgescharrt hatte. Der Körper sei am Fundort – etwa einhundert Meter vor dem Laufgraben – wieder eingegraben worden. Die Leiche müsse heute noch dort liegen. Er könne sich an die Stelle genau erinnern. Wurde dort der Postangehörige Baier durch einen zum Überlaufen entschlossenen Dirlewanger wegen seiner nicht auf Dirlewanger hinweisenden Personalpapiere und Erkennungsmarke getötet und verscharrt?[111]

Der Bürgerpolizist Kuhfahl konnte sein Ende als Tatopfer in dieser Art weder voraussehen noch vermeiden. Der ehrliche Kuhfahl, der seine eigene Gefährdung wahrscheinlich nicht erkannte, konnte sich gegenüber Tricks und Gemeinheiten wohl kaum entsprechend schützen. Er traf – das zeigt die lebensgeschichtliche Betrachtung – als prädisponiertes Tötungsopfer in einem nichttypischen, angesichts der kriegerischen Umstände aber möglichen und nicht zu vermeidenden Ereignisablauf auf seinen Mörder.

Man stelle sich den sensiblen, grundsätzlich friedlich gestimmten, offenen Menschenfreund Kuhfahl, den „Apostel", beim Transport nach Weißrussland im Zug unter 287 Berufsverbrechern und Asozialen vor, um zu diesem Zeitpunkt bereits ahnen zu können, wie sein Leben enden könnte. Spätestens von dem Augenblick an, als alle wussten, dass er ein untadeliger Polizeioffizier war, ein treuer Diener der staatlichen Ordnung, der lediglich das Pech hatte,

---

111 Erkennungsmarken-Sammlungen in russischer Hand gibt es für die nachgefragten Fälle nicht. Die Sammlung der Erkennungsmarken der Waffen-SS in Bamberg wurde bei Kriegsende vernichtet.

von Himmlers Willkür getroffen zu werden, musste ihn der untergründige, versteckte Hass derjenigen treffen, die ihre Freiheit durch die Ermittlungstätigkeit der Polizei verloren hatten – und das waren in erster Linie die Berufsverbrecher und die Asozialen in der Brigade Dirlewanger. Nicht die – in der Regel unerreichbaren – Staatsanwälte und Richter, die beim Urteil mitgewirkt hatten, waren die Feinde der Häftlinge, sondern die Polizeibeamten.

Selbst wenn Kuhfahl mit Rache, Verrat und Mitkämpfermord gerechnet hätte, so hätte er nur mit außergewöhnlichem Misstrauen und einer nimmermüden Aufmerksamkeit in jeder Minute und nur bei größter Wachsamkeit gegenüber seiner Umgebung – vielleicht – überleben können. Ein solches Misstrauen lag ihm jedoch nicht. Er glaubte an die verlässliche Kameradschaft unter den Männern einer Gefahrengemeinschaft, weil er selbst verlässlich war. Diese Charakterstärke war seine größte Schwäche.

Kuhfahl starb durch das unmittelbare Zusammenwirken von zwei rücksichtslosen Berufsverbrechern, nämlich infolge der Anordnung durch den mächtigen, gefühlskalten Heinrich Himmler, der als makrokrimineller Gewaltverbrecher mit Weißem Kragen eiskalt Millionen Menschen in den Tod schickte und auch über Kuhfahls Leben verfügte, und durch den kriminellen Bewährungsschützen Oug., der sein Lebensrecht gegen das Leben des Polizeioffiziers Kuhfahl rücksichtslos durchsetzte und deshalb jede ungeschriebene Kameradschaftspflicht verletzte.

Kuhfahl liegt mit großer Wahrscheinlichkeit seit dem 5.7.1944, d.h. seit über sechzig Jahren, unweit der alten Dirlewangerschen Riegelstellung vor dem Dorf Wolkowicze in Belorus, jenseits eines lieblich verwilderten grünen Tales, von dem er ohne es zuvor gesehen zu haben, in seinen Jugendjahren immer mit romantischer Sehnsucht gesungen hatte.[112]

---

112 Das balladeske Lied „Jenseits des Tales standen ihre Zelte, zum hohen Abendhimmel quoll der Rauch. Das war ein Singen in dem ganzen Heere – und ihre Reitbuben sangen auch." schrieb Börries Freiherr von Münchhausen (1874–1945), erstmals veröffentlicht in seinem Balladenbuch 1924. Es wurde vorzugsweise von der Bündischen Jugend gesungen.

Literaturverzeichnis

Hellmuth Auerbach, Die Einheit Dirlewanger, Oldenburg, 1962

Hans-Christian Brandenburg, Die Geschichte der HJ, Köln, 1968

Elke Fröhlich, Drei Typen der nationalsozialistischen Eliteschulen; in: Johannes Leeb, Wir waren Hitlers Eliteschüler, Rasch und Röhrig, 1998

Christian Gerlach, Kalkulierte Morde, Hamburger Edition, 1999

Rolf Hinze, Das Ostfrontdrama, Motorbuchverlag, Stuttgart, 1998

Klaus Hornig, KZ-Häftling Pol. Nr. 7151 Buchenwald – Politischer Leidensweg eines deutschen Offiziers und Juristen, Selbstverlag München, 1995

Bernhard Horstmann, Hitler in Pasewalk, Düsseldorf, 2004

Michaele Jacobi, Albert Kuhfahl, Schicksal eines Bremer Polizeibeamten zur NS-Zeit; Diplomarbeit im FB Staats- und Verfassungsrecht der Hochschule für Öffentliche Verwaltung, Bremen, 2001 (nicht im Handel)

Steffan Keller, Grüningers Fall, Geschichte von Flucht und Hilfe, 4. Auflage. Zürich, 1998

Sven Felix Kellerhof, „Völlig durchgedreht. Operativer Wahnsinn" (in „Die Welt" v. 22.6.2004)

Karin Kilian, Die anderen zu Wort kommen lassen, Feldpostbriefe als historische Quellen 1939–1945; in: Militärgeschichtliche Zeitschrift, 2000

Hans-Peter Klausch, Schicksal und Widerstand der deutschen politischen KZ-Häftlinge, Zuchthaus- und Wehrmachtsstrafgefangenen in der SS-Sonderformation Dirlewanger, Bremen, 1993

Hans-Peter Klausch, Antifaschisten in SS-Uniform, Bremen, 1993

Werner Klose, Generation im Gleichschritt, Stalling, 1964

Manfred Koch-Hillebrecht, Hitler, ein Sohn des Krieges, München, 2003

Klaus A. Lankeit, Hitlers Therapie, FAZ v. 9.4.2004

Werner Laquer, Die deutsche Jugendbewegung, Köln, 1962

Matthäus u.a., Die Judenfrage als Schulungsthema von SS und Polizei; in: Ausbildungsziel Judenmord? Fischer, Frankfurt, 2003

Rolf Michaelis, Die Brigade Kaminski, Berlin, 1999

Rolf Michaelis, Die Sturmbrigade „Dirlewanger", Berlin, 2003

Dieter Schenk, Auf dem rechten Auge blind, Die braunen Wurzeln des BKA, München, 2001

Herbert Schäfer, Pfeiffer contra Barschel, Bremen, 1991

Herbert Schäfer, Die Bürde mit der Würde, Praktizierte Zivilcourage, Landau, 2003

Karl Schneider, Bremens Polizei und Polizeihaus 1933–1945, Aschenbeck und Holstein, Delmenhorst, 1999

Karl Schneider, Ein Bremer Kaufmann und Rottwachtmeister im Reserve-Polizeibataillon 105 – Das Schicksal des Hans Hespe; in: Arbeiterbewegung und Sozialgeschichte, Ztschr. f. Regionalgeschichte Bremens im 19. und 20. Jahrhundert, Bremen, 2003

Christoph Spieker, Enttäuschte Liebe, Funktionswandel der Ordnungspolizei in den Niederlanden, in: Houwink ten Cate/Kenkmann, Münster, …

Staatsarchiv Bremen (Hrsg.), „Es geht tatsächlich nach Minsk" Zur Erinnerung an die Deportation von Bremer Juden am 18.11.1941 in das Vernichtungslager Minsk

Thielbeer, Der Untergang der Heeresgruppe Mitte, FAZ v. 29.6.2004

H. Ueberhorst, Eliten für die Diktatur, Die Nationalpolitischen Erziehungsanstalten 1933–1945, Dokumentarbericht, Düsseldorf, 1969.

Walter Uhsadel, Die Religion in Geschichte und Gegenwart, 3. Auflage, Bd. III, Tübingen, 1959

Georg L. Weinberg, Eine Welt in Waffen. Die globale Geschichte des Zweiten Weltkrieges, Stuttgart, 1995

Michael Wildt, Generation der Unbedingten, Hamburger Edition, 2002

Rudolf Wintermann, Der Weg des Bundes christdeutscher Jugend; in: Festschrift zum 50-jährigen Bestehen des Bundes christdeutscher Jugend, Darmstadt, 1969